# 数字营销战略

[英] 西蒙·金斯诺思（Simon Kingsnorth） 著

王亚江 王彻 译

### 在线营销的整合方法

（第2版）

DIGITAL MARKETING STRATEGY—AN INTEGRATED
APPROACH TO ONLINE MARKETING, SECOND EDITION

清华大学出版社
北京

## 内容简介

这是一本内容强大的综合性数字营销著作。

当前，世界正在迎来以物联网、大数据、人工智能等为主要内容的第四次工业革命浪潮。企业数字化转型是企业走向智能化的基础，而数字化营销理应是企业数字化转型的先锋。本书站在企业战略和文化的高度，系统阐述了企业实施数字化营销所涉及的理论和具体方法。

本书可以作为市场营销专业的教材使用，同时对于实施数字化营销和数字化转型的企业具有很强的指导意义。

北京市版权局著作权合同登记号 图字：01-2021-2894

Digital Marketing Strategy—an integrated approach to online marketing Second Edition，ISBN 978-0-7494-8422-4，Simon Kingsnorth, 2016, 2019.
This translation of Digital Marketing Strategy 2nd edition is published by arrangement with Kogan Page.

本书封面贴有清华大学出版社防伪标签，无标签者不得销售。
版权所有，侵权必究。举报：010-62782989，beiqinquan@tup.tsinghua.edu.cn。

**图书在版编目（CIP）数据**

数字营销战略：在线营销的整合方法：第2版／（英）西蒙·金斯诺思（Simon Kingsnorth）著；王亚江，王彻译．—北京：清华大学出版社，2021.10（2023.2重印）
书名原文：Digital Marketing Strategy-an integrated approach to online marketing, Second Edition
ISBN 978-7-302-58609-8

Ⅰ．①数… Ⅱ．①西… ②王… ③王… Ⅲ．①数字技术—应用—市场营销 Ⅳ．①F713.50

中国版本图书馆CIP数据核字（2021）第131727号

责任编辑：杜春杰
封面设计：刘　超
版式设计：文森时代
责任校对：马军令
责任印制：朱雨萌

| | |
|---|---|
| 出版发行： | 清华大学出版社 |
| 网　　址： | http://www.tup.com.cn，http://www.wqbook.com |
| 地　　址： | 北京清华大学学研大厦A座　　邮　编：100084 |
| 社 总 机： | 010-83470000　　邮　购：010-62786544 |
| 投稿与读者服务： | 010-62776969，c-service@tup.tsinghua.edu.cn |
| 质量反馈： | 010-62772015，zhiliang@tup.tsinghua.edu.cn |

印 装 者：天津鑫丰华印务有限公司
经　　销：全国新华书店
开　　本：170mm×240mm　　印　张：27　　字　数：352千字
版　　次：2021年10月第1版　　印　次：2023年2月第2次印刷
定　　价：88.00元

产品编号：088312-01

谨以此书

献给我的父母,

他们为我奠定了人生基础,

使我有机会从事令人兴奋的事业;

献给我的妻子阿丽,

她在漫漫长夜中打印文稿,给予我支持;

献给迄今为止我所服务和与之合作的每个人,

因为他们帮助我塑造了本书;

也献给那些将创造这个星球(乃至超越这个星球)的未来的人们,

包括我的两个可爱的孩子 Oz 和 Dexter。

## 本书将如何改变您的数字营销战略

欢迎阅读《数字营销战略：在线营销整合方法》第 2 版。

写作本书的灵感源自这样一个事实，即多年来在制定营销战略时我一直在费力寻找支持材料和有益技巧。我能找到关于数字化渠道、用户体验、数字化转型、顾客服务以及更多主题的指南和技巧，但是几乎找不到可以将这些指南和技巧整合在一起的书籍，也找不到介绍数字化战略应如何适应各类组织的书籍。希望本书可以在一定程度上满足这些需要。

首先，来看看我们所说的数字化战略的含义。

## 什么是数字化战略

最好用一个提问来回答什么是战略。您能否用一句话概括一下您在未来几年内将要实现的目标？如果不能，那么您就没有战略。如果您可以清楚地说明这一点，但却不知道如何基于自己当下的情况实现最终目标愿景，那么您也没有战略。如果您既有目标愿景，又有实现目标愿景的路径，那么您就有了一项战略。但是如果这个战略不是基于调查研究的，您的领导团队不认同这项战略，并且没有明确的可交付成果，那么您的战略也肯定不会成功。

如果您使用 Google 搜索"战略"一词，就会发现一些定义，例如"旨在实现长期目标或总体目标的行动计划"（www.oxforddictionaries.com）和"为实现期望的未来（如某一目标或问题解决方案）而选择的方法或计划"（www.businessdictionary.com）。这两个定义当然都是正确的，但我们需要更深入地理解"战略"这个概念。

本书旨在将您的出色创意以及团队和企业的创意转变为一个稳健的、能获得共识的且与您的各项业务协调一致的战略。这个战略需要经过一些明确的步骤才能成为您可以信赖的、表达清晰的、能获得拥护的并有助于您实现愿景的明确计划。这需要通过以下核心工作来完成：

- ❏ 了解自己；
- ❏ 了解顾客；
- ❏ 管理变化；
- ❏ 触达顾客；
- ❏ 转化顾客；
- ❏ 保留顾客；
- ❏ 度量成功。

一旦做好这些准备工作，您就拥有了一个战略方案。本书旨在解决这些步骤中的每一项工作。

## 本书主要内容

如上所述，本书将介绍制定战略的每个关键步骤。

## 序言

在第 1 章，我们介绍数字营销背景、更为广泛的营销模型和商业模型，以确保您制定的战略是基于业经证实的技术和模型。这涉及一些学术视角，这些学术视角有助于您确保自己的方法是可靠的。

接着我们将探索数字化生态系统，这将提供一些学术观点，有助于确保您的方法稳健可靠。然后，我们继续研究如何使战略有效地与业务保持一致。孤岛是许多大型企业面临的挑战，但是无论您的企业规模如何，都需要进行调整，朝不同方向发展的企业可能会面临自身分裂的风险。

在第 4 章，我们将研究数字化消费者。在这里我们说明一点，当今几乎所有消费者都是数字化消费者，因此我们需要在数字化空间中广泛理解消费者行为以及这些消费者的特质。

第 5 章介绍当今数字营销人员面临的一些挑战。有许多挑战可能会完全改变您的战略，因此应当及早了解它们。数据、隐私和法规越来越成为关键的考虑因素，我们将共同探讨这些问题。

为了完成战略的早期塑造阶段，我们要研究数字化转型，这对于将您的企业带入数字化旅程的下一步很重要。这不仅包括从技术角度进行的数字化转型，更重要的是从文化角度进行的数字化转型。

在掌握了前六章的背景知识之后，我们将研究有效的计划流程，以及如何确保您的计划扎实合理，然后再深入探讨每个渠道的细节。

在第 8 章至第 12 章中，我们将介绍一些关键渠道。本书并非旨在作为数字营销的"操作方法"指南，因此我们不会深入探讨每个渠道和技术设置的细节（您可以在网上找到很多您需要的东西），但我们会聚焦于每种渠道的战略和战术方法，以及这些战略和战术方法对您的数字化战略的意义。在第 2 版中，我将营销自动化、短信和电子邮件营销的内容放入同一章。

接下来，我们将研究内容策略和个性化。在当今的数字化环境中，这两个领域非常重要，因为正确理解这两个方面可以对每个渠道的绩效以及顾客满意度、顾客终身价值和顾客保留率产生重大影响。

下一步我们着眼于有效的用户体验和网站设计，因为这是大多数用户的最终目的地。

然后，我们将研究顾客关系管理、顾客服务和顾客忠诚度等顾客保留技巧，以及这些技巧如何应用于您的数字化战略。

度量营销绩效从来没有像现在这样重要。丰富的数据使我们能够深入了解营销绩效。我们将在第 19 章对此进行研究。

最后，我们将所有这些要素整合在一起，将您的计划确定为最终战略。至此，您应该知道您想要实现的目标、实现该目标的最佳渠道以及如何实现这一目标。因此，这项整合工作将把前述各项活动确定为稳健而清晰的战略，以便您在未来几年中可以有效地进行沟通和管理。

## 如何从本书中获得最大收益

在阅读非小说类书籍时，我发现我最想直接切入正题，抓住核心内容。实际上，我在本书中谈论的核心是：文化和技术已将我们带向了一个新世界，在这个新世界我们总是需要迅速获得关键信息。

因此，在希望您阅读并喜欢这本书的同时，我也尝试着在其中设置一些有用的提示，以帮助您了解每个主题的关键要素。下面是文中的一些功能板块以及使用方法。

**本章目标**。在每一章开头，您都会发现一组目标。这样做的目的是帮您了解本章要介绍的内容。到每一章结束之时，您应该对所有这些关键点都有扎实的理解。

**关键术语**。在某些章节的开头，我列出了该章中使用的关键术语。数字营销中有很多行话，并且一直在增加，这些关键术语可以帮助您理解一些术语繁多的章节。

**本章检查清单**。在每章最后，您将看到一个清单，该清单实际上是一种有效的检查方式，可以对照检查自己是否很好地理解了各章开始时目标中列出的所有关键点。如果没有，您可以快速浏览本章的特定部分以刷新您的记忆。

**延伸阅读**。如果您希望对本书中讨论的任何专业模型、技术或主张进行更深入的研究，则可以通过此功能板块中的阅读清单进行学习。

**案例探究**。在整本书中，您可以找到各个主题的案例研究。这些内容有助于将知识与实践结合起来（无论是好的实践还是差的实践），是了解数字营销有效性（或灾难性）的好方法。

**实施指南**。由于数字营销是一个不断发展的领域，因此本书未包含实践中的实施指南。您可以在以下网站找到最新的实施指南：www.koganpage.com/DigitalMarketingStrategy/2

西蒙·金斯诺思

# 第1篇　理解企业的经营目标和顾客

## 01　数字营销基础　/3
本章内容概要　/4
营销组合（4P）　/6
波特的五力分析　/11
品牌定位图或感知定位图　/18
顾客终生价值　/20
市场细分　/22
波士顿咨询集团矩阵　/25

## 02　理解数字化生态系统　/31
本章内容概要　/32
付费搜索和自然搜索互动　/33
搜索引擎优化的社交信号　/34
内容策略的广泛影响　/34

展示广告和数据策略 /35

品牌和主张效应 /35

光环效应 /36

归因和全渠道 /36

完整的生态系统 /36

## 03 将数字化整合到更广泛的组织战略中 /39

本章内容概要 /40

商业模式 /41

全球战略 /44

品牌 /47

愿景 /48

企业文化 /50

创新 /51

研究与洞察 /53

关键绩效指标 /56

## 04 理解不断演进变化的数字化消费者 /59

本章内容概要 /60

谁是数字化消费者 /61

数字化消费者的行为 /63

技术如何影响数字化消费者 /65

## 05 数字营销战略的障碍、考虑因素和数据保护 /69

本章内容概要 /70

技术 /72

技能 /74

预算与资源 /77

业务重点 /79

法规 /81

# 第2篇 在组织更广泛的领域实施数字化变革

## 06 支持在线营销和数字化转型的技术 /93

本章内容概要 /94

什么是数字化转型 /94

技术开发方法 /102

## 07 数字营销战略规划——目标、团队与预算 /107

本章内容概要 /108

计划过程 /110

分阶段方法 /117

长期目标 /118

具体目标和策略 /120

行动计划 /125

控制 /127

人员 /129

预算和预测 /131

# 第3篇　使用渠道策略接触您的顾客

## 08　搜索引擎优化策略和有机技术　/137

本章内容概要　/138

SEO 三角形　/139

研究您的 SEO 策略　/142

技术 SEO　/146

网站结构　/147

内容与 SEO　/149

链接与处罚　/151

不断变化的场景　/153

组织结构与 SEO　/154

## 09　建立和优化成功的付费搜索策略　/159

本章内容概要　/160

付费搜索简介　/161

创建广告系列　/163

度量与优化　/169

高级付费搜索　/171

管理付费搜索活动——人类与机器人　/175

## 10　展示广告和程序化定向目标市场　/179

本章内容概要　/180

程序化广告　/182

展示广告的类型和格式　/185

广告投放中的关键技术 /187

展示广告类型 /188

计划和定向程序化展示广告系列 /189

展示广告系列度量 /195

## 11 量身定制社交媒体策略 /201

本章内容概要 /202

社交媒体的演变 /203

从何处开始 /204

社交媒体类型 /207

社交网络 /212

内容 /217

影响者（网红）/218

社交广告 /220

度量 /223

## 12 营销自动化、即时通信和电子邮件营销
——无名英雄 / 227

本章内容概要 /228

当今电子邮件营销 /229

电子邮件营销的"5T" /231

企业如何使用电子邮件营销 /235

账户管理与集中通信 /236

跟进 /237

法规 /237

平台　/237

即时通信和短信　/239

度量　/240

## 13　带来成果的销售线索　/245

本章内容概要　/246

推与拉——变化中的场景　/247

销售线索评分　/247

跨数字渠道的销售线索开发　/248

保持销售线索活跃　/253

度量　/254

## 14　内容策略——成功的关键　/257

本章内容概要　/258

什么是内容营销　/259

什么是内容　/264

您应该使用什么内容类型　/265

为什么进行内容营销　/266

创建内容的人员和过程　/269

分发　/282

度量内容的价值　/284

国际内容　/288

审核清单　/289

## 15　个性化顾客旅程和数字化体验　/293

本章内容概要　/294

什么是个性化 /294

定义真正的个性化 /297

用户定义的个性化 /297

行为个性化 /299

战术个性化 /303

单一顾客视图 /303

# 第4篇 转化、保留和度量

## 16 有效的设计、电子商务和用户体验 /309

本章内容概要 /310

用户体验 /310

用户体验研究 /316

设计思维 /320

## 17 管理忠诚度、顾客关系管理和数据 /325

本章内容概要 /326

定义顾客关系管理 /326

联系策略 /330

交叉销售与升级销售 /336

预测分析 /337

技术平台 /338

忠诚度 /340

## 18 提供流畅的在线服务和顾客体验 /345

本章内容概要 /346

顾客服务原则　/347

服务渠道　/353

社交顾客服务　/361

度量　/363

## 19　通过数据分析和报告度量绩效　/369

本章内容概要　/370

数据图景　/370

基于数据决策的可靠性　/372

什么是分析　/373

工具和技术　/377

归因建模　/388

报告　/390

# 第5篇　量身定制最终的数字营销战略

## 20　整合数字营销战略　/399

本章内容概要　/400

从哪里开始　/400

第一阶段：评估　/401

第二阶段：基础　/403

第三阶段：提升　/407

第四阶段：定形　/409

第五阶段：持续改进　/411

## 第1篇

# 理解企业的经营目标和顾客

01 数字营销基础

02 理解数字化生态系统

03 将数字化整合到更广泛的组织战略中

04 理解不断演进变化的数字化消费者

05 数字营销战略的障碍、考虑因素和数据保护

# 数字营销基础

## 01

**数字营销战略**——在线营销的整合方法（第2版）

## 本章内容概要

如果不考虑企业战略或营销战略，就不能有效构建数字营销战略。因此，首先需要确保对深层原则有广泛了解。为此，我们将研究公认的商业模型和营销模型，以及它们如何应用于数字营销。我们将回顾的模型有：

- 4P营销组合；
- 波特五力分析模型；
- 品牌定位图或感知定位图；
- 顾客终生价值；
- 市场细分；
- 波士顿咨询集团矩阵。

---

**本章目标**

本章结束时，您应该了解一些关键的营销模型和商业模型，这些模型将有助于您制订计划，最重要的是，有助于您将这些模型整合到您的数字营销战略中。

---

与任何书籍以及所有营销战略书籍一样，最好的起点在书的开始。数字营销是一个不断演进和成长的"猛兽"，其将触角持续深入到组织数十年来一直遵循的工作流程之中。所有这些听起来都非常具有戏剧性，但事实上，这完

# 数字营销基础

全符合现代世界的发展方向。从产品开发和定价到公共关系甚至招聘,数字营销是(或应该是)几乎每个关键业务决策的一部分,我们在全书中都会触及其中的缘由。

现在是置身于数字营销的激动人心的时代。

数字营销经常与在线营销(online marketing)混淆。进入21世纪之后,大多数企业已经或即将开发自己的网络。收发电子邮件是司空见惯的事,人们可以利用相关技术轻松地对其进行管理。用于顾客关系数据库的管理(customer relationship management,CRM)系统已经存在了一段时间。一些企业以类似报刊广告的方式在网站上放置横幅广告(banners),有远见的企业正在制定其搜索引擎策略,甚至与一些联盟合作。所有这些都是在线营销。随着时间的流逝,在线营销团队和专家也开始出现。

那么,近几年来发生了什么变化?社交媒体(social media)革命已经完全改变了互联网和消费者行为;宽带的普及提高了上网速度、互联网使用率和用户期望,目前全球超过54%的人在线,许多国家超过90%(Internet World Stats,2018);网站分析已经发展到可以实时了解消费者行为的水平,不仅包括他们使用网站情况的统计信息,还包括他们的人口统计信息甚至其兴趣;移动智能化、平板电脑风靡一时,这两种变化都带来了应用程序(App)的繁荣;触摸屏在所有设备上变得越来越普遍;Google已成为一个庞大组织,在全球大多数国家/地区拥有搜索功能;电视变得越来越智能,蓝牙为人们提供了另一种可能性;随着人口老龄化,现在只有很小一部分人因为年龄大而成为对技术恐惧的人。我可以继续列举新的变化,但是很明显,现在的数字化要比20世纪90年代后期的在线渠道(online channel)广泛得多,并且必将渗透到我们所做的所有事情中。我们将在第8~14章更详细地讨论现代数字营销渠道。

需要指出的关键一点是，本书的重点是数字营销，因此"营销"一词与"数字"一词同样重要。许多组织已着手创建与营销部门分开的数字营销部门和数字化部门。现在重要的是，数字营销是所有营销活动不可或缺的一部分，这包括公共关系、创意指导、品牌、顾客关系管理、顾客保留、产品开发、定价、销售主张、传播，乃至整个营销组合。为数字化活动创建一个孤岛非常危险，只有从一开始就真正理解完全整合营销的战略意义，您才能成功。

为更好地了解数字营销战略的各个方面，我们将回顾以下理论模型（见表1.1）。

表1.1 营销战略模型

| 模 型 | 概 要 |
| --- | --- |
| 4P营销组合 | 公认的营销模型 |
| 波特五力分析模型 | 关于竞争定位的理论 |
| 品牌定位图或感知定位图 | 分析您所感知的定位 |
| 顾客终生价值 | 理解真正的顾客价值 |
| 市场细分 | 理解顾客 |
| 波士顿咨询集团矩阵 | 产品分类 |

## 营销组合（4P）

- 产品；
- 价格；
- 分销；
- 促销。

市场营销中的P有很多种，包括4P和7P，但是在本书中，我们着重于市场营销的核心4P——通常称为市场营销组合，分别指产品、价格、分销和促销。下面我们看一下营销组合每一项的含义以及如何将其应用于数字营销。

## 产品（product）

产品既可以是物理产品，也可以是服务。关键是开发出来的产品/服务是人们真正想要购买的。一些企业从产品生产出发，尝试将其强加给受众。如果消费者对您的产品没有需求并且不感兴趣，那么您将无法创造需求。

**这对数字营销意味着什么？** 从数字化角度来看，这里的关键考虑因素是您的产品是否可以/将在线销售。您可以通过哪些渠道营销您的产品或服务？是否有机会使其更灵活地适应在线或移动受众？它为消费者提供了真正的价值吗？与您竞争对手的产品有区别吗？是否对其进行了有效的更新、服务和维护以保持其强大的功能？针对数字化顾客是否可以添加或减少产品的一些功能？这样做公平吗？

以购买音乐专辑为例：三个人各自买一张音乐专辑，约翰购买CD，玛丽亚下载专辑，罗宾进行流媒体播放。这是不同的消费者行为，每个人都会以不同的方式使用音乐。约翰是忠实粉丝，因此可能自豪地在书架上展示专辑；玛丽亚可能会从手机中删除其他音乐，以腾出空间存放新专辑；罗宾可能将曲目放入单独的播放列表中，以便根据流派或心情来欣赏他的收藏。了解使用这些产品的不同动机和使用习惯对于在数字化时代正确进行营销很重要。

## 价格（price）

定价是第二个"P"，这更是一门科学而非一门艺术，需要了解价格弹性和竞争性定位，但是在这里我们不做任何经济学阐释——关键是您的定价是否是人们愿意支付的价格。当然，"支付意愿"背后有很多影响因素，例如您的品牌价值、线上评论、产品质量等，但也可以采用许多其他定价策略。

**数字营销战略**——在线营销的整合方法（第 2 版）

**这对数字营销意味着什么？** 折扣和优惠对于数字营销当然不是什么新鲜事物，但是快速的价格比较、现金返还和优惠券网站的出现无疑改变了消费者行为，企业可以通过联盟营销计划来利用此优势。联盟营销（affiliate marketing）是您通过第三方网站推广产品的方式，在您期望的结果出现时向网站支付佣金或费用，这在价格比较网站、优惠券网站和现金返还网站中非常普遍，因为直接跟踪销售非常容易，因此可以将价值与对应的关系联系在一起。佣金通常按销售额支付，但也可以按点击或其他动作支付。

由于没有管理费用，某些行业的消费者期望网上价格低一些。许多人认为，在线售价应该比零售店售价便宜，因此没有必要从零售店发布产品。因此，决定如何使定价适合您的企业战略是关键。要记住的另一个因素是，留住顾客的成本要比获得新顾客低，因此顾客保留、顾客关系管理和顾客终身价值是战略的重要组成部分。我们将在第 17 章探讨将这些工作数字化的问题。

## 分销（place）

位置，位置，位置。在错误的位置建厂会减少人流，最终意味着销量减少。即使将商店建在了正确位置，但如果商店里没有库存，则情况会更糟；虽然将产品放在了处于正确位置的商店里，但却不能正确展示它——人们就找不到它——这也是"分销"要解决的一个问题。

**这对数字营销意味着什么？** 所有这些都适用于数字营销。您可能没有实体店，但顾客在您的网上商店必须容易找到想要找的商品——这与搜索引擎优化（SEO）、付费搜索（paid search）和大多数数字化购物渠道有关。在您的网上商店，网店导航是否简单容易？人们是否容易找到他们想要的信息和产品？

# 数字营销基础

您的库存里是否有网上展示的商品？您的网站是否可以正常发货？如果人们找不到他们想要的东西，那么人们会到其他店铺挑选。如果这种情况在线上发生，那么您将看到人们会转到能够快速找到所需产品的线上商店，因为速度是线上消费者非常看重的因素。

## 促销（promotion）

大多数人在听到"营销"一词时，首先想到的就是促销。通常情况下，人们是通过观看您的电视广告、报刊广告或展示横幅等第一次与您的品牌建立关系的。而在线下营销中，有时可能是私人关系的建立。众所周知，第一印象非常重要，因此一定要正确开展促销活动。

近来，促销活动已经远远超出了简单的广告宣传，变成了对话。智能营销（smart marketing）远不止大声推销您的产品，更要引导顾客踏上旅程，而且这个旅程也不会在购买时结束。有许多高水准的促销方法，包括聚焦、洞察力驱动、整合、传播产品特性和为顾客带来的利益、建立明确的号召性用语等。所有这些都适用于数字化渠道。

**这对数字营销意味着什么？** 数字化空间的挑战之一是，我们经常被限制在有限的空间或时间之内来传播产品促销信息。电视广告或报刊广告可能拥有 30 秒钟来传达观点，而数字化广告通常只有 100 个字符或少于 1 秒的时间来传达观点。因此，这就迫切需要有冲击力的短信息。重要的是，要树立测试—学习理念（test-and-learn）。无论您对消费者有多么了解（或您自认为多么了解），您都无法预测所有可能的结果，因此坚持经常性的不断调整的周期测试，对于形成持续改进的文化很重要——这是有效营销的关键所在。

**数字营销战略——在线营销的整合方法（第 2 版）**

## 线上和线下

线上营销（above-the-line）和线下营销（below-the-line）是用于区分大众营销和目标定向营销技术的术语。线上营销是指大众市场广告，通常用于将特定促销信息推向大众群体或用于建立您的品牌。线下营销用于根据顾客个人或细分市场的特征量身定制传播信息，以确保传播的信息更强有力。我们将在第 15 章更详细地探讨个性化营销问题。

全线营销（through-the-line）是一个经常使用的术语，简单地讲，是指将线上营销和线下营销适当组合而创建的整合方法，这自然是我们在本书中所倡导的。为了帮助您进一步了解线上与线下的区别，以下列出了两种营销的主要渠道。

- ❏ 线上营销：
  - 电视；
  - 广播；
  - 报刊；
  - 展示广告；
  - 户外。
- ❏ 线下营销：
  - 搜索引擎优化（SEO）；
  - 直接邮寄；
  - 付费搜索；
  - 电子邮件；
  - 直接销售（direct selling）。

## 波特的五力分析

下一个值得回顾的模型是迈克尔·波特（Michael Porter）的五力分析模型（five forces analysis model）。五力分析是利用产业组织经济学分析行业内的竞争强度，目的是有效确定某个行业的竞争格局和潜在盈利能力。这五种力量的任何变化都可能直接影响一个行业及行业内的企业，因此了解这五种力量并对其做出响应对于保持或获得竞争优势很重要。迈克尔·波特在其《竞争优势》（Competitive Advantage）一书中提供了更多细节。为了理解竞争，多年来《竞争优势》一书已成为学生和企业的必读书，限于篇幅，这里只做简要回顾。

波特的五种力量如下：

（1）横向竞争（horizontal competition）。

❑ 替代产品或服务的威胁（threat of substitute products or services）；

❑ 现有竞争对手的威胁（threat of established rivals）；

❑ 新进入者的威胁（threat of new entrants）。

（2）纵向竞争（vertical competition）。

❑ 供应商的议价能力（bargaining power of suppliers）；

❑ 顾客的议价能力（bargaining power of customers）。

波特的五力模型如图 1.1 所示。

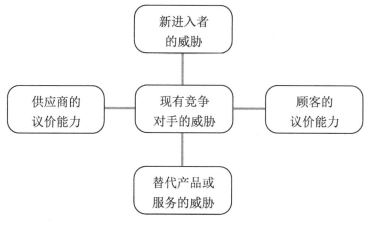

图 1.1　波特的五力模型

## 替代产品或服务的威胁

第一种力量来自另一个行业中的一个类似产品。数字化时代的一个例子是固定电话与移动电话,或者说,是移动电话与智能手机。如果要发布一款新的智能手机,该智能手机可以通过家庭中的充电插座进行充电,并且具有全家使用的特定优势,那么它可能会吸引一直使用固定电话的顾客,因此这种替代产品威胁是针对固定电话提供商的。

根据上述定义确定一个产品是否会形成替代威胁时,需要考虑以下因素。

- 转换成本(switching cost):如果使用替代产品的转换成本较低,则威胁很大。
- 定价(pricing):如果替代产品或服务的价格相对较低,则威胁很高。
- 产品质量(product quality):如果替代产品或服务质量优,那么威胁就很高。
- 产品性能(product performance):如果替代产品性能优越,则威胁很高。

# 01 数字营销基础

**这对数字营销意味着什么？** 随着许多企业的不断创新，这种威胁在数字化时代一直存在。平板电脑威胁了笔记本电脑市场，智能手机又威胁了平板电脑市场。全息影像、无人机和许多其他东西继续影响着更传统和更成熟的行业。

## 新进入者的威胁

这种威胁相当明显。市场新进入者可能是直接竞争者，因此会威胁到业已建立的企业的成功。在数字化时代，有很多这样的例子，尤其是Google、Amazon、eBay和Twitter。Google进入搜索市场，由于结果准确和搜索速度快而迅速成为众多老牌同行的领导者。Amazon发展迅速，出色的顾客关注和个性化创新技术的引入，为Amazon带来了明显优势，从而击败了许多老牌企业。尽管eBay并不是第一个拍卖网站，但非常简单易用。最后，Twitter通过一种新的微博方法（micro-blogging）进入社交媒体领域，创建了一种非常简单的分享新思想和见解的方法。2019年之前的10～15年里，纯在线企业（online-only businesses）进入许多市场相对容易，许多旧的壁垒，特别是资本壁垒，已被清除。

下面列举了决定新进入者威胁的一些因素。

- 进入壁垒（barriers to entry）：例如专利、法规。较高的进入壁垒对在位企业很有吸引力，因为它们会阻止新企业轻松进入。较低的退出壁垒（exit barriers）也有助于企业退出该行业，这也很有吸引力。换句话说，在位企业容易退出而新竞争者难于进入的行业是有吸引力的行业。
- 规模经济（economies of scale）：新进入者的规模很可能小于老牌企业，因此可能无法在保持利润的前提下进行价格竞争。
- 品牌资产（brand equity）：在位企业具有品牌资产，即公认品牌所带

**数字营销战略**——在线营销的整合方法（第 2 版）

来的信任度。虽然新进入者没有品牌资产，但可以通过大量的在线营销支出迅速建立品牌资产。

- ❑ 行业盈利能力：如果该行业总体上利润率高，那么很可能会吸引大量的新进入者。
- ❑ 政府政策：可能有一些政府政策限制了新进入者加入特定行业的难易程度。

还有许多其他因素，例如企业所在位置、预期的报复、技术和分销渠道，应该彻底研究和理解这些因素，以使制定的战略更加稳健。

---

### 进入壁垒——两个案例

金融服务是高进入壁垒行业的一个很好的例子。这个行业有许多监管机构和许可流程，而且世界各地各有不同。因此，新企业要获得这些许可并了解所有法规和要求可能会非常具有挑战性。此外，新进入者还需要聘请具有行业专业知识的人员并持续对他们进行培训，这些都是额外的成本。

摄影是进入门槛很低的行业的一个例子。为了证明这一点，您可以问问您的朋友和同事是否有摄影网站，您大概率会发现其中至少一个朋友或同事拥有摄影网站。随着数码摄影的发展，您可以轻松购买设备，在家中就可以学习摄影技术，在空置的房间中就可以建立工作室。任何人都可以以最少的投入和精力成为婚礼摄影师或企业摄影师。

---

**这对数字营销意味着什么？** 就数字营销而言，对于大多数市场来说，有新企业进入市场是常事。在 21 世纪，新进入者颠覆传统行业是司空见惯的。

## 数字营销基础

现在,企业位置、规模经济、品牌资产和技术等因素,对于进入许多行业(例如技术业务)来说,远不那么重要了。近年来,技术业务发展迅速,随着技术业务颠覆现有行业的希望的加大,相关的投资也越来越多。例如,2014年,总部位于伦敦的风险投资公司在短短6个月内推出了价值14亿美元的基金(London and Partners,2014)。这些风险资金正在投资的许多企业的业务是提供数字化解决方案,例如营销自动化、数据分析和社交媒体。这将导致数字营销行业处于不断变化的状态中,因此跟上这些变化的步伐很重要。参加相关活动、与广告代理机构和科技公司密切保持联系以及阅读科技新闻都是跟上变化的重要方式。

**现有竞争对手的威胁**

竞争对抗是最普遍的竞争因素之一,有时被认为是最危险的。竞争的独特性和行为直接影响企业获得竞争优势的能力。

除数字化转型外,还有许多其他因素影响竞争强度,包括以下方面。

- ❑ 竞争对手本身:竞争对手数量及其相对实力是关键因素。如果您所在的行业没有行业领导者,那么竞争环境就相对公平,竞争对手之间的竞争会加剧。
- ❑ 高退出壁垒:如果很难脱身,那么即使只是收支平衡甚至亏损,也将有更多的企业留在行业之中,因此竞争会很激烈。
- ❑ 行业增长缓慢:如果一个行业发展迅速,那么所有参与者都可以通过获得新顾客来获得增长,而不必直接竞争,大家可以一起分享这些新顾客。如果增长缓慢,那么就不会有很多的新顾客,但仍有那么多的企业,因此,要增长就需要从竞争对手那里争夺顾客。

竞争激烈的市场,会朝着"完全竞争"的方向发展,换句话说,就是每个企业都在没有"价格制定者"、只有"价格接受者"的情况下进行竞争。价格制定者有权影响其收取的价格,而价格接受者则对市场没有影响。此处建议读者阅读波特的五力分析理论,并且围绕经济理论进行阅读,以更详细地理解这一点。

**这对数字营销意味着什么?** 这里有许多因素需要考虑,通过数字化转型实现现代化的趋势就是其中之一。对于已建立的企业而言,将企业转型到数字化模式可能是一个缓慢而昂贵的过程,而年轻企业则更为灵活,这肯定会给竞争格局带来变化。另一方面,规模较大的企业(尽管不一定)有潜力投入金钱和资源,利用先进技术大规模生产某些产品,而对于那些不太成熟的企业来说,可以投入的金钱和资源可能会很少,但数字化转型可以帮助企业获取竞争优势,从而减少竞争。

## 供应商的议价能力

企业产品或服务的供应商是行业竞争性的另一个因素。供应商的议价能力直接影响企业获利并因此影响企业竞争的能力。一方面,强大的供应商能够控制价格和产品质量,从而削弱企业的获利能力;另一方面,弱小的供应商会受到买方的控制或影响,因此买方可以保留竞争优势。

可能导致供应商议价能力增强并因此加剧竞争的一些因素如下。

❑ 供应商很少:如果供应商少于采购商,那么供应商将拥有更多议价机会。

❑ 买方转换成本:如果更换供应商的成本高昂,那么供应商[1]的优势将再次体现出来。

❑ 前向一体化:如果供应商能够自己生产产品或服务,那么他们将再次

---

[1] 英文原文是"买方",经与作者沟通,作者确认系笔误。——译者注

## 数字营销基础

处于优势地位。

**这对数字营销意味着什么？** 如果您正在使用实物产品进行电子商务运营，那么您可能正在与供应商合作以供应商品。您的供应商可能是您销售给顾客的商品的极少数供应商之一或唯一的供应商。在这种情况下，批发商具有很强的议价能力，因为您的选择有限，这可能会导致成本增加，进而导致您的毛利下降[①]。同时，这也可能导致您必须提高价格，从而可能导致销售量下降。如果有更多的批发商进入市场，那么您的批发商的竞争就会加剧，这会将部分议价能力转回给您。另一种选择是着力于自己生产一些产品，以消除批发商的更多议价能力。

### 顾客的议价能力

顾客的议价能力是第五种力量，是指消费者向企业施加压力以使其降低价格、改进产品或改善顾客服务的能力。企业可以采取许多行动来降低购买者的议价能力，例如，实施顾客参与策略和忠诚度计划。

影响顾客议价能力的一些因素如下。

- 顾客集中化程度：如果消费者很少，企业很多，那么买方实际上就可以选择企业。
- 转换成本：与其他大多数力量一样，转换成本也是一个因素。如果买方很容易转换，那么他们就拥有了议价能力。
- 后向一体化：如果买家可以自己生产产品，那么他们也将拥有议价能力。

**这对数字营销意味着什么？** 在数字化时代，买方议价能力发生变化的最好例子之一是，人们越来越多地使用社交媒体和评论网站来公开排名和讨论企

---

[①] 英文原文是"增加"，经与作者沟通，作者确认系笔误。——译者注

业提供的产品、定价和顾客服务。许多消费者会在他们的决策过程中参考网上评论，如果同行的评论是负面的，他们将不会购买这种产品。一些搜索引擎在搜索结果中公开显示星级，例如餐馆和产品，从而可以提高或降低点击率。自 Web 2.0 以来，买方的力量已大大增加。

## 品牌定位图或感知定位图

可以使用品牌定位图为您的产品或服务确立市场定位战略。但是，这些定位图并不是根据您对市场的看法而建立的，而是根据消费者的感知而建立的，因此有时也称为感知定位图（perceptual positioning map）。尽管有些主观，但这些定位图清晰地展示了您的品牌或产品与竞争对手之间的相对位置，突出显示了市场上的任何空白，并表明了哪些地方存在激烈的竞争。

大多数感知定位图使用 X 和 Y 两个轴绘制，两轴在中心彼此相交，形成一个十字。这不是绘制定位图的唯一方法，而是迄今为止最常见的方法。在坐标轴上设置什么变量取决于您自己，您需要考虑行业中的变量以及研究目标。下面我们使用实用性和可负担性两个变量绘制汽车品牌感知图（见图 1.2），从图中可以很清楚地看到，顾客所感知的直接竞争位于何处，市场可能存在的缺口位于何处。这有助于确定您的品牌在感知图上的位置，并且可以帮助您构建将品牌迁移到心仪位置的战略。

品牌感知图不仅可以用于审视您的企业或品牌在今天的位置，还可以帮助您确定推出新品牌的机会。如果图 1.2 所示的汽车行业感知图是实际研究的结果，那么可以决定推出一个具备运动性能且处于中等价位的品牌，在此区域竞争很少，因此可能会有机会。另一方面，您还需要将这种定位思想与市场规模相结合。例如，在图 1.2 中，没有哪个品牌位于运动性很好且非常便宜的区域，因此那里存在市场空白。但这是因为这个区域并不是一个有利可图的机会呢？还是因为当人们购买运动型汽车时他们不信任便宜的跑车？

注：仅是示例，并非研究论文的结论，不宜用于汽车行业的决策。

**图 1.2 汽车品牌感知图**

**这对数字营销意味着什么？** 关于定位感知图，数字营销与任何其他形式的营销之间没有特别区别。正如本书开头所提到的，"营销"是关键词。整合方法对于品牌成功很重要，一定要思考您的品牌在所有营销方式上的表现，虽然将数字化纳入其中很重要，但它不应该有自己独立的方法。

这里需要牢记的一件事是，与 20 世纪相比，如今创立一个品牌要容易得多。您可以在家中打开笔记本电脑，在 Photoshop 中设计徽标，使用 Wordpress 创建一个网站，创建一个 Twitter 账户并建立一个 Google Ads 账户，所有这些工作都可以在一个晚上完成。至此您便拥有了一个品牌，几乎立即就会有成千上万甚至数以百万计的人看到它。尽管我永远不会阻止任何人开办自己的企业或迅速采取行动，但我鼓励围绕您的顾客感知和竞争对手多进行一些思考，而这正是品牌定位感知图的重要价值所在。

## 顾客终生价值

顾客终生价值（customer lifetime value，CLTV 或 LTV）的含义非常简单，就是企业归因于顾客整个生命周期的价值或利润。在某些企业中，计算相对容易；而在另一些企业中，则非常复杂。无论哪种方式，都存在共同的事实：顾客终生价值受许多因素影响，可以利用许多手段影响顾客终生价值。长期以来，单位顾客获取成本（cost per acquisition，CPA）一直被用作营销中的关键计量指标，由于跟踪技术和数据的透明度，其在数字营销中显得更加重要。但是，人们肯定批评这是过于简单的观点。例如，如果您知道某个顾客花了 100 美元从您那里购买了毛利为 50 美元的产品，而获取该顾客的成本为 40 美元，那么您可以很高兴地认为自己有利润地获取了这个顾客。如果那位顾客离开后再也没有回来，那么我们计算这个顾客的价值就很简单。但是，如果顾客的平均返回次数为 3.2 次，每次购买时都要给您的呼叫中心打两次电话，那么您将因此顾客而产生额外的收入和支出，这些收入和成本也需要纳入考虑。

CPA 模型一直用于联盟营销等渠道，因为它使企业能够消除无法保证转化的按每次点击成本（cost-per-click，CPC）付款的风险。要求联盟营销机构遵守顾客终生价值模型，在大多数情况下执行起来过于复杂，因为许多变量不受其控制。顾客终生价值可以用来确定哪些顾客最能让你赚钱，并以此为基础确定细分市场，然后可以确定适合的目标市场。我们将在下面阐述市场细分和目标市场选择的内容。

## 计算顾客终生价值

有几种不同的计算顾客终生价值的方法,但是鉴于本书的目的,我们将重点放在简单的方法上。建议您更详细地了解不同的模型,以充分了解顾客终生价值的复杂性,确保您拥有适合自己业务的模型或模型组合。为了使用简单的方法计算顾客终生价值,您需要了解以下两个变量:① 一个顾客留存在企业的期间数(顾客生命周期);② 一个期间内该顾客的平均毛利。

为了帮助理解这些变量,需要理解一些共同的因素,具体如下。这些也是可以用来改善您的顾客终生价值的工具。

- ❏ 顾客生命周期长度:
  - 顾客关系管理计划;
  - 会员推介奖赏计划(member-get-member schemes);
  - 顾客忠诚计划(loyalty schemes);
  - 服务水平。
- ❏ 每位顾客的平均毛利:
  - 重复购买(repeat purchases);
  - 交叉销售和升级销售(cross-selling and up-selling);
  - 退货和退款;
  - 定价和折扣;
  - 运营成本;
  - 转化率(conversion rate);
  - 市场细分。

因此,简单的公式如下:

$$顾客终生价值 = 生命周期 \times 平均毛利$$

下面以一家零售商为例。

这个零售商平均每周吸引每个顾客到其商店 3.9 次，这些顾客每次平均花费 21.69 美元。因此，我们知道顾客每周花费 21.69 美元 ×3.9=84.59 美元。每年 52 周，顾客每年花费 84.59 美元 ×52=4399 美元。我们还要知道顾客终生价值的年数。我们知道每个顾客的毛利率为 10%，因此可以计算出每年从每个顾客身上获得的利润实际上为 440 美元。平均而言，我们知道顾客在我们这里存留 15 年，因此我们的顾客终生价值是 440 美元 ×15=6600 美元。这给了我们获取顾客的目标值：可以花费多达 6585 美元来吸引一个顾客一生。

**这对数字营销意味着什么？** 数字营销中有很多模型。如上所述，有很常见的单位顾客获取成本（cost-per-acquisition，CPA）和每次点击成本（cost-per-click，CPC）模型，还有每次展现成本（cost-per-impression，CPI）模型，有每千次展现成本（cost-per-mille，CPM）、每次行动成本（cost-per-action，CPA）和每个销售线索成本（cost-per-lead，CPL）模型等。虽然人们不得不使用这些模型作为付款依据，但人们又往往因图轻松而将其用作度量渠道绩效的主要指标。顾客终生价值不能只在您的一个业务领域内实施，如果此模型合适，应将其整合到数字营销中以及其他任何业务领域。数字营销者拥有大量的数据（我们将在第 19 章讨论大数据），因此我们能比其他领域更详细地了解我们的顾客和所涉及的变量，这个机会是千载难逢的，不应浪费。

## 市场细分

在本书的后面（第 15 章），我们将讨论个性化沟通，这是量身定制的传播的最终目标，如今比 10 年前更有可能实现。但是，了解市场细分（segmentation）仍然很重要。消费者在行为、人口统计、购买方式和其他因素方面会存在相似之处，从而可以将他们划分为多个细分市场。这有助于您在营销传播中实现更智能、更适宜的目标市场选择和信息传递。这些不同的细分市场对产品有不同的使用方法，并对服务有不同的看法。消费者的生活方式在本质上有所不同，消费者的需求、愿望、意见等也各有不同。

下面列出了五种常见的细分方法——分别从地理、人口、行为、利益和心理角度进行的细分，以及每种方法的优缺点和企业是如何使用这些方法的。

**地理细分（geographic）**

地理细分也许是所有细分策略中最简单的一种，即分析顾客个体所在的地理位置。拥有区域零售店的企业会关注这个细分方法，它也是了解营销应该投向哪些目标区域的有用工具。例如，对户外广告或报刊广告的投放区域所进行的选择。但从数字营销角度看，它可以为您的营销战略提供基于地理位置来选择目标市场或选择数据方面的信息。地理细分方法的缺点在于，这是非常基础的市场细分，几乎没有告诉您有关顾客本身的任何个人信息。

**人口统计细分（demographic）**

人口统计细分是一种非常普遍的细分形式，其考虑了年龄、种族、性别、教育程度、就业、收入和经济状况等因素。因此，这一细分方法反映了一群人的特征。政府和许多组织使用人口统计细分，因为它可以回答诸如"谁能负担得起我的产品"和"这群消费者的年龄段是否与我的产品相对应"之类的问题。

这种细分方法的缺点是：其基于这样一个假设——具有相似特征的人，行为也会相似，而这与事实相去甚远。如果某法国人是没受过多少教育的45岁工厂工人，那么他的行为方式会与工厂中所有年龄大致相同的同事一样吗？不会的。他们会有不同的激情、爱好等。为了更详细地了解这一点，我们需要了解行为细分。

### 行为细分（behavioural）

行为细分如今变得越来越可能实现。从历史上看，很难了解消费者的行为，但是在大数据世界中，我们能够更多地了解消费者，尤其是数字化领域的消费者。这种方法是根据购买方式和使用行为对消费者进行分组的。这是一种以极易与个人产生共鸣的方式与消费者个人进行交流的绝佳方法。在谈论特定产品或特定使用场合时，行为细分很有用。

行为方式当然不会像人口统计细分那样黑白分明，因此不是一门精确的科学。例如，行为会随着您的生活方式而改变，离异、子女和退休等生活因素可能是导致您行为改变的关键，因此，应当使用最新数据。行为细分方法的优点是与受众高度相关，但同时也存在完全漏掉消费者行为标签的风险。

### 利益细分（benefit）

要理解营销和企业，感知是关键。别人对您的感知会影响您的职业生涯——我们都知道关于第一印象的说法。这种细分形式基于消费者的感知利益。许多企业使用利益细分来了解消费者并为产品开发和营销提供指导信息。时装业就是一个很好的例子。想象一下外套和夹克的零售商：一些消费者寻找保暖的冬季外套是为了假期滑雪，一些消费者寻求全天候夹克是为了户外生活，而另一些消费者寻求轻便的夹克是为了在锻炼时穿，还有一些消费者寻求智能外套是为了工作，也有一些消费者纯粹是为了时尚。外套不同的感知利益吸引不同的细分市场，因此也许您需要更改外套的感知利益或推出新系列以吸引新的细分市场。

### 心理细分（psychographic）

心理细分听上去非常复杂，但这仅仅是对消费者生活方式的一种理解，包括学习活动、观点、信仰和兴趣。与行为细分类似，了解这些因素可能会带

# 数字营销基础

来真正引起个人共鸣的信息传递和产品。例如，个人可能是环保主义者、健美者或电影爱好者（或这些的任意组合），在此基础上进行细分，比以往的地理或人口细分更能创造出更加"真实"的个人画像。

**用户画像**

通过综合以上五种细分方式，您可以为用户画像（personas），如图1.3所示。这些是对细分市场的有效描述，大多数企业将使用其中的5～10个细分变量。如果使用的细分变量太少，会造成细分市场偏大和消费者特征过于宽泛；而如果细分变量太多，则会导致细分市场规模过小，或使选择目标市场的方法过于复杂。

## Athletic Annie

性别：女
年龄：36
工作：店铺助理
爱好：健身

已婚
两个孩子的母亲
性格外向
驾驶福特福克斯

有几个亲密的朋友
自由主义政治观
喜欢喜剧电影
热情的环保主义者

"Annie首先热爱她的家庭，其次坚持健身。她努力工作，追求幸福和健康远胜于金钱。"

Annie是一个有工作的母亲，自己的时间很少，我们要记住这一点

我们知道她喜欢社交，但也不必把她假想成派对生物

从这些人口统计数据，我们可以了解该如何与Annie交谈

通过了解Annie的爱好，我们知道在哪里可以找到她，以及她会做些什么事情

了解了她的信念，有助于我们确定交流的语调并赢得她的信任

图1.3 用户画像示例

## 波士顿咨询集团矩阵

波士顿咨询集团创始人布鲁斯·亨德森（Bruce Henderson）指出："要取

得成功,企业应该拥有具备不同增长率和不同市场份额的产品组合。"(1970年)。波士顿咨询集团矩阵(Boston Consulting Group matrix,BCG matrix)与上述品牌感知定位图模型相似,也使用一个矩阵,但是,其用于非常不同的目的。波士顿咨询集团矩阵通过审查市场份额和市场增长率将投资组合中的产品分为明星、金牛、瘦狗和问号(见图1.4),这就是为什么有时将其称为增长—份额矩阵。它主要通过最大化高潜力业务和最小化绩效差业务,来使企业长期价值的创造最大化。

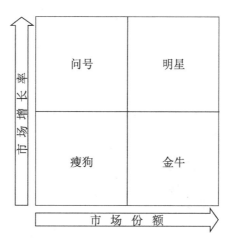

图1.4 波士顿咨询集团矩阵

## 金牛——在增长缓慢的环境中拥有高市场份额

金牛是强大而安全的产品。它们在没有任何增长的市场中稳定地创造现金,因此不需要太多的投资。这类产品的利润比较高。

## 瘦狗——在缓慢增长的环境中占有低市场份额

瘦狗不是产品组合中最强大的部分,实际上可能会对企业经营造成损害。这类业务往往会收支平衡,不会给企业带来很多利润。企业通常会希望减少瘦狗业务的数量或将其出售，并且对其投资应该非常谨慎，因为不太可能从中获得回报。

## 问号——在高增长环境中拥有低市场份额

将这类业务命名为问号恰如其分，因为它们可以沿任一方向发展。它们增长迅速，但市场份额却很低，因此消耗大量现金，而收益却不大。如果问号业务获得了一定的市场份额，它就可以成为"明星"，接下来随着市场放缓，它甚至可以成为"金牛"；但是如果在获得市场份额之前总体市场增长放缓了，它也有可能成为"瘦狗"。必须基于广泛的分析才能对问号业务做出决策——进行投资还是不进行投资。

## 明星——在高增长环境中拥有高市场份额

明星由于拥有强大的市场份额而产生现金，但由于市场高速增长，它们也消耗了大量投资。一旦市场增长下降，明星就变成了金牛。因此，在您的产品组合中拥有一系列可以成为下一批金牛的明星业务是一项重要战略。

矩阵本身不仅显示每个产品类别的位置，还通过每个产品类别的面积大小显示每个产品的价值。因此，BCG矩阵提供了组织盈利能力和现金流量的一帧快照。金牛和瘦狗在坐标轴的两端，所有业务类别最终都将移动到其中一端，这是一条通常的发展路径：问号—明星—金牛—瘦狗。当然，对于大多数企业来说，其目标不是拥有一系列简单地归入其中某一类别的产品，而是这些产品类别的组合，这对于平衡投资是很重要的。

❑ 金牛业务：可提供用于企业未来投资的现金。
❑ 明星业务：由于其高增长潜力和高市场份额而成为构建未来的产品。
❑ 问号业务：是促使您将其转化为下一组明星业务的项目。
❑ 瘦狗业务：应该从中退出。

要记住的关键一点是：BCG矩阵很复杂，历史上被误解和滥用了很多次，因此务必要了解其复杂性以及如何应用（以及实际上何时应用）。

**这对数字营销意味着什么？** BCG矩阵将告知您应通过哪种方法和渠道销售哪些产品，这将影响您的整体数字化战略。您还可以使用它来评估自己的数字化渠道并了解自己是否有效地运用了自己的注意力。例如，付费搜索业务是适合金牛类业务还是瘦狗类业务？付费搜索的价值经常引起争议，因此分析清楚各个数字渠道分别适合BCG矩阵中的哪类业务，是您与相关人员沟通数字渠道策略的好方法。将问号业务变成明星业务的搜索引擎优化（SEO），是那些自然搜索绩效较差但了解改进步骤的企业的共同目标。我们将在第8～12章介绍这些渠道以及如何使它们的效果最大化。

## 本章小结

许多营销人员都同意，营销自2015年以来的变化比过去30年的变化都大。但是，上述模型始终保持其正确性和重要性。因此，一定要紧跟不断变化的形势，密切聚焦消费者行为，同时深入了解这些模型并将其纳入您的战略。

**本章检查清单**

- ☐ 4P营销组合；
- ☐ 波特五力模型；
- ☐ 品牌定位图或感知定位图；
- ☐ 顾客终生价值；
- ☐ 市场细分；
- ☐ 波士顿咨询集团矩阵。

数字营销基础

- 关于4P营销组合：

Perreault Jr, W D (2004) *Basic Marketing*, McGraw-Hill Higher Education. 该书涵盖了现代实践案例和最佳实务，并将营销组合理论与我们在本书中讨论的战略规划方法结合在一起。

- 关于竞争理论：

Magretta, J (2011) *Understanding Michael Porter: The essential guide to competition and strategy*, Harvard Business Review Press.

Porter, M (2004) *Competitive Strategy: Techniques for analyzing industries and competitors*, Free Press.

- 关于品牌定位：

Riezebos, R (2011) *Positioning the Brand: an inside-out approach*, Routledge. 该书详细讨论了品牌定位，并探讨了品牌定位的不同阶段，值得一读。有助于了解企业形象、品牌架构、目标群体分析、竞争对手分析和选择市场位置等品牌定位的各个阶段。

- 关于市场细分：

McDonald, M (2012) *Market Segmentation: How to do it, how to profit from it*, John Wiley & Sons. 该书包含避免大的错误和确定细分市场范围的技巧，这些技巧对于制定市场细分策略非常有帮助。

- 关于波士顿咨询集团矩阵：

Stern, C W and Deimler, M S (2006) *The Boston Consulting Group on Strategy: Classic concepts and new perspectives*, John Wiley & Sons.

1. Henderson, B (1970) [accessed 1 November 2015 ] The Product Portfolio [Online] https://www.bcgperspectives.com/content/classics/strategy_the_product_portfolio/

2. Internet World Stats (2018) [accessed 20 January 2019] World Internet Users Statistics [Online] http://www.internetworldstats.com/stats.htm

3. London and Partners (2014) [accessed 1 November 2015] $1.4bn of New Tech Funds Set Up in London in Last 6 Months, London and Partners [Online]http://www.londonandpartners.com/media-centre/press-releases/2014/140902-14bnof-new-tech-funds-set-up-in-london-in-last-6-months

4. Porter, M (1985) Competitive Advantage, Free Press, New York

# 理解数字化生态系统 / 02

## 本章内容概要

本章将为您展现数字营销生态系统如何组合在一起以及各个要素如何相互作用的图景。每个要素都会至少影响其他一个要素,在为每个要素制订计划时,都应考虑到这一点。在生态系统的背景下,本章仅简要介绍其中的部分内容,您可以在本书后面的各个主题中找到更多信息。本章主要内容包括:

- ❑ 付费搜索和自然搜索互动;
- ❑ 搜索引擎优化的社交信号;
- ❑ 内容策略的广泛影响;
- ❑ 展示广告和数据策略;
- ❑ 品牌和品牌主张效应;
- ❑ 光环效应;
- ❑ 归因和全渠道;
- ❑ 完整的生态系统。

### 本章目标

到本章结束时,您应该了解各个数字营销渠道之间如何相互作用,以及如何建立并整合真正有效且高效的战略。

## 理解数字化生态系统

## 付费搜索和自然搜索互动

付费搜索（paid search）和自然搜索（organic search）可以一起使用。尽管两个渠道在很多方面都非常不同，但是您可以从一个渠道中学到很多，然后应用到另一个渠道。让我们先来看一下两者之间是如何互惠互利的。

### 使用搜索引擎优化数据塑造点击付费广告策略

如果需要证明搜索模型，或者预算有限，许多企业将从搜索引擎优化（SEO）着手。当您开始采用点击付费广告（PPC）策略时，您会看到哪些关键词由于竞争激烈和点击数量大而价格昂贵。在这种情况下，您就要将搜索引擎优化聚焦到这些关键词上。通过搜索引擎优化取得成果需要更长的时间，但投资却会大大减少。

您还应该每月至少检查一次搜索引擎优化分析，以了解是否有可以应用于点击付费广告账户的信息，这可能涉及话题趋势、一天中的某个时段、一周中的某一天、设备的类型、位置或许多其他因素。

### 使用点击付费广告数据塑造搜索引擎优化策略

近年来，对于搜索引擎优化而言，最令人沮丧的一件事儿就是Google在关键词栏贴出大量的"不提供"（not provided），使我们能使用的数据有限。点击付费广告和搜索引擎优化之间最广为人知的互动之一是使用PPC关键词数据来指导SEO策略。

另一项可以从PPC中学习的内容是，您可以快速了解PPC广告中效果较好的文案特点，然后将其应用于您的网站和其他营销活动，以提高点击率和转化率。

## 搜索引擎优化的社交信号

多年来针对社交媒体在 SEO 中的应用一直有很多争论，但是我们可以假设社交媒体在 SEO 中发挥了作用。有证据表明 Google 采用社交媒体对网站的链接分享，以及社交媒体对网站内容的参与度，作为网站搜索排名的影响因素。关注者的数量不像预想的那样产生重大影响——因为关注者的数量纯粹是一个虚荣指标，我们将在第 11 章对此进行更多讨论。

目前，社交信号（social signals）仍是一个作用相对较小的排名因素，但随着社交媒体的不断发展及其整合到每种数字化体验中，社交信号的作用有可能会加强。

我们应该考虑发布的周期和广泛程度、获得的参与程度、获得的联系人数量和赢得的情感。对于从社交媒体来到网站的用户，应该考虑其到达网站的位置、网站的响应速度以及其在网站上的行为。即使今天社交媒体对 SEO 绩效的影响很小，我们也应该为明天做准备。

## 内容策略的广泛影响

正如我们将在第 15 章看到的那样，您的内容策略（content strategy）应该见识广博。您应该为可预见的未来内容建立前瞻性计划，将您的所知转化为未来的内容，并回顾过去以改进内容策略，确保拥有适当的响应流程，以便在机会出现时能够快速生成内容。

然后，根据相关性将您的内容分配到各个渠道。内容可能相同，但格式不同（信息图表、视频、引用、事实、纯广告消息）。为此，您可以使用

## 理解数字化生态系统

Facebook、Twitter、Snapchat、您自己的网站、点击付费广告（PPC）、展示广告、电子邮件等，可以使用的渠道清单很长。同时，您必须按使用的渠道、类型和主题来审查数据以及该内容的影响。

例如，应该将与搜索引擎优化相连的内容编写技能融合到您的内容中，这不仅可以影响搜索引擎优化，还可以随着转化率和参与度的提高而影响您的点击付费广告质量得分。正如我们稍后将讨论的那样，内容策略是目前任何营销战略的核心。

## 展示广告和数据策略

展示广告与 21 世纪初期的简单横幅广告相比已经有了很大变化。现在，以程序化和实时购买形式进行的展示广告（display in the form of programmatic and real-time buying），是一个利用复杂数据平台的高度定向的渠道。我们将在第 10 章对此更详细地进行说明，但现在我们就要意识到，如果没有清晰的数据策略来确保您的顾客数据和查询数据尽可能完整、准确和最新，则可能会在正确的时间把错误的信息发给错误的人。

您的数据策略也会影响您的数字化传播。例如，如果我们考虑电子邮件营销，但持有的数据不正确、不完整，没有准确的营销许可，这不仅意味着传播效果不佳，甚至可能触犯法律法规。

## 品牌和主张效应

品牌和主张效应（brand and proposition effect）应该反映在您所做的每件事中。如果不在外部传播中强化品牌和关键信息，那么任何一个营销领域都无法有效地发挥其作用，因此这将对您的企业绩效产生影响。在第 3 章，我们将更多地讨论品牌化，作为系统的一部分，应该将品牌化视为关键的影响因素。

品牌和主张效应不在数字营销人员的直接影响之下。您的品牌可能会受到企业业绩、正面或负面公关、增大或缩小规模的决策、顾客服务表现、定价以及许多其他因素的影响，在第 1 章我们已经谈到了其中的一些因素。

## 光环效应

光环效应（halo effect）通常用来描述由于线上广告而使整个渠道获得提升的效应。例如，如果您的营销部门在电视、广播、户外和报刊界开展了广泛的宣传活动，覆盖了数百万消费者，那么您很可能会在整个营销策略的很多指标中看到这个光环效应。

您可能会发现搜索引擎优化和点击付费广告上的品牌搜索量增加、点击付费广告上的品牌关键词点击率提高、展示效果提高、转化率提高、App 下载量增加、电子邮件打开率提高以及社交媒体参与度提高等现象。

## 归因和全渠道

最后，我们需要知道我们可以追踪所有这些渠道，同时可以通过归因建模（attribution modelling）和全渠道管理（omni-channel management）来了解这些渠道如何相互作用，我们将在以后对此进行研究。但现在必须明白，了解数据的整体情况而不是孤立地了解部分数据，是我们能够真正全面管理数据的原因，也使我们能够对数字营销战略进行优化和提高。

## 完整的生态系统

数字营销生态系统如图 2.1 所示。

## 02 理解数字化生态系统

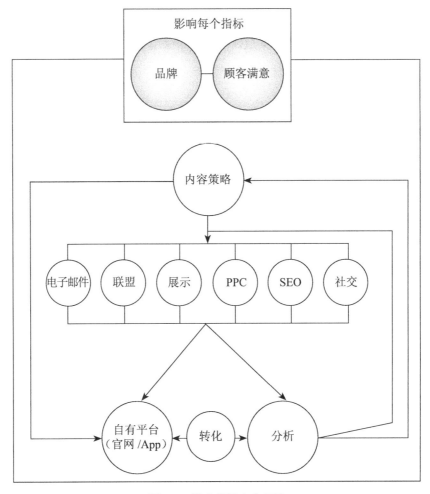

图 2.1　数字营销生态系统

## 本章小结

没有一个营销渠道曾经真正独立于其他渠道运作，但是现在每个渠道的效果度量都是非常科学的。我们将在第 19 章研究归因建模以进一步理解这一点。但是为了达到最佳效果，我们不能简单地理解交互作用，我们必须为此制订计划。这意味着要使用多个渠道，以使每个渠道的作用相互放大，最有效的数字营销战略都会使用这项技术。

> **本章检查清单**
>
> - ❏ 付费搜索和自然搜索互动；
> - ❏ 搜索引擎优化（SEO）的社交信号；
> - ❏ 内容策略的广泛影响；
> - ❏ 展示广告和数据策略；
> - ❏ 品牌和主张效应；
> - ❏ 光环效应；
> - ❏ 归因和全渠道；
> - ❏ 完整的生态系统。

# 将数字化整合到更广泛的组织战略中 / 03

## 本章内容概要

我们已经研究了需要纳入战略方案的关键商业模型和营销模型。除此之外，您还需要在企业框架内制定战略。这包括行业以及法规可能带来的挑战、企业结构和文化、品牌和目标。只有在这种背景下开展工作，战略才可能成功。我们将考虑以下内容：

- ❑ 商业模式；
- ❑ 全球战略；
- ❑ 品牌；
- ❑ 愿景；
- ❑ 企业文化；
- ❑ 创新；
- ❑ 研究与洞察；
- ❑ 关键绩效指标。

### 本章目标

在本章结束时，您应该了解需要将企业中的哪些关键因素纳入数字营销战略之中，以使数字营销战略有效并尽可能容易实施。

## 将数字化整合到更广泛的组织战略中

如果要从本书中摘取一个信息，那就是：要真正地成功，您的数字化战略一定不要也不能独立于您的企业战略来建立。我们正处于技术时代，这个时代每个月都会为数字营销者带来新的机会。这意味着每个数字化战略都将随着时间的推移而发展（我们将在第7章研究实时计划），因此，独立于整个组织所带来的制约，从而推动数字化战略向前发展的诱惑实在令人难以抗拒。本章将探讨与更广泛的企业战略保持一致的重要性，因此必须抵制这种诱惑。下面我们就来阐述确保数字营销战略与企业保持一致所需要考虑的一些问题。

## 商业模式

您的商业模式可能是众多模式之中的一种，要确保数字化战略与之匹配。为基于人际关系的B2B企业创建激进的电子商务策略并不适合；同样，对于以销售为重点的零售商采用纯内容和社交媒体策略，也很难实现您需要实现的销售量。因此，您必须使自己的数字营销战略适合您的商业模式。商业模式有许多不同的定义，并且有许多类型。以下列出了三种常见的商业模式并介绍了它们的一些特质，以及如何将其应用于您的数字营销战略。

### 大众市场B2C模式

这个模式中包括以可承受的价格向大众消费者出售有吸引力的产品的组织。这种类型的一个例子是快速消费品（fast-moving consumer goods，FMCG）企业。销售大量产品（如食物、衣服或玩具）的企业需要具有吸引大量顾客访问网站和商店的能力，这意味着需要通过线上广告提高知名度、吸引访问者并将其转化为顾客，也需要具有强大的顾客服务流程。因此，所有数字渠道都与这种商业模式相关。

## 利基市场 B2C 模式

这种模式是针对消费者销售具有高度针对性的产品，如向经济困难的特定残障人士或超高净值人士销售产品。针对这些人群，在大多数情况下，就不适合使用广播媒体，因为大多数受众不是潜在顾客。但是，建立信任和口碑很重要，因此，就像目标市场精准选择技术和综合的数据战略对成功很重要一样，深度的内容策略和一流的体验对成功同样至关重要。

## B2B 模式

B2B 模式中包括直接销售产品给其他企业的组织，如批发商或技术经销商。在 B2B 模式下，您需要与其他商人（而不是最终用户）打交道。对这些组织中的商人，虽然人类心理学仍然适用，但是，他们却有着不同的期望。您的企业可能不会被视为一个品牌，而是被视为一个供应商，这会形成非常不同的关系。您的顾客可能比 B2C 顾客更疑心重重或更具攻击性，因为他们有特定的目标要实现。您可能会发现传统的营销信息和销售技巧不太受欢迎。因此，应该更多地将重点放在通过顾客关系管理、内容和直接增值讨论而增强的顾客关系上，而不是广告。但是，对于这些顾客来说，能够找到您的网站以及他们需要访问的信息仍然很重要。

在各种商业模式中，当然有许多更为具体的模式。一个从事 B2B 业务的 IT 企业可以是硬件产品提供商或服务支持提供商。服务模式将需要更多地侧重于屏幕共享和顾客关系管理，而产品模式则将需要更多地侧重于潜在顾客的获取和转化。

将数字化整合到更广泛的组织战略中

**免费增值模式**

在 2010 年前后,商业模式的一种有趣趋势是免费增值模式。这种模式越来越受欢迎,从本质上讲是一种通过对一定比例的产品或服务实行免费而对更有趣、更有深度的体验实行收费的形式来吸引用户的方法。一个很好的例子就是音乐流媒体行业,诸如 Spotify 和 Deezer 这样的企业都采用了这种模式。

尽管我们在这里回顾了一些常见的商业模式,但要意识到,商业模式要随着时间的推移,根据顾客、社会、监管机构或其他外部因素不断变化的需求而进行调整。

---

**变化中的商业模式**

Facebook

Facebook 是商业模式迅速适应变化的一个很好的例子。可以想象,即便是马克·扎克伯格(Mark Zuckerberg)本人,也会对 Facebook 从众多大学社交网络中脱颖而出,发展成为全球领先的社交中心而感到惊讶。世界上相当大比例的人在 Facebook 上分享他们的生活。当增长显而易见时,最初为大学生提供服务的网络模式必须扩大吸引力。随着这种增长的发展,成本也会快速增长,但是却没有明显的收入,因此必须要做些事情,如开发商业页面和广告模式,从而通过网站获利。调整商业模式以适应业务的增长是非常重要的,Facebook 调整的速度和取得的成功令人印象深刻。这是一个很好的例子,说明通过调整战略来满足不断变化的消费者需求和业务发展至关重要。Facebook 必须通过对网站和用户体验做出上述改变来做到这一点。我们将在第 16 章更详细地介绍

**数字营销战略**——在线营销的整合方法（第 2 版）

> 这一领域。
>
> ### Google
>
> 很难相信，Google 在很长时间内都没有真正的收入来源。其最初的商业模式是通过在准确性和简便性方面创建最佳的搜索引擎，从而获得成功。于是，Google 成了一个动词，因为人们意识到用 Google 进行搜索会比使用其他搜索引擎得到更好的搜索结果。但是，Google 需要开发一种收入来源，于是 2003 年推出广告关键词（Adwords，现在称为 Google Ads）。如今，它已成为今天 Google 其他各个部门（业务范围广泛且利润丰厚的业务）发展的基础。Google 必须管理好品牌及其品牌形象，并取得了巨大成功。Google 的数字营销战略是一种极简主义的方法，其通过展示广告和顾客关系管理来推广其服务和产品，如 Google Ads 和 Chrome（Google 开发的浏览器），但其广告宣传不像其他类似规模企业那么多，这是因为 Google 业务的成功都是通过口口相传获得的。通过强大而个性化的顾客服务、联网学习活动以及培训材料来支持使用其产品的企业，从而加强了这种网络。这种个性化且内容具有深度的数字营销确保了人们对 Google 产品的信任和理解，这进一步鼓励了口口相传模式。

## 全球战略

对于任何组织来说，全球化都是非常具有挑战性的。当一些企业的成长超出其最初的本地发展计划时，这些企业本身可能也会感到吃惊。全球战略带来了文化、语言、程序和许多其他领域的挑战。随着数字化的发展，虽然目标受众非常本地化，但是几乎所有企业都可以通过互联网拥有国际影响力，因此

## 03 将数字化整合到更广泛的组织战略中

几乎所有数字化战略都应包含全球战略的某些方面,即使该方面是要确保全球最小化存在。

## 文化

世界各地存在着许多文化差异,多到无法计数,在制定全球战略时必须了解相关差异。从宗教信仰到举止,需要了解的文化差异内容很多,我们不可能知道所有这些差异,因此,进行研究很重要。

例如,您是否知道墨西哥人在午夜时分吃12颗葡萄来庆祝新年前夜?是否知道在中国红色是幸运的?是否知道苏里南的土地91%是丛林,而海地几乎没有树木?这些事实会影响您的文案、交谈、品牌和许多其他因素。

从数字化角度看,有几个文化方面的考虑。您应该调查所选择的每个区域是否都对在线购物做出了很好的反应;如果不是,那么您的策略应该集中于思想领导力、品牌知名度以及将人们引导到您的线下转化渠道。了解智能手机和平板电脑的渗透率以及移动覆盖率也会影响您的策略。例如,在撰写本书时,Google的消费者晴雨表(consumer barometer)告诉我们,在日本,使用五台或更多联网设备的人数超过了使用一台设备的人数;而在摩洛哥,只有一半以上的受访者将互联网用于个人(2018)。这可能意味着您首先要考虑您的业务是否需要使用或理解多渠道分析和归因,并且您可能不需要已经纳入预算安排的应用程序。您还需要了解宽带的速度和覆盖范围,因为这将决定您的网站和异地内容的下载速度,以及网络资源的设计。

工作时间和平均通勤时间等生活习惯将影响您的目标市场选择和顾客支持计划。天气状况本身并不是文化,但会影响文化,这也是要考虑的重要因素,因为它会影响在室内(靠近计算机)和在户外(移动设备或离线)的时间。同样重要的是要了解,在您所在国家/地区以外的地区,数字化环境可能会大不相同。在欧洲和美国，您最有可能将 Twitter 视为微博策略的核心；而在中国，您更有可能需要关注新浪微博。认真研究文化观点，并确保您与见多识广的当地人合作，或者至少与他们交流是重要的考虑因素——正确地做好这些会赋予您强大力量，而做错则会造成极大的破坏。

## 语言

语言也许是最明显的影响因素，但必须非常仔细地考虑。举一个重要的例子，有些组织在建立其全球品牌和标识时因为没有考虑语言问题而感到难堪——其品牌名被翻译为其他国家的文字时词意很不雅。有很多这样的例子，这给您的企业带来了四个非常困难的选择：不要在那个国家进行贸易；专门为那个国家创建一个单独的品牌；完全更改您的品牌名称；继续使用这个品牌但努力将其负面影响降到最低。骄傲的领导者通常会选择最后一个选项，而第二个选项也许是最明智的选择。一些有趣的例子是，英国的银河（Galaxy）巧克力在许多其他国家被称为德芙（Dove）；汉堡王（Burger King）在澳大利亚被叫作饥饿杰克（Hungry Jack's）；T. K. Maxx 是一个公司的国际名称，而在美国被称为 T. J. Maxx。

对于数字营销，考虑数字化存在时，语言显然很重要。这不仅是为了确保我们对行动的呼吁正确而有力，还要确保其在其他语境下同样是正确和有力的。例如，英语、俄语、汉语普通话和阿拉伯语都是通用语言，但都使用不同的字符，需要加以说明。在构建平台和进行传播时，这可能会带来棘手的设计挑战。

## 付款方式

这是一个非常具体的问题，但值得一提，因为它会极大地影响您的数字

## 将数字化整合到更广泛的组织战略中

化战略的结果。在制定全球战略时，支付方法经常被忽略，而假设世界各地使用相同的方法是非常危险的。即使您认为某国与您自己的国家非常相似，其支付方式实际上也可能有很大的不同。例如，东欧的人们使用借记卡或现金的可能性要高得多，而使用信用卡的可能性要比世界上任何其他地区都低得多；礼品卡在北美的受欢迎程度是其他地区的三倍（Statista，2016）。当然，在制定电子商务策略时，这些支付因素是务必要考虑的。

## 品牌

品牌是企业的关键领域之一，也是战略中每个要素都必须与之协调一致的领域，大多数人都理解这一点，因此，没有必要花费太多时间就这一点展开论述。但是，有一些重要的理由值得研究。我经常讲，将企业的品牌想象成一个人有助于形成一个有力的框架。企业的价值观就像您拥有的价值观一样，您可能会对遇到的每个人都保持礼貌，您可能是一个想在生活中取得很多成就的人，可能一直在寻求更多的学习机会以增长知识。企业的这些价值观可以转化为服务、销售和创新，它们创造了企业的个性。

此外，您的品牌面对这样的事实，即非营销人员通常认为品牌是视觉标识。您的标识（logo）是什么？在不同背景下的外观如何？您的调色板是什么？您如何设计宣传材料？同样，这可以翻译为您的外貌、身材、穿着方式以及您最喜欢的颜色。通过结合您的价值观和视觉喜好，您可以创造自己的个性和外貌，您的品牌也是如此。通过使用这种方法，您可以很容易地评估出是否偏离品牌价值观、品牌视觉形象或其他因素。

### 价值观

正如我们刚刚讨论的那样，组织的品牌价值观（values）就是组织的个性，稳定一致的个性对于使消费者理解您并相信您很重要。因此，数字化战略必须忠于这些价值观及其在其他地方的表达方式。

您不能也不可以通过数字渠道以表达与线下不同的价值观。有些品牌确实尝试在线上比线下更具前卫性或创新性，必须对此予以抵制，否则您的品牌可能看起来过于努力却无法数字化，并且很可能被认为是不真诚的。

## 视觉识别

视觉识别（visual identity）系统在数字化方面用力过猛，也很容易受到损害，因此纪律很重要。在很多场景下，您的商标可能被拉伸或者色调被调整以适应其他网站、应用商店或其他数字化商机，因此在任何情况下，一定要保持您的视觉形象与设计准则一致。损害视觉形象可能会导致缺乏信任。为此，请务必记住，您的视觉系统指南必须适用于数字化。与10年前相比，现在无疑在这方面已有进步，但是某些指导准则仍未考虑数字化。对颜色可访问性准则的理解、在其他站点（如联盟网站）上使用标识的挑战，以及在有限空间内创建标识或图标的挑战等，必须纳入您的视觉系统指南中。您的视觉识别系统可能已在报纸、电视、直邮和信笺中使用，您的消费者在日常生活中正在看这些东西，因此务必确保线上的一致性。在第9章，我们将探讨在数字化渠道上的每一步（例如付费搜索）保持一致的信息传递是如何产生更强大的结果的——您的品牌也是如此。

创新和突破界限很重要，尤其是在数字化领域，但这不应以牺牲企业视觉一致性为代价，因为这对您的组织来说非常不利。

## 愿景

在第7章中，我们将探讨企业的使命，以及如何以此来建立长远目标和具

## 将数字化整合到更广泛的组织战略中

体目标（goals and objectives），以有效制订战略方案。然而，在这一切之上的是企业愿景。愿景（vision）是一个声明，必须体现企业正在努力实现的一切及其代表的一切。您的企业可能已经制定了愿景，如果没有，您应该考虑是否与领导团队一起研究制定企业的愿景。在与投资者、股东和顾客沟通时，代表企业的愿景声明可能很有用。无论您的企业愿景如何，组织内的每个策略都必须符合该愿景，否则，您将面临业务发展与业务方向不符的风险。

下面是一些企业的愿景实例：

"成为地球上最以顾客为中心的企业；建立一个空间，人们可以到此找到他们可能想在网上购买的任何东西。"（Amazon，亚马逊）

"我们每天都在努力使美国运通成为全球最受尊敬的服务品牌。"（American Express，美国运通）

您可以通过调整目标、渠道和信息来确保您的战略符合您的愿景。以上述实例为例，您的战略可以进行如下调整：如果您要为亚马逊制定数字化战略，就应考虑我们上面讨论的以顾客为中心的所有内容；您还应该专注于创建更深层次的个性化设置，以实现愿景的后半部分。

另一方面，对于美国运通，您需要确保在所有渠道（包括社交媒体）上都建立一个强大而集成的服务响应流程。您应该投资购买领先的顾客关系管理系统，确保您的服务质量可靠，并且使用数字化渠道以最大限度地减少停机时间和错误。

因此，我们可以看到，亚马逊的重点是个性化和服务，而美国运通的重点是服务。当然，这过分简化了事实，但是很显然，与这些愿景保持一致会对您的战略产生影响。

## 企业文化

您的企业文化可能是独特的。从成立之日起,每家企业都会建立自己的文化,这种文化主要源于领导团队的决策和行为。同时,企业文化也源于企业的人力资源政策、办公室布局、增长计划、招聘、企业位置和许多其他因素。企业文化会影响组织所做的一切。您的企业文化可能会鼓励您的员工渴望获得事业上的成功,乐于冒险以表明他们有成为下一位企业领导者的条件。另一方面,它也可能提醒员工工作要小心,不要造成任何问题和冒被解雇的风险。您可能具有推动增长的文化,因此有大量以销售为中心的员工;或者您可能对自己的市场地位感到满意,因此您的员工会提供出色的服务和维护顾客关系的软技能。

由于许多原因,您的企业文化将直接影响您的数字化战略,但应考虑一些特定的因素。如果您的企业是注重结果的企业,那么就非常适合采用诸如付费搜索之类的渠道,因为它注重绩效,并依靠数据准确跟踪绩效。如果您的企业文化不注重绩效,那么您可能会发现这为内容策略提供了更大的灵活性,但这可能会使您的付费搜索团队感到沮丧。如果您的业务高度专注于服务,那么确保社交媒体完全为顾客服务、建立可靠的工作步骤以与业务流程保持一致、确保提供充分的资源是需要重点考虑的因素。我们将在第 18 章对此进行更详细的介绍。

无论您的企业采用哪种文化,都应该积极向上并充满活力。如果不是这样的企业文化,那么您至少应该尝试在自己的区域内创建这样的文化。目前,关于建立有效的企业文化的书籍很多,并且有许多模型可供参考。这里特别强调建立积极文化的重要性,并推荐以下书籍:*The Power of Company Culture:*

将数字化整合到更广泛的组织战略中

*How any business can build a culture that improves productivity, performance and profits* by Chris Dyer; *The Character of a Corporation: How your company's culture can make or break your business* by Gareth Jones and Rob Goffee; *Fusion: How integrating brand and culture powers the world's greatest companies* by Denise Lee Yohn.

## 创新

在任何领先的企业中，必须至少有一只眼睛关注创新。现在，世界处于一个快节奏且瞬息万变的状态，任何企业都不能再仅仅依靠过去10年甚至100年的成功来保证未来的成功。定义创新很重要，下面我们就来研究一下创新的概念，以及如何将创新快速有效地嵌入您的企业中。

在讨论什么是创新之前，让我们先弄清楚什么不是创新。现在，当我们想到创新时，我们通常倾向于技术，但创新不是关于技术的。当然，技术可以在创新中发挥重要作用，并且有许多通过技术创新取得令人瞩目的成就的例子，但从最真实的意义上讲，创新是新想法的发展以及这些想法在企业发展中的应用。创新可能是过程、结构、价格、产品或任何其他领域的改进。

为了将这种变革嵌入企业中，需要重点关注一些关键领域。可以考虑以下问题，以收获在组织内扎根的创新火花。

### 在企业中定义创新

了解创新的含义对您的企业来说很重要。如上文所述，创新是在组织内部推动变革的新想法。这些新的想法可以在任何角色、部门或职能中发生。

## 授权冠军

通过授予组织内表现出激情和创造力的个人以创新冠军称号（innovation champion），您可以在各个领域持续传播创新的信息。考虑一下您如何深入每个团队，并利用人格魅力有效地将创新信息传播给广大同事。

## 建立灵活的流程以实现创新并执行

您必须确保从此刻开始创建的任何流程都是灵活的。如果将来需要更改，您是否可以更改人员、工具、文件、时间安排？您还应该重新审查现有流程以实现相同的目标。这样，您将来的旅程会变得更加轻松。

## 创新不能来自一个人甚至一个小组

您不能简单地成立一个创新团队并将其视为您的创新要求已经完成。您必须将创新要求嵌入整个组织。董事会或论坛的监督是有帮助的，但其应进行审核、指导和提供动力——甚至是预算——但这不应是唯一的推动力。

## 创造创新空间

创新空间是鼓励新鲜思维的好方法。创新空间看起来（或感觉）不像您的标准办公室的空间，而是使您可能享有宜人景色或轻松感觉的空间。这些空间应该可以使您自由思考，并且任何人都不能在这里打扰您，这是心灵可以自由奔跑的天堂。但是如果您对此没有纪律约束并且可能以任何方式妥协，那么它将失败并且最终毫无意义。

## 您必须朝着一定方向创新

如果我现在要您马上进行创新，您可能会抓狂。创新不是随机做的事情，

## 将数字化整合到更广泛的组织战略中

它涉及自由思考,但也需要方向。创新必须是为了解决问题或创造机会。您要达到的目标是什么?在这里,与您的企业战略保持一致非常重要,要始终确保创新指向最终目标。

### 创新必须带来结果

创新也有成为时髦话题的风险。对于那些持怀疑态度的员工来说,除非创新取得结果,否则您将很难获得他们的认可。您要拥有真正时髦的创新空间和一打好点子,更要致力于实现您的想法,否则,您的创新文化很快就会被扼杀。

### 创新是长开着的水龙头

最后,不要忘记创新不会停止。您不能今年进行创新,然后在明年停止。这是将创新思维融入所有工作并与所有人产生联系的一项长期承诺,您的领导团队必须支持这一点。值得庆幸的是,在获得大量证据证明创新可以带来的好处之后,没有人不愿意这样做。

## 研究与洞察

研究是任何战略背后的驱动力,因此了解您的数据的意义对于战略成功至关重要。您可能具有特定的研究部门和独立的洞察团队,两者也可能合而为一。无论组织能力如何,将广泛的研究纳入您的数字化战略都是很重要的。图3.1是一项有趣的数字化研究,其清楚地表明,在大多数国家/地区,在线购物的消费者百分比远远超过了在线销售的企业百分比。了解特定市场的这些数据,将使您了解企业可以挖掘的市场空缺。

从活动中获得的数据为将来的计划和对策甚至战略的形成提供信息。但是这些数据主要有两种形式的局限性,简单讲就是数据永远无法告诉您它不知道的内容。这听起来似乎显而易见，但是当我们看一下这两种形式时，我们就可以理解为什么大局至关重要了。

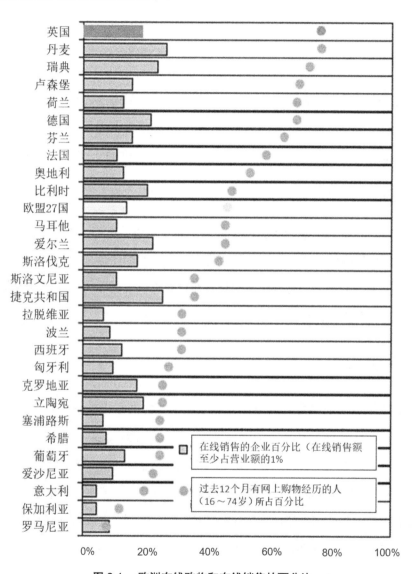

图 3.1　欧洲在线购物和在线销售的百分比

资料来源：英国国家统计办公室。

## 03 将数字化整合到更广泛的组织战略中

首先,您的数据无法告诉您尚未发生的事情。但是,如何在不了解会发生什么的情况下制定战略?通过洞察顾客和消费者行为了解其动机及他们对其他营销刺激的反应,您将能够从一开始就将自己的战略设定在正确的路径上。

其次,您的数据是数字化的,因此不会跟踪数字营销之外的任何内容。您可以使用搜索量作为度量电视广告成功与否的指标,但是您无法直接看到人们对您的广告创意的看法。当您发送有关特定产品的电子邮件时,您也许能够看到回复率的峰值,但是您看不到人们是否认为您的竞争对手的产品更好。通过使用整个组织的定性和定量研究,您可以了解购买模式、兴趣、竞争分析、创意反馈、顾客行为、主要满意领域,以及许多其他数据。如果不进行这些研究,在战略开始之初您将无法取得这些数据,甚至在战略都已非常成熟时也得不到这些数据。

当试图收集数据以验证假设或支持业务案例时,通常使用定量研究(quantitative research)。定量研究都有一个由无可争辩的事实支持的清晰故事,从这个角度看,有人认为这是一种更"真实"的研究。定量研究的局限性在于,尽管它可以使您清楚地了解"是什么",但并不总会告诉您"为什么"。因此,如果有100个人从竞争对手那里访问您的网站,而有300人从新闻网站访问您的网站,那么您将能够做出有关传播渠道选择的一些决策,例如,是否继续在新闻网站上展示广告并扩展到其他新闻网站,或者是否在搜索渠道上投入更多资源,以更有效地与竞争对手竞争。但是,如果不了解发生这种情况的原因,您将无法深入探究问题,因此无法理解这是一种持续的趋势还是一个峰值。

定性研究(qualitative research)面临相反的挑战。通过这种研究方法,您可以深入了解顾客和消费者的动机和想法,您可以了解他们喜欢或不喜欢您或您的营销材料,可以了解什么使他们兴奋,什么真正使他们沮丧。但是,您不能直接将此应用于销售。如果有人说他们不喜欢您的广告，那并不一定意味着他们不会购买您的产品。

因此，常用的方法是同时使用定性和定量方法。这是一种循环数据收集方法，例如通过在线问卷调查获取定量数据，再据此构建定性研究。这种研究从相同的参与者那里收集研究数据，因此这些数据可能会讲出更具说服力的故事。

## 关键绩效指标

关键绩效指标（key performance indicators，KPI）是度量广告系列成功与否的重要方法，我们将在第 19 章专门讨论这一点。之所以现在进行快速浏览，是为了确保在为广告系列构建报告和看板（dashboards）时，将广告成功的度量标准与企业的度量标准保持一致。我们已经讨论过，存在着具有不同目标、愿景和文化的不同商业模式。这些商业模式将最终决定企业的 KPI，如果您要确保自己的战略被决策者接受并被认为是成功的，那么就需要证明您正在交付企业需要的东西。除了这种考虑之外，您还需要足够灵活敏捷，以适应您可能想不到的企业 KPI 的任何更改。企业完全有可能（实际上很普遍）改变其主要目标，例如，从获取大量顾客到实现利润最大化。这可能是由市场条件、股东要求或竞争活动等诸多因素所致。

企业 KPI 可以以数百种不同的形式出现，例如顾客数量、顾客满意度、利润、销售额、顾客保留率和股价，这些更高层次的指标可以度量企业在给定时期内的成功程度。

本章小结

在本章中，我们研究了您的企业，以及您的战略必须如何与您的企业保

## 将数字化整合到更广泛的组织战略中

持一致。一定要详细了解这一点,确保您的战略与现有商业模式相适应,而不是与之相反,从而为您提供最大的成功机会。即使以目标是变革组织的数字化转型为例,您仍然必须重视这些细节并与之保持一致。我们将在第6章讨论数字化转型。

> **本章检查清单**
> - ❏ 商业模式;
> - ❏ 全球战略;
> - ❏ 品牌;
> - ❏ 愿景;
> - ❏ 企业文化;
> - ❏ 创新;
> - ❏ 研究与洞察;
> - ❏ 关键绩效指标。

 延伸阅读

❏ 关于顾客中心论:

Richardson, N, James, J and Kelley, N (2015) *Customer-Centric Marketing: Supporting sustainability in the digital age*, Kogan Page, London. 关于顾客中心论的一本非常重要且有趣的书,它考察了一些问题,比如了解您公司的研究,以及为什么从可持续性角度看,一些企业是失败的。

❏ 关于商业模式:

Osterwalder, A and Pigneur, Y (2010) *Business Model Generation: A handbook for visionaries, game changers, and challengers*, John Wiley & Son. 该手册不仅在视觉上令人愉悦，而且还包含如何采用多种商业模式并在组织内实施的有用建议。

❏ 关于品牌识别：

Lerman, S (2014) *Building Better Brands: A comprehensive guide to brand strategy and identity development*, How Design Books. 这是一本关于如何创建和发展品牌的书。它包括第 2 章讨论过的定位，还包括体验和识别系统，以及一些有用的指南和有力的说明。

❏ 关于企业文化：

Cavanaugh, A (2015) *Contagious Culture: Show up, set the tone, and intentionally create an organization that thrives*, McGraw-Hill Professional. 值得一读的一本很棒的书，启发您如何创建企业文化。它包括如何从高层领导建立绩效文化的分步技术，以及如何以最有效的方式实施您的战略的重要问题。

❏ 关于研究方法：

Walker, I (2010) Research Methods and Statistics, Macmillan Education. 它涵盖了研究方法、检验假设和正态分布，以及其他更详细的研究技术，如果您想在该领域获得更深入的了解，可以阅读此书。

# 参考文献

1. Google (2018) [accessed 19 November 2018] Consumer Barometer [Online] https://www.consumerbarometer.com/en/

2. Statista (2016) [accessed 20 November 2018] Most Popular Payment Methods of Online Shoppers Worldwide as of 2016, by Region [Online] https://www.statista.com/statistics/676385/preferred-payment-methods-of-online-shoppers-worldwide-by-region/

# 理解不断演进变化的
## 数字化消费者

## 04

## 本章内容概要

本章考察了现代数字化消费者。要了解如何通过数字化渠道向人们进行营销，就需要了解我们的受众。这包括行为如何改变技术，以及技术如何改变行为。要了解这一点，我们将研究：

- 谁是数字化消费者；
- 数字化消费者行为；
- 技术如何影响数字化消费者。

> **本章目标**
>
> 在本章结束之时，您应该对数字化消费者了解得更详细，您应该了解他们是谁、不是谁，他们的行为方式，以及如何根据这些行为制定战略。最后，您应该了解技术进步如何改变了消费者，以及如何在制定和实施战略时保持与时俱进。

请让我们从一开始就承认每个人都是独特的，虽然市场细分是有价值的工具，但个性化才是真正的关键（我们将在第15章更详细地讨论这一点）。在我们已经拥有了数字化工具的情况下，再不接受这个原则，再不理解这些信息并提供个性化的体验和有高度针对性的战略，显然是不可以接受的。让我们花点时间来看看面对数字化消费者时我们需要考虑什么。

# 理解不断演进变化的数字化消费者

## 谁是数字化消费者

### 没有消费者是完全数字化的

当想到您的消费者和您的员工时,要消除数字化顾客和非数字化顾客的想法。每个人都处于数字化时代。

我就是一个很好的例子。大多数人会认为我是高度数字化的:我从事数字营销,我写书并就这个话题演讲,我的房子是自动化的,并且我使用智能手机、智能手表、平板电脑、智能电视等。但是,我不会在屏幕上读书,我无法忍受那种体验,我只阅读纸质书籍。我不会读报纸——我会以数字化方式获取新闻,但对于我来说,书籍始终是一件实物,这是目前无法以数字化方式复制的一种体验,可以称之为怪癖,但事实是,每个人都具有这些特质,这使他们无法被彻底地划入某一类人群——不管人类的本性多么想要我们对他们进行清晰的分类。

重要的是要欣赏每个人的独特性,不要过分简单地将其假设为"数字化或非数字化"。在这里,准确而完整的数据是策略的关键,在收集数据时,要考虑到不仅包括人口统计信息,还包括欲望、兴趣和行为数据。

### 数字化消费者可以在任何地方

要记住,数字化消费者可以在任何地方、任何时间出现,您必须确保在所有决策中都考虑到这一因素。显而易见的地方是您的数字化平台——网站、应用程序等,但您也必须考虑得更广泛一些。例如,消费者在启动您的应用程序时,需要事先与应用程序建立连接吗?如果需要连接才能启动,请考虑以其他方式处理,因为您将阻止那些没有连接的用户访问平台。您的视频需要声音吗？如果需要，那么处于繁忙地区或私人处所的用户将如何访问您的内容？您必须将"任何地方因素"纳入您的策略。

此外，从全球和区域的角度来看，普通消费者已经发生了变化。例如，亚太地区普通消费者在 2013—2018 年占上网新用户的 60%，如今全球一半以上互联网用户都位于亚太地区（Evans，2017）。因此，一定要了解这些会影响您行为的不断变化的趋势。互联网还有很大的增长潜力，尤其是在亚太地区、拉丁美洲和非洲。即使达到近 100% 的互联网普及率，技术方面仍将不断发生变化，因此至少应每年调查一次消费者行为，以确保您的策略与时俱进。

## 数字化消费者并不都是年轻人

假设数字化消费者都是年轻人是一个基本错误。正如我们上面提到的，数字化用户可以是任何人，每个人都处于数字化时代。即使是最老的消费者和最大的数字化怀疑论者，也会通过其银行、时钟、电视或孙辈利用数字化工具进行某种互动。

互联网已经存在了很长一段时间，如今 70 岁的人们在数字化渠道开始开放时才四十多岁，四十多岁的人有足够能力采用新技术。因此不要陷入假设数字化消费者都是年轻人的陷阱。

> 2017 年，75 岁及 75 岁以上女性的网络使用率是 2011 年的 3 倍。
>
> （英国国家统计办公室，2017）

## 数字化原住民与经验

数字化原住民（digital natives）指那些在数字化环绕下长大的人（出生于 1985 年之后），他们与经验丰富的用户有不同的看法，但是我们再也不能陷入

## 04 理解不断演进变化的数字化消费者

认为数字化原住民拥有更有效意见的陷阱。通常，他们会把握数字化趋势的脉搏，但他们也缺乏洞察力，因为老一辈人见证了技术的兴起和发展，并了解这种情况的发生方式和原因。了解这种差异可以帮助您适当地调整信息传递和渠道策略。

## 数字化消费者的行为

数字化消费者的行为在不断变化，这种变化既是推动力又是拉动力，因为消费者希望通过多个渠道更快、更简单、更安全地购物，从而将变化拉向自己。诸如语音控制的家庭智能中心，以及改进的目标市场选择技术之类的变化也在推动着消费者行为的改变。

这些消费者可以在任何时间、任何设备、任何地点购物。他们比以往任何时候都更加精明，他们期望能够控制自己的数据。消费者之间甚至就是否应该将数据出售给企业进行定期对话，这是我们在数字营销中应认真观察的趋势。消费者的期望也是以最小的努力带来最好的结果。在这里，我们将重点介绍这些不断变化的行为是如何表现出来的，以及将这些行为变化纳入您的战略思考时您要做的工作。

2018年，有51%的美国人更喜欢在网上购物，2018年12月有80%的人在网上购过物，而有96%的人曾经在过去某个时候在网上购过物。该数据（BigCommerce.com，2018）反映了在线购物信任度的显著增长。Statista (2018) 告诉我们，到2018年，全球零售电子商务销售额将在短短四年内翻一番①。当然，这坚定了我们实施数字营销战略的决心，但我们还必须考虑到这种增长在不同的行业和不同的地区是有差异的，因此我们要根据具体情况相应

---

① 本书英文版出版于2019年。——译者注

调整我们的策略。

对于千禧一代（millennials）来说，上述网上购物比例从51%变成了67%，即使对于婴儿潮一代（Baby Boomers），这个数字仍然高达41%。我们还能从这些购物者那里学到什么？在这里，了解您的受众变得很重要，通过了解您的顾客和消费者，您可以了解他们的特定需求并预测他们的行为，这是分析营销绩效数据时的强大工具。

根据BigCommerce的同一份报告，与未做父母之人相比，已做父母之人在网络上花费的时间更多，在网络上花费的金钱也更多：近一半的人说，如果没有网络购物，他们将无法生存（当然，这有点儿夸张，但有力地反映了他们的心理）。男性在网上花的时间比以往多了28%。尽管城市居民居住在许多实体商店附近，但他们在网上花的钱却比农村地区多。

近一半的在线购物者使用的是大众在线电子商务平台，而不是细分市场电子商务平台。这是考虑您的品牌和分销策略时的关键因素。如果您的品牌强大并且直接销售可以带来更多利润，那么您可能会有少量的销量损失，而利润的增加可以弥补这一损失。但是，如果您的品牌很弱或聚焦于某一细分市场，那么在您可以发展自己的品牌之前，使用大众电子商务平台可能是获得高销量的唯一途径。

我们可以比地区、国家或城市更加精确地分析人们购物时所处的地理位置。调查发现，有43%的在线购物者在床上购物，而23%的在线购物者在办公室购物。

影响消费者购买决策的关键因素是价格、运输成本、折扣/优惠和速度。其中三个都与价格相关，第四个（速度）与上面提到的向轻松快速购物方向发展是一致的。

我之所以使用这项调查，是因为它代表了我们今天看到的许多类似的研

# 理解不断演进变化的数字化消费者

究报告和调查。这些趋势使我们对消费者的行为有了一定的了解,但也清楚地表明,消费者群体之间存在重大差异,因此不要将大量的消费者捆绑在一起并做出假设。我们将在本书的后面介绍个性化设置。市场细分在定制信息方面也起着有益的作用,但是必须牢记这些市场细分原则,它们应体现在您的战略和战术实践中。

## 技术如何影响数字化消费者

上面我们提到,推动消费者行为变化的一个因素来自技术。有些事情超出了消费者的能力或影响力,只有在技术支持下才可能实现。目前,智能手机和平板电脑等技术的进步已经大大改变了消费者的行为。

覆盖率是首先要考虑的因素。世界互联网接入普及率目前为 54.4%(Internet World Stats,2018),北美地区最高,达到 95%,欧洲达到 85.2%。目前,全球四分之三的地区都有 4G 移动网络覆盖,只有非洲和亚洲的少数国家仍然是 3G 或 GSM 覆盖(World Timezone,2018)。世界正朝着 5G 迈进,这将导致消费者行为发生重大变化,例如,电影可以在短短几秒钟之内下载到移动设备上。如此广泛的覆盖范围促进了互联网的飞跃式发展,并将继续影响我们上面提到的购物行为。

互联网的接入还使超过 40 亿人能够接近当前正在影响我们世界的其他新技术,包括语音引导设备、增强和虚拟现实、指纹识别、聊天机器人和自动化。在本书中,我们将着眼于这些内容,尤其要着眼于它们将如何影响我们的内容策略(请参阅第 14 章)。

**这对数字营销意味着什么?**作为数字营销战略的领导者,您必须把握时代脉搏,并适当地使用数据来做出明智的决策。我不能保证正确的决策能够带您走向成功，因为不能把握您计划的展开情况，但是我可以告诉您，成功的最佳机会在于了解受众并向他们提供能满足其需求的体验、旅程和主张。如果不能定期调查消费者的行为，就不能把握这些机会，尤其是在这种瞬息万变的环境中。

 本章小结

世界在变化，您必须随之改变，因为您的消费者将会改变。第5章我们将探讨在制定战略时可能遇到的一些障碍。在评估面临的潜在的障碍时，请记住这些消费者行为，因为技术和消费者数据都是您需要考虑的关键因素。

**本章检查清单**

- ❑ 谁是数字消费者；
- ❑ 数字消费者行为；
- ❑ 技术如何影响数字消费者。

 延伸阅读

❑ 关于数字化消费者心理：

Nahai, N (2017) *Webs of Influence: The psychology of online persuasion*, 2nd edition, Pearson Business

理解不断演进变化的数字化消费者

1．BigCommerce.com (2018) [accessed 20 November 2018] 147 Online Shopping Statistics Behind Why These Ecommerce Trends Matter Most, *Ecommerce Trends in 2018* [Online] https://www.bigcommerce.com/blog/ecommerce trends/#147-online-shopping-statistics-behind-why-these-ecommerce-trendsmatter-most

2．Evans, M (2017) [accessed 20 November 2018] 5 Key Stats That Will Define the Digital Consumer in 2018, Forbes [Online] https://www.forbes.com/sites/michelleevans1/2017/12/18/5-key-stats-that-will-define-the-digital-consumer-in-2018/#7a7a9d7d32a4

3．Internet World Stats (2018) [accessed 20 November 2018] Internet Users in the World by Regions [Online] https://internetworldstats.com/stats.htm

4．Office for National Statistics (2017) [accessed 20 November 2018] Internet Users in the UK: 2017 [Online] https://www.ons.gov.uk/businessindustryandtrade/itandinternetindustry/bulletins/internetusers/2017

5．Statista (2018) [accessed 20 November 2018] Retail E-commerce Sales Worldwide from 2014 to 2021 (in billion U.S. dollars) [Online] https://www.statista.com/statistics/379046/worldwide-retail-e-commerce-sales/

6．WorldTimeZone (2018) [accessed 20 November 2018] 4G World Coverage [Online] https://www.worldtimezone.com/4g.htmli

# 数字营销战略的障碍、考虑因素和数据保护

05

**数字营销战略**——在线营销的整合方法（第 2 版）

## 本章内容概要

现在，我们已经了解了一些有用的商业模式、企业背景、生态系统和消费者行为的变化方式，下面我们还需要了解我们可能面临的挑战以及应对的方式。本章涵盖的关键领域包括：

❑ 技术；

❑ 技能；

❑ 预算与资源；

❑ 业务重点；

❑ 法规。

---

**本章目标**

到本章结束时，您应该了解自己将要面临的一些最常见的挑战，以及在制定战略时如何克服这些挑战。

---

尽管我们说数字营销由来已久，但它一直在发展，这给各种类型和规模的企业带来了挑战。挑战之一是消费者正在迅速适应数字化时代，但大多数企业根本无法跟上潮流。本章，我们就来探讨嵌入数字化战略的一些困难以及解决这些困难的方法。

当您考虑到 20 世纪末期消费者通常以面对面或打电话的方式购买他们的

## 数字营销战略的障碍、考虑因素和数据保护

商品时,就很容易理解数字化革命对多个业务领域所产生的重大影响。例如:

- 社交媒体、营销自动化平台(marketing automation platforms)和智能设备之类的新技术已导致传统流程发生了根本性改变。
- 有关隐私的法规,例如欧洲的《通用数据保护条例》(GDPR)和被遗忘的权利(the right to be forgotten),导致销售技术、Cookie 政策、数据存储、通信策略和数据收集发生了变化。

悠久的企业文化必须变革,否则将承受后果,包括那些尽管服务水平低下却相对成功的企业文化和使用虚假信息引导顾客的企业文化。随着全新机遇的到来,技能缺口不可避免地会出现,因为在新形势下还没有人发展出强大的技能。社交媒体就是一个很好的例子。随着渠道变得越来越重要,许多企业需要特定的技能。重新安排预算以利用新机会,通常意味着其他方面必须承受预算困难。例如,如果您的战略希望快速利用新技术推出新产品(如新的可穿戴设备的发布),但是这次新产品推出是计划之外的,并且在预算年度中期到来,那么您将削减哪些预算以确保最大限度地利用这个机会呢?您的企业可能已经确立了优先顺序,难以改变这个顺序以满足未经证实的机会。例如,由于多年前的成功历史,您的企业可能会将报刊广告视为重要渠道,虽然这个渠道可能无法度量成功程度,但是很难说服企业放弃这样一个稳定的渠道而去钻研未被理解的事情。确保在预算中留出空间来应对意外情况,这在数字化世界中尤为重要。

在 21 世纪,消费者希望可以在任何设备上浏览网站,网站要具有跨设备功能和个性化体验,同时希望直接与企业联系并能够在几分钟之内获得响应。在我撰写本书时,许多企业仍只是在一定程度上实现了这一点,而 Google 已使移动网站的索引优先于桌面网站,这对于取得成功至关重要。您将面临的

许多挑战实际上是实施战略的风险，因此了解这些风险将有助于战略实施。

## 技术

数字营销与技术紧密相关，尽管它并不像某些人让您相信的那样严重依赖于技术。通常，数字营销业之外的人会认为它与技术紧密相关，尽管这在一定程度上是正确的，但这并不是说抓住数字营销的机会，您的企业就可以取得重大的技术进步。例如，付费搜索、搜索引擎优化和展示广告，几乎不需要任何企业内部的技术。电子邮件营销和社交媒体需要一些技术，但是企业可以购买而不是构建这些技术。为了有效地管理线下营销渠道，您也需要使用一些技术。从实践者的角度来看，数字化世界并不总是像某些人所想象的那样依赖技术。我们在整本书中讨论技术、创新、具体工具和未来，但在这里我们是从更广阔的角度来看待技术的，并将其视为挑战而不是机遇，以便理解其可能出现的障碍。

每当有新技术出现时，我们都会感到兴奋和紧张。根据埃弗里特·罗杰斯（Everett Rogers）的技术采用生命周期模型（Technology Adoption Lifecycle model），创新者（innovators）将迅速采用新技术，而落后者（laggards）采用新技术却比较缓慢（见图5.1）。该模型还可以应用于更加复杂的业务。采用新技术的意图和采用新技术的能力并不一定如消费者要求的那样齐头并进。与大多数模型一样，了解如何从细节入手解释模型才有意义。在这里，我们了解到创新者很早就采用了新技术，但我们需要明白的是，很少有人永远是创新者，同时也很少有人永远是落后者。有人在移动电话方面也许是创新者，但在智能电视方面却变成了早期大众。您必须避免简单的假设，即假设某人是创新者，就认为他总是处在曲线的最前面。在所有模型中，理解这种复杂性很有用。个

## 数字营销战略的障碍、考虑因素和数据保护

人是真正的个人,而您将他们分成简单的细分市场并不能完全讲述整个故事。这就是为什么个性化如此重要,我们将在本书的后面对此进行介绍。

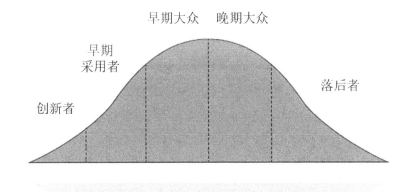

图 5.1 技术采用曲线

自人类开始使用工具以来,技术的进步不可避免。在这个技术时代,技术的进步更如此。很多人认为"破坏"(disruption)是一个积极的词,技术一直是人类进步故事的一部分,但有时头脑的前进速度要比双手快,因此,不可避免地,我们始终无法实现梦想中的发明和创新。阻止企业采用新技术的众多担忧之一是新技术缺乏历史业绩。历史中充斥着失败的技术,赢家并不总是那些创新者,有许多案例是早期采用者甚至早期大众赢得了这场战斗。苹果公司进入手机市场就是一个很好的例子。苹果公司并不是这个领域的第一家企业,但苹果公司向那些曾经并且能够由此技术获得重大收益的公司学习。深入观察数字营销,我们看到了许多进入新渠道并不得不犯下错误以供他人学习的企业案例。社交媒体就是一个很好的例子。

> **英国天然气公司**
>
> 在英国，英国天然气公司（British Gas）选择使用 #AskBG 标签在 Twitter 上进行实时问答。但是，他们在提高价格的同一天这样做，这导致不满的顾客对英国天然气公司网站进行侮辱和攻击。这是许多类似的例子之一，世界各地的企业应当从中吸取到教训。

采用新技术的主要挑战之一是获得对新技术的支持。在新技术的使用者还很少的情况下，很少有企业的高级领导者愿意冒显而易见的巨大风险来采用这种技术。前进的主要途径之一是对概念的验证，审查竞争对手的实施情况或创建一个业务案例通常是不够的。在受控的、风险最小的情况下，测试和试用新技术可以使计划逐步展开和实施，这可以按功能、顾客群、国家/地区或其他战略性因素来进行。当然，每个计划展开（roll-out programme）都需要一个回滚计划（roll-back plan），以应对可能出错的情况。这可能并非对所有技术都可行，但在可能的情况下是一种有价值的方法。回滚计划是在推出新技术发生意外时，可以将程序快速重置为先前状态的流程。多年来，软件行业一直使用备份和还原程序，回滚计划与此类似，但范围更广，它并非纯粹基于技术，您不仅需要考虑技术故障，还需要考虑市场变化或者有许多不利评论时该怎么办。回滚计划应成为正在进行的计划管理议程的一部分。

企业不采用新技术的许多原因都与技能、预算和资源相关，或与业务优先级相关，下面我们逐项进行阐述。

## 技能

当新技术到来并且新的消费者行为占据主导地位时，与其相关的经验的

## 数字营销战略的障碍、考虑因素和数据保护

匮乏是不可避免的。没有数据可以用于制订计划和进行预测，没有人了解机会的局限性或潜力，也没有关于最佳实践的案例研究。

如果您首次推出企业付费搜索活动，则可能需要找到经验丰富的代理机构或内部员工，他们可以带来超过10年的经验。一些人知道什么广告有效、要使用哪种关键词定向技术、如何优化和轮播广告、如何使用地理位置和一天中的什么时间段来取得最佳效果、如何使用与广告管理平台相关联的分析、需要做哪些标记以实现再营销等。如果您让从未使用过付费搜索的人来操作，他们可能会理解以竞价方式对关键词进行出价的概念，并撰写具有较高点击率的广告，但几乎所有其他内容都必须在工作中或通过培训来学习，这会减慢您的进度并给您带来明显的竞争劣势。数字营销的进步也造成了这种情况，唯一的区别是您不会从一开始就处于竞争劣势，因为每个人都在同一条船上。但是，您反应越慢，这种竞争劣势就会越明显。

最终，有两种方法可以解决组织之间的技能差距：① 提高您所拥有的人员的技能——通过培训；② 引进具有技能的人才——通过招聘。

## 培训

对于大多数已经拥有团队的企业而言，培训始终是首选的途径。对于所有员工而言，使员工冗余并招募新员工是一项不愉快且代价高昂的工作。培训通常要付出企业的成本，既要支付培训供应商的费用，又要损失生产力。但是从一整天的培训中学到的内容来看，可以很容易证明培训的价值，它省去了花大量时间反复试错来学习的成本。反复试错不仅费时，还会给您的品牌和商业目标带来风险。

现在，大学和特许营销学会（Chartered Institute of Marketing）等组织，以及谷歌等企业提供了许多专门针对数字营销的课程。这些组织提供的课程在理

论和实践的平衡上会有所不同，但是无论目标是什么，都有许多可用的选择。除官方培训路线外，还有低成本的培训机会。例如，您可能正在与一个或多个您在某一专业领域存在技能差距的代理机构合作，尽管您没有与该机构就某一数字营销服务进行合作，但是您的合作伙伴往往会更愿意为您提供帮助。因此，依靠既定的关系也可以达到与官方培训课程相同的目的——花费很少或没有花费。

培训的另一个关键考虑因素是您的企业是否已经拥有这项技能，但却位于企业内其他部门。许多大型组织都错误地以为自己的员工仅是其所处岗位方面的专家，在其他方面都没有经验。但实际上，某位员工当前在管理报刊广告或公共关系，并不意味着他过去从未运营过搜索引擎优化。因此，值得开展一项调查，以了解您组织中的员工是否有可以分享的知识。

## 招聘

招聘可能是一个缓慢而昂贵的过程，这取决于许多因素，但它肯定有一个保证——您将把具有新经验和新观点的新员工带入您的企业。如果您能正确地进行招聘，那么在大多数情况下，这将是一件非常积极的事情。在新技术领域，通常值得寻找在类似领域工作过的人，因为不存在现有专家。例如，随着网络越来越多地形成社区，我们发现数字营销技术正越来越趋向于以内容为中心。我们不会强行建立连接，而是通过创建人们想要链接的精彩内容来建立连接；我们不会试图在社交网站上购买关注，而是会通过创建引人入胜的内容，使人们发现其价值并希望参与其中。因此，越来越需要具有强大编辑技能的人，例如对数字化抱有热情的具有公关背景的人。所以，如果您需要建立自己的搜索引擎优化和社交渠道，也许具有公关或新闻从业背景的人比技术专家或数字化大师更合适。

数字营销战略的障碍、考虑因素和数据保护　　05

## 预算与资源

大多数组织都会在某一个领域面临有限的预算，您可能已经熟悉这一障碍。这也是在投资新技术或运行多个昂贵的IT项目方面经常遇到的挑战。在证明市场营销价值方面，往往也会遇到挑战。在数字营销中，这可能比线下渠道或纯粹的品牌活动要容易一些，但仍然不是简简单单就能证明市场营销价值的。对于企业而言，通常存在员工人数限制或部门工资预算的限制，这些往往受到严格控制，特别是在困难的经济状况下或试图在其他方面投资时。如果无法吸引您需要的人员或依靠组织中的大量人员，扩大数字化规模可能非常困难。

通常，我们缺少的最终资源是时间（这当然不限于数字营销领域）。集成技术或新的工作方法可能很耗时，尤其是在必须确保其适合您的业务目标和流程时。21世纪，人们面对的最大挑战是寻找时间。亚马逊、谷歌、智能手机和互联网本身的巨大成功在很大程度上归功于在更短的时间里做更多的事情——当然，工作场所并没有什么不同。

预算和资源限制通常是所有障碍中最令人沮丧的，因为除非您有充分的理由，否则它们似乎很难解决。在这些限制条件下实现目标的一种简单方法是创建成功路径。这种方法将优先级和项目管理相结合，以构建一个流程，使您在预算和资源挑战范围内从A过渡到B。为此，您可以使用项目管理技术，例如PRINCE2、敏捷项目（agile）管理、关键路径（critical path）管理、精益（lean）管理，以及与资源受限的环境最相关的关键链项目管理（critical chain project management）。我们将在第20章探讨整合数字营销战略。下面，让我们快速浏览一下亨利·甘特（Henry Gantt）在大约100年前开发的标准计划文档。

简而言之,甘特图展示了项目的不同要素、各要素的时间线以及它们如何组合以达到项目目标。有许多软件包可用于轻松管理甘特图,如 Microsoft Project(MSP)Hansoft 或 Celoxis。

图 5.2 中的甘特图展示了由项目经理 Lulu Kennedy 运行的示例项目 MORRIS。该项目只有三个任务,每个任务下面都有确保可以完成上层级别任务的子任务。然后,每个任务都有明确的开始和结束日期,以便可以对其进行跟踪。您还可以向图表添加工作之间的依赖关系,以显示在完成某一任务之前无法完成另一项任务。现在普遍使用 RAG(red,amber,green)三色以直观显示任务完成的状态。在图 5.2 中,我们可以看到这天是 1 月 12 日,一切都按计划进行。虚线表示我们在图表上的位置。

| MORRIS 项目 | | | | | | | 日期 | | | 12/01/2019 | | | |
|---|---|---|---|---|---|---|---|---|---|---|---|---|---|
| 项目经理<br>开始日期<br>结束日期 | | Lulu Kennedy<br>02/01/2019<br>17/02/2019 | | | | | 02/01/2019 | 09/01/2019 | 16/01/2019 | 23/01/2019 | 30/01/2019 | 06/02/2019 | 13/02/2019 | 20/02/2019 | 27/02/2019 |
| 序号 | 任务 | 责任人 | 开始 | 结束 | 天数 | 完成% | | | | | | | | | |
| 1 | Task 1 | Nick | 2/1/19 | 13/1/19 | 14 | 90% | | | | | | | | | |
| 1.1 | Sub-level 1 | | 2/1/19 | 6/1/19 | 7 | 100% | | | | | | | | | |
| 1.2 | Sub-level 1 | | 9/1/19 | 13/1/19 | 7 | 80% | | | | | | | | | |
| 2 | Task 2 | James | 16/1/19 | 10/2/19 | 28 | 0% | | | | | | | | | |
| 2.1 | Sub-level 1 | | 16/1/19 | 27/1/19 | 14 | 0% | | | | | | | | | |
| 2.1.1 | Sub-level 2 | | 16/1/19 | 20/1/19 | 7 | 0% | | | | | | | | | |
| 2.1.2 | Sub-level 2 | | 23/1/19 | 27/1/19 | 7 | 0% | | | | | | | | | |
| 2.2 | Sub-level 1 | | 30/1/19 | 10/2/19 | 14 | 0% | | | | | | | | | |
| 3 | Task 3 | Ali | 6/2/19 | 17/2/19 | 10 | 0% | | | | | | | | | |
| 3.1 | Sub-level 1 | | 6/2/19 | 17/2/19 | 10 | 0% | | | | | | | | | |

图 5.2 甘特图

甘特图当然不仅仅适用于项目管理,也适用于将基于时间轴的任何工作(如营销活动,甚至您的总体营销战略)组合在一起。例如,您可能正在启动付费搜索广告,任务如下:

## 数字营销战略的障碍、考虑因素和数据保护

- 任务1 创建落地页，包括子级任务，例如创建图像、写文案、获取签字批准。
- 任务2 广告，包括编写广告、获得批准、上传到广告系列。
- 任务3 度量成功，包括确保标签到位、审查相关的内部报告。

……

## 业务重点

一个经常让人头痛的问题是人们往往需要立即获得回报并着眼于短期利益。您可能花费数月时间来构建可靠的长期目标、快速获胜的方法和树立关键里程碑的复杂战略，您可以完全采纳这个战略，并开始付诸实施，但是之后：

- 一个新的竞争对手进入市场；
- 出人意料的监管规则发布；
- 经济下滑；
- 新任命了一个想法迥异的首席执行官。

或者可能会发生其他若干件事情，这些事情中的每一件都可能导致对一项关键战略的资金支持撤销，阻止您招募实施战略所需的团队或完全取消对战略的支持。但是，您可以采取一些措施来减轻影响，尽管您永远无法完全消除这些风险。

重要的是，要以结构化的方式交付战略方案，有明确的、可证明的进度里程碑。如果某项工作正在产生结果并显示出对企业有非常明显的积极影响，那么此项工作因环境变化而被终止或受到影响的可能性就会大大减少。与许多其他业务领域一样，演示和内容一样重要，因此请确保能够讲好您的故事。

**数字营销战略**——在线营销的整合方法（第 2 版）

> **讲故事**
>
> 　　当今世界由会讲故事的人掌管，也许一直都这样。讲故事是要掌握的一项重要技能，这与操纵无关，当然也与说谎无关。为了让您的主张或成果顺利通过审核，您必须创建一个在情感上和理性上有说服力的案例，必须了解您的听众，并为他们描绘一幅他们喜欢的画卷。这项技能是我强烈推荐每个人都要发展的软技能之一。

　　全面了解您的企业发展方向以及发展道路上的任何潜在挑战也是很重要的。我们已经讨论了与您更广泛的企业战略保持一致的问题（第 3 章），充分理解这一点可以使您有机会准备好备份计划以应对每个潜在的冲击。例如，如果您的业务目标是增加顾客数量，而未能实现其目标，那么您如何阻止资金从网络开发项目转移到直接销售和收购活动中？您如何证明您的网络开发项目将立即增加销售量？能够说明您的网络开发项目迄今所产生的任何影响是赢得这次争论的关键。如果您的目标是获得市场份额，但大手笔的竞争对手正在使您经受煎熬，那么您能够证明您的战略所带来的改进的数字化品牌吗？您能够证明您的网站在自然搜索中有更多的展现从而获得更大的数字化声量吗？

　　还有其他一些值得使用的技术可以确保您适应更广泛的业务重点，例如制订持续改进计划，包括测试和学习计划。您还可以通过研究来自访客和顾客的轶事反馈，来支持您的战略。任何战略都不会一次性 100% 正确，因此不断完善您的战略至关重要。没有计划就不可能有条理地去完善，因此这应该是您故事的一部分。

## 数字营销战略的障碍、考虑因素和数据保护

### 关注变化中的消费者行为

如果停止长期活动,我们可能会在几个月内节省一些费用,但我们将进一步落后于竞争对手。由于消费者已经决定在能够获得他们想要的数字化体验的线上商铺购物,因此追赶上也许是不可能的。通常,减少数字化活动或营销是一条危险的道路。如果有必要,为了讲好您的故事,您可以尝试减少特定领域的某一项活动以显露出其对企业的影响。

### 快速取胜

如上所述,快速取胜对那些对短期利益感兴趣的人或者您需要快速说服的人更具吸引力。如果企业认同您的长期战略,那就太棒了,但短期的胜利会鼓舞您的许多决策者,并且这会降低您提出的方案在决策者那里被降低优先级的风险。您应该确保战略的一个关键部分,而且是在您提出战略时强调的部分,能够快速取胜,即我们将从中立即获得什么收益。

## 法规

在营销领域,世界各地有许多监管机构,如美国联邦通信委员会(FCC)和英国广告标准管理局(ASA)。在一些行业也有许多监管机构,如澳大利亚的澳大利亚审慎监管局(APRA)和中国的国家市场监督管理总局。我们现在无法审查所有这些内容,但是有一些监管问题值得审视。监管是一个复杂的领域,在21世纪受到了广泛的关注。

### 隐私和数据保护

隐私和数据保护法规是最值得关注的两个法规,而且似乎是讨论中最受

欢迎的。它们是同一枚硬币的两面，下面我们一起来了解一下。

法规因国家而异，有时因州而异。了解这些对于您的全球战略很重要，但更重要的是要了解数据使用、消费者保护和安全性的良好原则。如果您制定的战略适应消费者行为和需求，同时能够确保消费者可以安全地与您交易，那么您很可能会符合世界各地现存的任何法律法规。

> ### 数据保护——错误的例子
>
> ❑ 在英国，一个县议会将儿童性虐待案件的详细资料传真给了一个公众成员，结果因违反《数据保护法》而被罚款 10 万英镑。
> ❑ 同年，一家企业因丢失一台装有个人详细信息且未加密的笔记本计算机而被罚款 60 000 英镑。
> ❑ 在美国，Google 由于监视在 Safari 浏览器中选择"不跟踪"的互联网用户而被联邦贸易委员会（Federal Trade Commission）罚款 2250 万美元。
> ❑ 在澳大利亚，一家电信公司在线上泄露超过 15 000 个顾客的数据后，被处以 10 200 澳元的罚款并被警告侵犯隐私权。

《通用数据保护条例》（GDPR）于 2018 年在欧洲生效，该法规通过确保"向消费者明确提示是否选择允许任何形式的个人数据收集"，来确保用户对其数据有更多控制权。这会影响营销许可的收集和数据保留方式，还会影响跨平台的 Cookie 政策。

如果您还不熟悉该法规，则应将其作为优先事项去了解，因为它是许多监管机构和顾客的主要关注重点，并可能导致巨额罚款和品牌损害。

数据越来越普遍地用于定位目的。一些关于匿名的法规对于理解这一点

## 数字营销战略的障碍、考虑因素和数据保护

很重要。现在有许多应用程序可以收集位置数据,并且只有这样做才能正常运行,如用于当地天气的应用程序、查找丢失电话的应用程序、卫星导航应用程序等。除非收集位置数据是提供服务必不可少的,否则不应当收集位置数据,因此在许多情况下收集位置数据是不合法的。除了具有相关性和"匿名性",您还必须拥有允许收集位置数据的权限。我们都熟悉在使用移动应用程序时接受这些条件的情况,并且我想您一定同意不允许以其他任何方式使用位置数据。《通用数据保护条例》在这里再次发挥作用,因为您的位置被视为个人信息,因此未经明确同意不得收集。

值得一提的是,尽管 GDPR 专注于欧洲,但其他地区也可能会效仿,因此有必要考虑将您的方法推向全球,因为它可以简化整合、管理并且以顾客为中心。

云存储是另一个值得关注的领域,因为个人数据保存在个人的物理控制范围之外。我的意思是,尽管个人确实对共享给云的内容有很大的控制权,但数据并没有保存在他们自己的设备上,而是保存在另一个位置。这涉及该数据的传输以及在用户未知的一个或多个位置中的存储。因此,这具有许多相关的风险,例如,由于数据位于多个位置而导致损坏,或者由于涉及多人处理数据而导致数据失窃。供应商也可能会破产,然后您的数据就有不被退回或被用不安全的方法处置的风险。在使用任何基于云的服务,如市场营销自动化、电子邮件软件以及围绕顾客数据的更广泛场景时,必须考虑这一点。

社交媒体也是隐私问题的一个关注重点。围绕各种社交媒体网站的政策存在许多争议,因为他们一直试图在这个新渠道中建立最佳业务。随着用户在社交网络上分享有关其生活的深层信息,社交网站可以捕获大量用户信息,不仅包括他们的兴趣和朋友,还包括他们的位置和媒体,例如照片和视频。其中一些项目在网络上分享时,将授予该网络使用它们的权利,但并不是每个用户

都知道这一点。您能够通过自己的社交洞察查看此信息,并将其用于开发针对性强的广告系列。为了保持信任,要确保您的广告系列不会公开表明您收集了过多的非必要的数据。

还有一个问题是被遗忘的权利。这是近年来的一个重要话题,自2006年以来,其重要性已得到欧盟和世界其他地区的认可。随着人们开始在线分享更多信息,尤其随着一些雇主开始在线研究潜在员工,这种情况变得越来越普遍。我们中的许多人在社交媒体上分享一些我们不希望潜在雇主找到的东西,并且我们也可能发生过一些生活事件,这些事件过去曾在网上报道过,但不再代表我们的身份。这里的挑战之一是,以这种方式控制信息可能会限制言论自由,并可能影响搜索结果的中立性。

## 电子邮件监管法规

电子邮件可能是最成熟的数字化渠道,甚至有人讨论电子邮件的辉煌时代已经过去了,但我不认同这一说法,电子邮件更可能仅在必要的时候被使用,而不是作为一个包罗万象的数字化通信渠道。由于这是一个成熟的渠道,因此相关法规已经相当完善。获得收件人的许可至关重要,并且大多数企业的数据库中都带有清晰的营销许可标志。通过对加入和退出路径的设置,营销许可的收集也是相当标准化的。如何实施这些措施因地区而异。再次建议您,如果电子邮件(或整个数据收集)是您策略的一部分,则应完全了解其含义,包括取消订阅选项、优惠促销中心和自动执行您的内容策略,这些都是确保您的收件人收到并继续收到与他们真正相关的内容的方法。仅仅因为可以发送邮件,就向不感兴趣的消费者发送电子邮件没有任何好处。如上所述,GDPR强调要有明确的选择加入说明,并确保满足数据法规。这为您提供了最高的数据质量,因此为成功的传播战略提供了最佳机会。

## 05 数字营销战略的障碍、考虑因素和数据保护

**病毒式营销与法规**

最后,快速浏览一下病毒式营销。这是许多社交广告活动的最终目标,多年来一直是数字营销中的流行语。尽管我们可以从成功的病毒宣传活动中提取一些主题,但这有些黑艺术的味道。这里要记住的关键点是,许多地区都存在法规或至少是指南,这些法规规定企业在要求个人传递信息后,应确保任何促销都符合这些法规。这是为了防止企业利用顾客来绕过市场营销法规,要求他们在不遵守必要的合规用语的情况下为您传递信息。因此,重要的是应要求传递信息的任何人都能确保接受信息的人会对信息感兴趣。反过来,这也确保了企业不会只是为了换取企业的某些利益而向顾客发送垃圾邮件。

以上是一些关于法规的话题,这是一个复杂而又深刻的领域,值得您深入了解,因此,鼓励您与企业的法律和合规部门谈谈,并仔细阅读相关法规。

---

**成功的病毒营销系列**

冰桶挑战(the ice bucket challenge, 2014)。这个概念席卷全球,有很多人参加,也有人因拒绝挑战而捐款,包括许多头等名流和美国总统在内。它为肌萎缩性侧索硬化症协会(又称运动神经元病和路格里克氏病)在一个月内筹集了9820万美元,而2013年同期为270万美元(Townsend, 2014)。这显然是一种现象级事件,但是为什么如此成功呢?

素颜自拍(#nomakeupselfie, 2014)。这个活动号召女性在社交媒体网站上发布自己没有化妆的脸部照片,以鼓励人们向以女性为中心的慈善机构和向英国癌症研究基金会等慈善机构捐款,即使慈善组织本身没有组织筹集捐款活动。在短短6天内"素颜自拍"活动为该组织筹集了800万英镑。这是一次非常成功的捐款活动,但是为什么成功呢?

这两个活动都很有趣，因为事实上各自组织者都没有设计捐款活动。随着概念的流行及其在社交媒体上的迅速发展，捐款发生了。随着名人的参与和人们向朋友发起挑战，"冰桶挑战"和"素颜自拍"所代表的挑战规范的行为不断涌现。成功的速度和深度使其具有新闻价值，这意味着它吸引了社交媒体用户中并不活跃但想参与其中的人们。

那么为什么这些活动奏效呢？究其根本，是因为它们的共同主题是慈善、无私、简单、虚荣、独特和使用社交媒体。但这些本身并不是病毒式营销成功的秘诀，下面我们就来逐项进行分析。

- 慈善。慈善是很多人都喜欢参与的事情，但是很难知道应该捐给哪个慈善机构并真正开始这一过程。仅仅询问是否愿意捐赠是不够的，您还需要有参与捐款的理由。慈善本身的故事还不够，故事加上采取行动的简便途径，才能达到真正的目标。这就是"拯救生命"（live aid）、慈善义演和"红鼻子节"（Red Nose Day）之类的活动多年来取得成功的原因。

- 无私。当今社会，我们都在竭力照顾自己。帮助他人会带来一种良好的感觉，但我们大多数人会坦率地承认我们没有尽力而为，因此，如果有为他人做些事的机会，通常都会受到欢迎。

- 简单。如果很难理解或难于付诸行动，那么不管这个想法多么强大，它都会失败。如果信息易于理解，行动容易进行，捐赠容易进行，分享容易进行，那么您就拥有了一项具有潜力的病毒式宣传方案。

## 数字营销战略的障碍、考虑因素和数据保护 05

- 虚荣。这可能看起来很奇怪,尤其是没有化妆的自拍照似乎正好相反,但是实际上,"冰桶挑战"和"素颜自拍"在本质上都是利用了人们的虚荣心。向他人展示自己的慷慨大度并希望将自己的活动推到其他人面前,这些都可以被视为一种虚荣心。
- 独特性。这个很重要。如果您的广告系列与其他广告系列过于相似,则可能会获得一定的冲击力,但最终却不会成为全球性现象。一个很好的例子就是"米桶挑战"(rice bucket challenge),它紧随"冰桶挑战"之后,目的是向需要帮助的人捐赠一桶大米,最终没有取得预期效果。
- 社交媒体。当然,以上所有效应都已被社交媒体放大了。社交媒体使人们可以非常轻松地理解、观看、分享和直接点击在线捐赠网站。如果没有社交媒体,即使投入大量资金,上述活动也很可能会失败。

 案例研究

### 爱彼迎(Airbnb)

**背景**

Airbnb是一家保持快速增长的非常成功的企业,业务遍及190多个国家/地区。其商业模式是允许人们将自己的房产出租出去,从而在不在家时赚取收入。这对许多人来说似乎是轻而易举的事,并且是互联网社区为我们提供机会的一个很好例子。根据DMR的Craig Smith的说法,截至2018年3月,

Airbnb拥有1.5亿用户,每晚有50万次住宿,在65 000个城市中运营,并在短短10年中实现了惊人的增长(2018)。

**战略**

当您停下来考虑这种全球模式的复杂性时,会发现Airbnb团队克服的障碍显而易见。他们应该为此受到赞扬。其中之一是有关房产使用的法律法规的巨大差异。有些地区不允许人们未经许可留宿付费宾客或进行类似安排,这样做可能导致罚款或其他后果。Airbnb不可能满足所有这些不同的要求,因为这可能会损害其顾客,还可能产生负面的公共关系,从而严重损害品牌。因此,Airbnb决定在其"商业条款和条件"(terms and conditions)中加入一些措辞以涵盖这些信息,从而在全球范围内解决该问题,并且不会引起任何恐慌。

**结果**

这种低调的方法可以使Airbnb的商业模式正常运转,并确保消费者了解监管问题。

**主要经验**

❑ 在制定数字营销战略时,重要的是透彻研究市场,包括所在地区的法规,以了解潜在的障碍。

❑ 努力采用最简单的解决方案可确保您的企业、消费者和监管机构之间保持最佳关系。

 **本章小结**

在本章中,我们讨论了实施数字化战略时经常遇到的一些挑战,当然现实中还有很多其他的挑战。因此保持战略的灵活性并确保尽可能多地应对这些不测事件很重要。在风险管理中,许多人采用了唐纳德·拉姆斯菲尔德

## 05 数字营销战略的障碍、考虑因素和数据保护

（Donald Rumsfeld）（曾两次担任美国国防部长，有趣的是，他是担任该职位的年龄最大和最小的人）所使用的术语，拉姆斯菲尔德在2002年的新闻简报中谈到了三种信息状态：

"有已知的已知，也就是说我们知道有些事情我们是知道的；也有已知的未知，也就是说我们知道有些事情我们不知道；但也有未知的未知——我们不知道有些事情我们是不知道的。"

从某种角度来看，技术是一个已知的未知领域——我们知道技术将发展并改变社会和我们的行为，但我们不知道它会如何发展和改变。技能是已知的已知——我们知道我们面临的挑战，我们需要培训我们的员工来应对这些挑战。本章没有列出未知的未知，原因很简单，我们无法预测它们。我们只有在战略和交付的计划中尽可能保持灵活和敏捷，才能解决未知的未知问题。

**本章检查清单**

- 技术；
- 技能；
- 预算与资源；
- 业务重点；
- 法规。

延伸阅读

- 关于风险：

Waring, A E (1998) *Managing Risk: Critical issues for survival and success into the 21st century*, Cengage Learning EMEA。艾伦·沃林（Alan Waring）探索了风险评估和管理，以及组织环境、变革和文化等特定问题。

❑ 关于管理预算：

Sleight, S (2000) *Managing Budgets*, DK。这本书为管理预算提供了一些出色的指南，包括管理预算流程、发现潜在问题、修订预算、编写预算以及进行持续监控。如果您是第一次或定期建立和管理预算，那么这将是一本有用的手册。

❑ 关于监管法规：

Lodge, M and Wegrich, K (2012) *Managing Regulation: Regulatory analysis, politics and policy*, Palgrave Macmillan。本书详细介绍了理论、标准和法规的执行情况，并探讨了什么样的监管法规看起来更好一些。如果您在被监管的环境中工作，那么本书值得一读。

# 参考文献

1. Smith, C (2018) [accessed 19 November 2018] By the Numbers: 23 Amazing Airbnb Statistics, *DMR* [Online] http://expandedramblings.com/index.php/airbnb-statistics/

2. Townsend, L (2014) [accessed 1 February 2016] How Much Has the Ice Bucket Challenge Achieved? *BBC News* [Online] http://www.bbc.co.uk/news/magazine-29013707

## 第2篇

# 在组织更广泛的领域实施数字化变革

06 支持在线营销和数字化转型的技术
07 数字营销战略规划——目标、团队与预算

# 支持在线营销和数字化转型的技术 06

## 本章内容概要

本章将带您了解数字化转型是什么，还将概述如何使用技术功能，以确保您的战略得到全面、有效、及时的实施，且不会出现意外。我们还将研究一些相关的方法和技术。本章涵盖的关键领域有：

- ❑ 什么是数字化转型；
- ❑ 技术开发方法。

---

**本章目标**

到本章结束时，您应该了解数字化转型，以及在开始或重塑转型时的一些关键注意事项和方法。您还将了解特定的技术开发方法以及如何将这些技术应用于您的计划。

---

## 什么是数字化转型

数字化转型可能是当今数字化领域中最大的话题。如果一家企业尚未这样做，则几乎可以肯定它正在计划这样做。自 2011 年以来，Google 显示出"数字化转型"作为一组关键词的搜索量呈指数级增长（见图 6.1），许多较大的管理咨询公司已进入这一领域，但这并不能说明其确切含义。

## 支持在线营销和数字化转型的技术

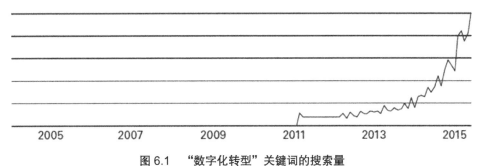

图 6.1 "数字化转型"关键词的搜索量

资料来源：谷歌趋势（Google Trends）

这张趋势图真正告诉我们的是，数字化转型越来越重要。定义它的困难在于，大多数专家的意见都略有不同。数字化转型的这一波浪潮唤起了人们对20世纪90年代末的网站、21世纪初的社交媒体，以及近年来应用程序浪潮的记忆——每个企业在没有任何真正目的的情况下都要拥有自己的应用程序；每个人都想要一个新网站，虽然很多人不确定为什么需要，更不知道如何创建一个新网站。

在某些方面，数字化转型有着被人们以与前述几个浪潮相同的方式看待的前景——数字化转型变成了一个主题、趋势、流行语和"下一个大事件"的混合体。21世纪初发生的重大数字化变革的例子包括智能手机、Web 2.0、社交媒体和非接触式支付的快速增长。每一次变革都迫使特定行业，有时是所有行业的企业改变它们的做法甚至商业模式，每一次都意味着新的度量、操作、技术、人员、营销和流程的改变。

了解数字化和数字化转型之间的区别也很重要。数字化只是简单地将模拟信号转换为数字信号，例如，获取纸质文档并将其转换为 PDF。但是，数字化转型是文化向以数字化技术为核心的一种转型。例如，消费者开始更加依赖手机，或者开始使用 What's App 作为主要交流方式，两者最终都导致了数字化转型，但远远超出了技术范围。这意味着业务变化、内部行为变化、消费行为变化、法律变化等。

许多从事数字化转型的组织都在技术上投入了大量资金，尽管这些解决方案是促成因素，但不应将其视为变革性因素。数字化转型不仅仅是纯粹的技术之旅，更重要的是一种思维模式变革之旅。数字化转型的组织具有以下标志性特征：

- ❏ 不懈地、全力以赴地关注最终用户及其需求，包括与这些顾客共同创建解决方案。
- ❏ 从历史、文化和组织结构三个方面衡量一个组织，这个组织应该是一个竭尽全力追求以顾客为关注焦点的组织。
- ❏ 一个能够服务顾客并对顾客表现出协作、灵活的态度，从不对顾客说不的组织。
- ❏ 敏捷且适应性强的工作方式。
- ❏ 关注价值创造和突破，而不是效率的渐进主义（这并不意味着效率不重要）。
- ❏ 更加注重快速获得成果，而不是关注过程（即对顾客及其需求比对企业自身更感兴趣）。
- ❏ 人们的创造力受到重视。
- ❏ 技术是上述事业的智能推动者。

## 业务计划和关键因素

在开始转型之前，需要了解战略驱动因素，因为前面的道路可能漫长、困难且代价高昂。这意味着，制订一份业务计划，阐述如何应对这些驱动因素，对于获得高级管理层的支持，以应对变革至关重要，更不用说对数字化转型进行投资了。在着手转型过程中面临的另一个困难是代际差异。董事会通常由年纪较大、经验更丰富的专业人士组成，他们看不到数字化技术对其企业的

## 支持在线营销和数字化转型的技术

日常影响,看不到它在未来将发挥的作用,也不太可能受到个人生活新趋势的影响。当然,这些只是泛泛之谈,并非每个董事会成员或决策者都如此。风险投资公司 KPCB 的玛丽·米克尔(Mary Meeker)每年都会发布一份关于互联网趋势及其伴随的行为转变的深度报告,她在 2015 年的报告中详细介绍了美国的统计数据。2015 年,千禧一代成为劳动力市场的主导一代,领先于婴儿潮一代和 X 一代(Generation X)。

这一点意义重大,因为千禧一代随着互联网成长而长大,没有经历过没有数字化技术的工作场所。因此,他们的期望和行为在许多方面与婴儿潮一代和 X 一代都将大不相同。根据 Meeker 的说法,千禧一代对工作、生活的期望与众不同,认为技术不是一种特权,而是一种必须拥有的因素。这意味着进行数字化转型的可靠计划必须考虑三个方面:顾客、员工和业务本身。仅仅想到"我们的顾客在线上"这个前提,从而进入数字化转型是不够稳健的(2015)。

 案例研究

### 英国气象局(The Met Office UK)

**背景**

对于英国气象局来说,数字化转型必须涵盖整个组织,它将影响气象局的每个方面:从研究到内容营销,再到内部文化。英国气象局的最大挑战之一是在竞争激烈的市场中脱颖而出。应用程序和物联网新技术已使天气数据变得更易访问,显然,英国气象局需要通过数字化转型找到一个差异点,正如英国气象局所说,就是要找到数据的"内容、原因、地点、时间"。

**战略**

英国气象局的战略是将天气内容带到生活中来。例如,不仅仅报告温度,还包括有助于决策和事件规划的信息。英国气象局利用组织内科学家的丰富知识，通过创建和分发此类内容将自己与竞争者区别开来。通过这种相关性，英国气象局建立了自己的社交策略，到2017年中期，综合受众总数达到175万人。该战略包括背景内容、视频、信息图表、博客、交互式工具（例如降雨图和花粉推送通知），将这些信息根据人口特点进行分发，这是一种明智且内容广泛的战略。

除此之外，该企业还致力于改善协作和文化，以推动营销部门和业务专家（该组织的科学家）紧密合作，使数据故事栩栩如生。例如，如果核心数字化团队能够确定特定内容在社交网络上的效果很好，比如卫星图像，那么数字化团队就可以将这个信息反馈给卫星团队，以帮助他们更好地了解应该分享的信息类型。

该组织还与商业伙伴合作，这些合作伙伴包括零售领域中的许多企业。该市场特别关注如何使用天气数据更好地了解和优化产品，以便销售。一个示例是与英国气象局合作的网络联盟，其利用天气数据优化产品供给，以便根据天气情况识别要推广的产品以及何时推广。

英国气象局还参与了语音技术——天气是通过语音设备进行搜索的第二受欢迎的活动。气象局的信息实验室设计了一项技能Amazon Alexa Skill，该技能可以帮助用户通过与设备交谈来做出决策。该技术不仅可以响应天气要求，还可以根据预测（包括背景信息）建议娱乐活动。

**结果**

这一战略取得了卓越的成果。组织的文化发生了变化，整个组织可以更自由地使用数据，人们之间的协作更加紧密，组织制作的内容也在跨越多个渠道增长。英国气象局在竞争中努力保持与顾客的高度关联。如果没有这项数字化转型性工作，英国气象局很可能会迅速变得无关紧要。

# 06 支持在线营销和数字化转型的技术

**主要经验**

在整个组织而不是在一个孤岛内进行创新和合作，可以最大限度地优化跨渠道提供有趣内容的机会。通过不同的分发计划，您可以最大限度地扩大业务范围；通过不断的创新和文化变革，您可以在较短的时间内将高风险的业务转变为引领该领域发展的业务。这是有效的数字化转型的力量。

在制订业务计划时，一定要为领导、同事和员工设定目标。数字化转型可以采取多种形式，要了解其中哪些是关键驱动因素。例如，目标是简单化（比如提高内部流程的效率或以顾客为中心的流程的效率）还是复杂化（比如改进提供的产品或服务）。

下面是开展目标的示例：

- ❑ 简单化。如果您的新顾客登录网站流程包括过多的文书工作、电话呼叫和一些在线交互，而且在此过程中，您的系统也没有保留准确的记录，那么您需要进行转型，以使顾客登录网站更轻松、快捷，同时改善对顾客访问痕迹的内部跟踪。
- ❑ 复杂化。您为全球顾客提供旅行预订服务，目前他们可以搜索并找到假期。这是一项简单且有效的服务。但是，您希望更好地了解您的顾客，以便每个顾客都能获得个性化的服务，这意味着需要更多的数据，也许还需要一些人工智能来学习行为并预测可以为每个人提供的最佳服务。

这些示例具有变革性，但规模较小，可以避免过于复杂的情况。当然，业务数字化转型将具有更大的规模。

数字化转型必须是真正的转型。有一个风险是企业可能会花费大量资金试图将现有的商业模式融入数字化交付中。这不是转型，而是演进，在大多数情况下，不会带来预期的结果。对于那些准备将数字化纳入其 DNA 核心并进行转型的企业而言，可能会获得丰厚的回报。英国设计委员会（UK Design Council）2007年题为"设计需求"的报告显示，每投资1英镑用于数字化设计，将带来20英镑的营业额增长、4英镑的利润增长和5英镑的出口增长。(2007)

美国设计管理研究院（US Design Management Institute）报告说："2014年的结果表明，在过去的10年中，以设计为主导的企业保持了显著的股市优势，比标准普尔指数高出219%。"(2015)

这意味着，除品牌外，任何企业在数字化转型过程中都必须审查其现行的商业模式。以汽车制造商为例，它们不仅与其他汽车制造商竞争，还与诸如Zipcar和Uber等新型数字化赋能的服务企业竞争，这些服务正在挑战汽车的核心商业模式——所有权模式。由此推断，每个拥有成熟商业模式的企业都进行全面改革未必正确，但重要的是，企业应尽可能地融入数字化原生行为的核心元素。

## 逃离过去的遗产

正如我们在第3章中讨论的那样，当前正在考虑进行数字化转型的许多企业把过去遗留下来的体系视为要克服的关键障碍之一。加快数字化转型的方法之一是通过中间软件的应用来绕过较旧的有问题的软件。

 案例研究

### 友好英国（British Friendly）

**背景**

英国服务设计公司 Pancentric Digital 与利基保险公司 British Friendly 展开合作，以帮助 British Friendly 进行数字化转型。

## 06 支持在线营销和数字化转型的技术

British Friendly 希望发展更以顾客为中心的业务。这家公司一直在一个由遗留系统拼凑而成的系统上运行，这些系统大体上与传统企业运营所围绕的不同独立岗位相对应。这给企业战略带来了挑战，因为它限制了系统所能提供的服务。例如，它的遗留系统没有应用程序接口 API，系统供应商为开发 API 所给的报价偏高，现有预算难以满足。

### 战略

为了防止项目脱轨或延迟，Pancentric 开发了一层"中间件"，该层与旧版后端连接，并允许网站的前端根据新的顾客旅程进行交付，从而使企业可以开始按照以顾客为中心的方法开展业务。

### 结果

中间件的应用使 British Friendly 能够彻底改变其数字化业务的展现，并开始倾向于以顾客为中心的有意义的转型。它可以更新其后端堆栈，同时仍进行数字化转型。

### 主要经验

- ❏ 数字化转型可能是一个挑战。
- ❏ 这里的战略重点是确保您探索所有途径。
- ❏ 预算和遗留系统是数字化转型过程中的常见约束，但是通过求助于专家并创建新的解决方案，您可以克服大多数这些问题。

## 数字化转型的现状

尽管许多组织已经进行了多年的数字化转型，但其成熟程度因国家和行业而异。许多零售企业已经在数字化转型的道路上走了很长一段里程，而制造业和金融服务等行业的企业则落后了很多年。这并不是说所有零售企业都已经成熟，所有金融服务企业都落后。从广义上讲，有些行业的数字化转型之路还很漫长。

世界经济论坛（World Economic Forum）和埃森哲公司（Accenture）于 2015 年发起了"数字化转型倡议"（Digital Transformation Initiative，DTI）。根据世界经济论坛网站的数据，DTI"支持公共部门和私营部门之间的合作，确保数字化为产业和社会带来新的繁荣"。他们在 2017 年的报告中研究了一系列行业的数字化成熟度，从而很好地洞察了企业在数字化旅程中所取得的进步。

同样在 2017 年，麦肯锡公司（McKinsey & Company）的一项研究指出，"尽管这些技术在媒体、零售和高科技领域的渗透相对较深，但平均而言，工业的数字化水平还不到 40%"（Bughin，LaBerge & Mellbye，2017）。

从这些以及许多其他有关数字化转型的研究中可以清楚地看到，尽管这一旅程进展顺利，但肯定有领先者和落后者，而且企业在采用该解决方案的方式上几乎没有一致性。

## 技术开发方法

正如我们已经肯定的，数字化转型不是一项技术项目，而是一项业务转型，但肯定会严重依赖技术来交付许多关键要素。因此，我们现在研究一些关键的技术开发方法，因为了解这些方法对于实现您的转型至关重要。

有许多技术开发模型，最重要的或许是要了解瀑布式（Waterfall）开发和敏捷（Agile）开发之间的差异。

### 瀑布式开发

瀑布式开发是一项历史悠久的技术，可确保有条不紊地交付项目。其结构非常简单，就像瀑布一样。但数十年来，瀑布式开发由于其僵化的性质，经常受到严厉批评。温斯顿·罗伊斯（Winston W. Royce）首先清晰地阐述了瀑

## 支持在线营销和数字化转型的技术

布式开发方法,即使如此,他也只是给出了负面的看法。他将瀑布式开发方法分为六个阶段:

- 需求。在需求文档中体现,现在在许多企业中称为BRD(业务需求文档)。
- 分析。将需求构建到表示结构设计的模型和规则系统中。
- 设计。设计架构,这涉及对关键模块进行高层决策,例如,编码语言以及以后很难更改的其他要素。
- 编码。在开发阶段构建产品并将其集成到为其设计的其他任何系统中。
- 测试。对新开发的产品进行彻底的测试,以确保其稳健性并消除发现的任何错误或缺陷。
- 运行。开发的安装或实施,包括将来的任何维护。

以上只是该模型的最早含义,并且存在许多变体。这些阶段的另一种常见划分是计划、设计、开发、测试、发布、反馈。但是,此模型的关键是只有上一个阶段完成后才能够开始下一个阶段,这样可以确保每个阶段都可以完整交付,在优先顺序上没有混淆,时间线很明确。它还鼓励产生大量文档,即使项目团队在项目中期出现变动,也可以确保项目的稳定。

**敏捷开发**

敏捷开发是一种几乎完全相反的方法,最初由《敏捷开发宣言》(*Manifesto for Agile Development*,2001)进行推广,尽管迭代开发技术早在20世纪50年代就已经存在。如今被视为敏捷的许多技术是将宣言发表时已经存在的技术整合在一起。瀑布式开发模型确保开发的有条不紊,而敏捷开发则确保了更大的灵活性和对需求变化做出反应的能力。需求变化在开发项目实际交付中经常发生。

在敏捷开发中，工作被分为小型增量开发，称为冲刺周期（sprint）。该开发仅持续数周，包括一个跨职能团队，从构建到测试，一次对所有要素进行开发。

术语"敏捷"下有许多分类方法，包括流程（scrum）、看板（kanban）、自适应软件开发（adaptive software development）和精益软件开发（lean software development）等。这些也许是非技术学科中最常讨论的问题，了解这些对于数字营销人员很有用。关于这些主题，有很多书值得详细阅读，其中包括Rob Cole 所著的 *Brilliant Agile Project Management: A practical guide to using Agile, Scrum and Kanban* 和 Andrew Stellman 所著的 *Learning Agile: Understanding Scrum, XP, Lean and Kanban.*

除了这两个截然不同的开发模型外，了解其他一些关键技术概念也很有用，因此我们现在简要介绍其中的每个概念。

### 概念验证（PoC）

顾名思义，概念验证就是产生某种方案来表明一个想法的成功或失败。这并不是技术开发所独有的。事实上这是一个被广泛使用的短语，但在开发过程中，能够开发和生成简单的方案以测试业务概念是非常关键的。例如，在市场营销中，我们可能希望测试落地页包含动态数据的转化率是否会好一些。我们可能需要技术团队实施 A/B 测试（A/B test）来确定这一点，因为这不可能通过我们的内容管理系统实现。无论结果如何，我们都将了解这项开发工作是否实现了预期的转化率增长。

### 最小可行产品（MVP）

一个最小可行产品（minimum viable product）是一个足以测试概念的开发项目，这实际上是证明上述概念的实际交付的项目。在初创企业中，这往往是

## 支持在线营销和数字化转型的技术

早期投资者用以证明概念和团队潜力的方法。MVP只不过是证明了这个模型而已,其他特性可以在以后添加,但是没有必要在早期阶段浪费投资,因为MVP可能不会成功。

**这对数字营销意味着什么?** 数字营销只是组织数字化转型的一小部分,但是您需要理解这种转型的所有要素,因为每个要素都会影响您。数字营销应融入项目需求,并始终保留关键利益相关者。转型必须被视为变革性的,这似乎很清楚,但是转型和迭代通常被混淆,因此数字营销人员不要犯此错误,这至关重要。

 **本章小结**

无论是已经成熟还是在早期阶段,数字化转型仍然是许多组织关注的重点领域。意识到数字化与数字化转型之间的关键区别很重要,了解技术开发方法可以改善您与最重要的利益相关者之一——技术部门的沟通。

---

**本章检查清单**

- ☐ 什么是数字化转型;
- ☐ 技术开发方法。

---

 延伸阅读

☐ 关于数字化转型:

Herbert, L (2017), *Digital Transformation*, Bloomsbury Business.

Perkin, N and Abraham, P (2017), *Building the Agile Business Through Digital Transformation*, Kogan Page.

Rogers, D (2016), *The Digital Transformation Playbook: Rethink your business for the digital age*, Columbia University Press.

# 参考文献

1. Bughin, J, LaBerge, L and Mellbye, A (2017) [accessed 20 November 2018] The Case for Digital Reinvention, McKinsey Quarterly, February [Online] https://www.mckinsey.com/business-functions/digital-mckinsey/our-insights/the-casefor-digital-reinvention

2. Meeker, M (2015) 2015 Internet Trends Report, *KPCB* [Online] http://www.kpcb.com/blog/2015-internet-trends

3. UK Design Council (2007) [accessed 1 November 2015] Designing Demand [Online] https://www.designcouncil.org.uk/sites/default/files/asset/document/Designing%20Demand_Executive_Sumary_Final.pdf

4. US Design Management Institute (2015) [accessed 1 November 2015] Design-Driven Companies Outperform S&P by 228% Over Ten Years [Online] http:// www.dmi.org/blogpost/1093220/182956/Design-Driven-Companies-Outperform-S-P-by-228-Over-Ten-Years-The-DMI-Design-Value-Index

# 数字营销战略规划——目标、团队与预算 07

## 本章内容概要

本章介绍有效的计划流程以及如何将其应用于您的数字化战略。本章涵盖的关键领域有：

- ❏ 计划流程；
- ❏ 分阶段方法；
- ❏ 长期目标；
- ❏ 具体目标与策略；
- ❏ 行动计划；
- ❏ 控制；
- ❏ 人员；
- ❏ 预算编制和预测。

> **本章目标**
>
> 到本章结束时，您应该了解不同的计划模型，以及如何使用这些模型创建一个稳健的计划以实现您的战略。您应该了解长期目标、具体目标和行动计划之间的差异，并能够制订资源规划，您还应该了解如何管理预算并进行预测（见图7.1）。

# 数字营销战略规划——目标、团队与预算

| 您的战略 | | |
|---|---|---|
| 基于愿景的计划 | 或 | 实时的计划 |

| | |
|---|---|
| 愿景 | 战略未来的最终结果是什么 |
| 使命 | 您目前提供的产品是什么 |
| 长期目标 | 您的计划的高阶目标是什么 |
| 具体目标 | 要实现长期目标，您需要具体做什么 |
| 策略 | 实现具体目标要从哪项工作流程开始 |
| 行动计划 | 完成每项工作流程所需的具体工作是什么 |
| 执行、评价、改进 | 执行、评价、改进 |

图 7.1　规划您的战略

没有适当的计划，就不可能有战略性的数字营销方法。制订计划要采用类似于建造房屋的技术，我们需要了解自己正在尝试建造的东西，我们需要坚实的基础，需要了解砖石和墙壁的详细尺寸与细节、成本、时间表和建造者的技能。如果我们希望我们的房子满足我们的要求并在很长一段时间内保持坚固，那么制订计划至关重要。没有计划的战略只不过是一个想法。为数字营销战略的构建与交付而制订计划也不例外，因此本章着眼于我们如何制订计划，以明确规划战略的交付。

为了制定数字营销战略，我们需要了解三件事：

（1）我们现在在哪里（A）；

（2）我们想去哪里（B）；

（3）我们如何到达那里。

其中第一件事可以通过研究、数据分析和洞察力而得到答案，我们已在第3章进行了研究。第二件事可以通过构建愿景和使命进行设计，我们也在第3章进行了研究。因此，本章着重介绍第三件事：我们如何从A到B。

数字营销在这里向自己发起了挑战。许多数字化渠道可以实时、低成本地打开和关闭，因此有时在最后一刻才添加到营销活动和计划中。但是，有效计划的力量在于对战略关键要素的早期思考、协调和整合——如果不制订计划，那么您的战略很有可能会失败。没有有效的计划，您可能会花费两倍多的时间、金钱和资源来尝试确定问题并找到解决方案，您可能会使自己的员工失去动力，甚至发现自己不得不在不需要的时候付钱给供应商以获得帮助。在极端情况下，这甚至可能导致预算被快速耗尽、员工辞职以及您的整体战略受到严重损害，因此良好的计划至关重要。计划不是您战略中最迷人的部分，它可能不会赢得任何奖项，但是通常，任何项目中最不迷人的部分都是关键的成功因素——千真万确。

本章我们将研究一些可以帮助指导战略实施的计划过程和方法。

# 计划过程

巴勃罗·毕加索（Pablo Picasso）曾经说过："我们的目标只能通过计划之车来实现，在这个计划中，我们必须热切相信这项计划，并积极采取行动。除此以外没有其他成功之路。"虽然他不太可能谈论数字营销，但这段话在这里确实适用。计划成功的起点和关键是要有一个适当的过程，并坚持该过程。我们将在本章的后面介绍相关规则，现在让我们从过程本身开始。

**基于愿景的计划**

定义：创建愿景并遵循清晰的六阶段实现愿景的过程。

## 数字营销战略规划——目标、团队与预算

这种方法可能是最常见的战略计划形式。该模型分为六个阶段，从创建愿景开始，以分析和调整结束。这种方法可以使您流畅地从起点走向最终结果。这是组织战略交付的一种极好的方法，有助于在战略制定过程中指导您思考。但是，它比某些组织愿意或能够实施的结构更严格，并且比我们在下面介绍的实时计划模型更具刚性。它也适用于规划未来到现在的时间框架，即在特定的时间点实现特定的目标，这可能不与每个计划都相关。

让我们看一下这六个阶段：

- 确定您的愿景。
- 确定您的使命。
- 建立您的主要长期目标。
- 制订具体的目标和策略以实现每个长期目标。
- 实施行动计划以实现每个策略。
- 实施具体的行动计划并进行评估和调整。

### 基于愿景的计划的六个阶段

示例A：一个快速消费品零售商。

1. 成为每个人最喜欢的购买甜甜圈的地方。
2. 我们在美国随时随地为任何人提供最美味的甜甜圈。
3. 提高品牌知名度。
4. 创建社交媒体策略。
5. 进行病毒式视频营销活动。
6. 制作系列广告，选择目标受众，预算，启动，测试和度量。

> 示例 B：一个 B2B 服务提供商。
> 1. 成为欧洲排名第一的 IT 支持服务供应商。
> 2. 我们为整个欧洲提供最快、最可靠、最有竞争力的 IT 支持。
> 3. 获得口碑推广。
> 4. 创建一个会员推介奖赏计划（member-get-member scheme）。
> 5. 建立个性化的电子邮件联系方式和内容策略。
> 6. 制作系列广告，选择目标受众，预算，启动，测试和度量。

如上所述，您应该清楚自己的愿景，因为我们已经在第 3 章中回顾了它的创建以及如何使其与您的公司业务保持一致。下面我们看一下使命陈述，然后继续检查步骤三到步骤五，第六步即战略的执行，贯穿全书。

## 使命陈述

我们经常会混淆愿景陈述和使命陈述。记住二者差异的最简单方法是：您的愿景陈述表达了您期望的未来状态，而使命陈述则表达了您的当前状态。考虑到这种差异，我们看一下上面的两个例子，可以看到明显的区别。创建使命陈述对您的业务很重要，对您的数字化战略也同样重要。知道自己正在努力实现的目标以及未来的愿景，将有助于清晰地展现出您的计划过程可以遵循的路线。

## 实时计划（real-time planning）

定义：一种可以在您的计划过程中保持灵活性的计划，以确保您的计划可随环境而改变。

实时模型实际上是基于愿景模型的"休闲"版本，该模型因缺乏结构而著称，甚至有人认为实时模型不像一个模型。当我们已经讨论了结构的重要性时，这似乎是解释计划模型的一种很奇怪的方法。之所以要制定此标准，是因为现代世界在不断变化。制订正式的5年计划被某些人认为是过时的概念，5年之后的世界可能与现在有很大不同，那么，这样的长期计划到最后又如何与当初制订时一样与现实紧密相关呢？的确，自本书第1版出版以来，世界已经发生了很大变化，人工智能（AI）、增强现实（AR）、虚拟现实（VR）和物联网（IoT）取得了显著发展，并且在短时间内每个数字化渠道都发生了重大变化。实时模型使计划过程保持"活跃"状态，并且是一项"进行时"的工作。实时计划从未正式成文，它会不断发展。人们会定期评审实时计划，例如每月一次的董事会会议，因此实时计划会随着公司内外部实际情况的发展而发展。

实时计划的优点是与您的战略保持高度相关性，并且可以快速调整以适应当前的情况。但是，这种方法有两个主要缺点，最终都归结为缺乏文档。首先是没有各类业务可以共享的文档。在这种情况下，向广泛的业务部门阐明您的战略可能非常困难，因此，如果您的沟通不佳，可能会造成混乱和缺乏协同作用。解决此问题的一种方法是确保项目负责人或战略执行负责人制订并管理一项内部沟通计划，这可能涉及给主要利益相关者的电子邮件、指导小组会议、定期信息更新研讨会、内部咨询台甚至是举办信息发布活动，这取决于组织的规模和文化，但您永远不应假定人们已经知道项目的进展情况——良好的沟通至关重要。

其次，没有完整的文档可以对外分享。如果投资者或其他外部利益相关者希望了解您的战略，那么仅根据上次会议讨论的内容而口头表达企业战略看起来并不专业。可以通过将计划的核心原则和核心阶段形成文档，而对其他灵活的因素进行定期更新和版本控制来解决这一问题。

但并不是说实时计划完全没有结构。计划目标的制订过程以及企业如何实现这些目标,仍然遵循与我们上面提到的基于愿景的方法类似的方式,但是在一定时间段内您不必严格遵循这些目标,这样更能够保持此过程所需的灵活性。例如,我们上面提到的甜甜圈公司仍将通过相同的六个步骤来创建计划,但是可能不会形成文件,并且可能会在几周后调整。如果您的竞争对手推出了病毒式视频广告系列,则您应该更改社交媒体计划以应对这一挑战,并可能在YouTube上创建基于视频的系列广告,该系列广告将覆盖不同的受众,以减少竞争对手从其视频广告系列中获得的收益。

### 基于愿景的计划 VS 实时计划

某公司决定扩大其数字化足迹。

**基于愿景的方法**

该公司将对消费者的需求和行为、竞争对手的产品和技术进行研究。公司将完成对当前能力的审计,并形成战略。这涉及将人力、时间和金钱方面的资源投入到实施该战略所需的工作中,然后在接下来的3～5年中展开工作,以确保将这些资源用于该战略的实施。网站的前端和后端可能需要开发,许多应用程序也需要开发,因此,这需要一起制订计划并同时实施。在接下来的24～36个月内,可能会聘请代理商和承包商来交付这些工作。在开始的2～3年中如果偏离该计划将损失大量投资并使事情变得复杂,这也可能引起混乱。最终结果也可能符合计划并取得成功。但是,如果在这个时期内技术发生重大变化,正如我们在过去很短一段时间内多次看到的情况(例如iPhone或社交媒体的发布),那么最终结果可能不再有意义。

## 实时计划方法

公司将再次进行研究和审计，以确定起始状态和期望结果，然后将采取步骤朝着最终结果迈进。这可能包括选择一家代理商，但要保持简单、灵活，并确保所签合同不是长期合同。目标将是努力实现下一步的工作，但可能不会在早期阶段就对3年后可能发生或可能不发生的事情做出任何重大承诺。决策是在需要采取行动的时候做出的，而不是提前很长时间做出的。如果有新技术发布或消费者行为发生变化，那么该计划将能够适应这些变化。因此，可以首先开发网站的后端，因为它不易受到消费者行为需求的影响。直到后端工作即将发布时，再开始前端的工作。应用程序可能是最后一项工作，因为移动市场仍然在快速发展。这意味着高层领导团队将更多精力放在项目上，也许没有能力预先计划节省成本，也无法预先计划更高的沟通需求，但这确实意味着在发布时最终结果可能具有高度相关性，而不是冒着看似过时的风险。

下面是上述两种情况的比较。

- ❑ 第一阶段：长期目标——确立机会。
    - 基于愿景：研究消费者和市场、内部审计、资源投入。
    - 实时计划：研究消费者和市场、内部审计、资源投入。
    - 区别：这里没有区别。两种方法都是从了解当前的位置、挑战和机遇开始的。
- ❑ 第二阶段：开始制定战略。
    - 基于愿景：构建战略并准备正式文件。
    - 实时计划：开始测试并学习。

- 区别：基于愿景的方法要用几个月的时间来开始构建提案、添加支持数据、创建支柱、获得利益相关者的承诺以及生成详细的财务预测。实时方法则会创建一个松散的计划，并以科学的方式测试一些假设，以塑造计划的发展。

☐ 第三阶段：最终确定战略。
- 基于愿景：承诺预算并最终确定完整的 5 年计划。
- 实时计划：计划 1～3 年。
- 区别：基于愿景的方法将促使所有高层利益相关者都致力于并采纳以上计划过程，然后将其作为经营战略的一部分。实时计划过程也需要高层团队的支持，但会更加灵活，而且时间投入更少。

☐ 第四阶段：交付。
- 基于愿景：以非常有限的偏差来交付计划。
- 实时计划：持续调整并根据需要改变方向。
- 区别：随着工作的开始，基于愿景的战略从一开始就有一条非常清晰的道路可供遵循，所有里程碑都必须实现，可以全面了解进度并进行清晰的资源管理。实时计划有一个明确的开始，但是由于战略要基于学习、内部和外部因素的变化而进行调整，因此必须提前管理以创建路径和方向。

☐ 第五阶段：结果。
- 基于愿景：按计划交付，但现在可能已过时，需要新的战略。
- 实时计划：以调整的状态交付，可以以最少的工作量继续进行，但成本更高。

## 数字营销战略规划——目标、团队与预算

- 区别：基于愿景的方法应实现其最终目标，否则，项目就是失败的。但是，如果环境发生了变化，那么结果可能不会像最初预期的那样强大，并且变化的过程可能既昂贵又困难。实时方法应产生更符合现实情境的结果，但是由于计划的不断审查和发展，这条路径可能更加昂贵且需要的资源更加密集。

## 分阶段方法

在继续分析基于愿景计划过程的第三步到第五步之前，我们快速讨论一下分阶段计划。分阶段计划是指将您的战略划分为几个关键的发展阶段。根据您的战略情况，这些阶段可以分为基于日历的阶段、基于主题的阶段和基于业务的阶段。还有其他分阶段方法，但这几种是最常见的分阶段方法。

### 基于日历的分阶段方法

这种方法像听起来一样简单，是根据日历划分计划的阶段。您可以从1月开始，目标是在2月之前完成愿景，在3月确立长期目标，等等。当没有具体的交付日期、没有重要的里程碑日期或您的战略未与任何其他工作整合时，这种方法很常见。这并不意味着最后期限不再那么重要，但是您可以在计划过程开始时更加灵活地设置这些最后期限。

### 基于主题的分阶段方法

当您的战略具有可以按照一定逻辑一起交付的特定主题时，可以使用基于主题的阶段划分方法。例如，可能有特定的顾客体验元素，在此情况下，如

果能够一起交付新的培训计划和在线聊天技术，顾客体验就会更好；也可能存在互补的营销渠道策略，如直接邮件和电子邮件，如果将它们一起推出，其效果会更好。

**基于业务的分阶段方法**

这种分阶段方法的重点是使您的战略计划与总体业务目标保持一致。您公司的战略计划可能由关键战略支柱组成，而这些战略支柱又可能会交付项目和变更计划。在较小的企业中，这可能不那么正规化，但仍将有一些关键的重点领域，资金将直接用于这些领域。基于业务的分阶段方法意味着使计划的关键部分与这些战略支柱保持一致。这是阻力最小的途径，并且会引起许多高层利益相关者的共鸣，但它可能会损害战略的理想时间线。

现在，我们再来审视前文基于愿景计划过程提到的第三到第五阶段，即长期目标、具体目标和策略，以及行动计划。

## 长期目标

长期目标是关于为了实现自己的愿景而需要实现的目标的高阶陈述。目标往往是长期的，因此列出了愿景背后的基本要素。长期目标将愿景陈述转化为现实。

长期目标的结构必须符合一系列标准。我为目标设置开发的结构模型是4R。

- ❑ 相关（revelant）：长期目标符合您的愿景吗？
- ❑ 共鸣（resonating）：长期目标符合您企业的价值观和目标吗？
- ❑ 灵敏（responsive）：长期目标是否具有适应性和灵活性，以便可以根据需要进行调整？
- ❑ 识别（recognizable）：长期目标容易理解吗？

## 数字营销战略规划——目标、团队与预算

一些长期目标的示例有：

- 增加销售量；
- 提高盈利能力；
- 提供一流的顾客服务；
- 提供世界一流的数字化体验；
- 聘请最优秀的人才；
- 成为思想领袖；
- 获得市场份额。

您应该设定数量有限的长期目标。这些目标应聚焦于战略的主要目标，并与业务战略支柱相适应。您需要将它们集成在一起，以使它们组合在一起后没有任何冲突。您的企业战略应该有长期目标，每个长期目标下都应有具体目标和策略、行动计划，其中某些策略可能又包括长期目标，这些长期目标又有自己的具体目标，因此通过瀑布效应，可以实现组织的一系列长期目标。

例如，如果我们采取上述第一个长期目标，则可以创建一个目标和策略的"瀑布"，其外观如图 7.2 所示。

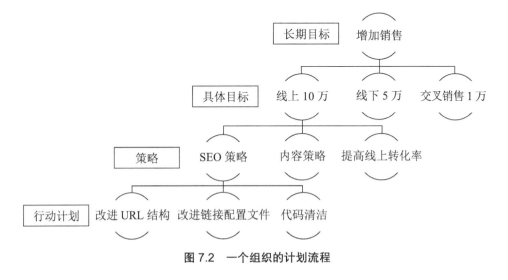

图 7.2　一个组织的计划流程

**数字营销战略**——在线营销的整合方法（第2版）

您的长期目标在计划过程中是独一无二的，因为它们需要最少的细节，最多的思考。如果您的目标没有被考虑透彻，那么"河流"将流向错误的方向，"瀑布"将无法工作。怎样实现"增加销售"目标并不是长期目标本身所关心的。在此阶段，您无须关注"怎样做"的问题，而只需关注"是什么"的问题。您的具体目标和策略将被用来实现这些目标，对此我们将在后面予以论述。尽管长期目标应该以现实为基础，但它们不一定要具体，也不必是深入研究的结果，因此，它们不必完全现实。要制订一个无法实现的目标，这可能听起来有违直觉，但是一个有抱负的目标可以比现实目标更快地推动业务的发展。

就是说，在追求抱负与不切实际之间要仔细权衡。您用以激励员工的目标如果非常不切实际，那么会损害目标的实现，尤其是定期设定不切实际的目标。例如，如果您的年度销售目标是比上一年提高20%，而公司从未实现超过10%至15%的增长率，那么这就是有抱负的长期目标。如果每个人都努力工作，并且您运气够好，这是可以实现的。这可能会使团队为此而努力，尤其是他们有动力这样做的话。如果您未达到20%的目标，但达到了17.5%，那么这仍然是您的企业所见过的较好结果，也是一个不错的成绩。但是，如果您在第二年将目标设定为40%，再一年将目标设定为60%，同时又减少了对企业的投资，取消奖金并减少人手，那么您的员工则会认为这些目标是不现实的，这将严重影响工作效率，并对生产率产生负面影响。他们还可能公开批评管理层，这可能会导致严重的文化问题甚至辞职事件——所有这些都会反过来影响长期目标的实现。

## 具体目标和策略

您的具体目标和策略是建立具体计划的起点，这些具体计划将为您的总

数字营销战略规划——目标、团队与预算

体战略创造一段旅程。一旦这些就绪，我们就可以创建行动计划，以展示我们如何交付这些计划的细节。

## 具体目标

您的目标是具体的、可量化的和基于时间的，是您实现最终目标所需采取的步骤或里程碑。许多企业使用SMART方法创建具体目标。SMART只是一个助记符，可帮助我们确保对具体目标进行深入思考并最终实现其目的。SMART方法有多种解释，下面我们概述了较常见的一种。

---

**SMART**

- S——specific（具体），无论谁看您的行动计划，都应该绝对清楚该行动计划需要达到的目标，绝不能有歧义。这里使用五个"W"来引出问题。人们对五个（有时是六个）"W"问题有不同的解释，但以下是我认为最有用的。
  - Who（谁）：谁将参与实现行动计划？
  - Where（哪里）：涉及特定位置吗？
  - What（什么）：究竟需要实现什么？
  - Why（为什么）：该行动计划的目的是什么？
  - When（时间）：过程中间的里程碑是？何时截止？

- M——measurable（可度量），您如何知道自己已实现行动计划？要有一个明确的度量方法，以使每个参与人员都知道何时实现了行动计划，同时没有任何疑惑。这也使您能够了解自己在实现行动计划方面取得了多少进展。

- A——attainable（可实现），制订切合实际的行动计划至关重要。如果您的行动计划无法落实，那么您将永远无法付诸实施，这最终意味着您将永远无法实现长期目标。制订紧张的行动计划没有什么坏处，实际上，在紧张的行动计划和轻松的行动计划之间取得平衡非常重要，不平衡的行动计划也可能导致工作团队的动力不足。
- R——relevant（相关性），行动计划必须与您的长期目标相关。制订与工作不相关的行动计划不仅无关紧要，还会分散您实现目标的注意力。回想上面的五个W，并考虑每一个W是否与长期目标相关。
- T——time-based（基于时间），这是第五个W（何时）。您的行动计划需要一个时间框架以及具体的里程碑。与任何工作一样，有最后期限，行动计划实现的可能性会更大。

如果要实现增加销售的长期目标，我们可以创建以下目标之一：① 到销售年年底，通过在线渠道将电池的销售增加10%，达到100 000件；② 到第二年此时，将客房预订量增加55%，以达到55%的入住率。

这些为我们提供了要实现的目标和实现目标的截止日期，甚至可以围绕所出售的不同产品，分解出一系列子目标以使之更加明确。

如果以上述甜甜圈公司为例，那么其SMART目标可能是：

- 成为每个人都最喜欢的购买甜甜圈的地方：到年底，将客流量增加25%。
- 我们在美国随时随地为任何人提供最美味的甜甜圈：全年顾客对食品质量的满意度至少达到98%。

# 数字营销战略规划——目标、团队与预算

- 提高品牌知名度：品牌搜索查询在 6 个月内增长 20%。
- 创建社交媒体策略：到 12 月，将在 Facebook 上的参与度提高 100%。
- 进行病毒式视频营销活动：在为期 3 个月的活动期内，观看次数达到 100 万。

因此，现在我们确切地知道了我们必须做的事情以及何时完成——我们的流程很简单。满足我们的行动计划意味着我们的策略将得以实现；如果我们所有的策略都能实现，那么我们将实现长期目标；如果我们所有的长期目标都能实现，那么我们将兑现我们的使命，这意味着我们的总体战略正在发挥作用。

## 策略

"策略"一词是指为了实现具体目标我们将要做的特定事情。请勿将其与本书标题所指的更广泛的战略含义相混淆。您的策略是明确说明如何实现具体目标的计划。当长期目标相当广泛时，策略必须更加聚焦。在这里，我们要展示我们将要做的事情，并据此创建我们的行动计划。没有策略，到目前为止，您的工作将一事无成。下面回到我们的销售目标上，我们知道需要增加销量，这本身并没有太大帮助。我们的具体目标为我们提供了我们需要实现的一些具体业绩，但是我们仍然不完全了解为了实现这些具体目标我们需要做什么。我们的战略需要着眼于我们需要实施的关键工作流程，以实现我们的 100 000 件的销售任务。

在此阶段，我们需要做的是开始研究为达到预期结果而可以使用的工具。本战略的结果是增加销售量，那么我们可以利用哪些工具来实现这一目标？下面我们就来分解一下完整的销售漏斗。

- 知晓：消费者是否知晓我们和我们的产品？
- 考虑：消费者是否认为我们的品牌和产品具有吸引力？

- ❏ 可找到：消费者是否可以主动或通过常规搜索或渠道找到我们？
- ❏ 提供有用信息：消费者能够从我们这里获取做出决策所需的信息吗？
- ❏ 易于使用：消费者从我们这里购买东西容易吗？

我们应该在第 3 章进行的研究和洞察工作中，对所有这些因素都有深刻的理解。每个领域都有其自身的内部工具，例如：

- ❏ 知晓：在线营销支出，公共关系；
- ❏ 考虑：品牌主张，品牌价值；
- ❏ 可找到：搜索引擎优化（SEO），按点击收费（PPC），社交媒体；
- ❏ 提供有用信息：内容策略；
- ❏ 易于使用：用户体验，顾客服务，转化渠道。

这些特定领域是我们试图建立策略、实现具体销售目标的直接贡献者，但也有间接贡献者，如顾客服务。为现有顾客提供优质服务并不能直接创造销售，但可以创造更高的保留率、更多的回头客、更多的交叉销售机会和口碑推广。这些因素都将直接导致销售增长。因此，间接工具也很重要，必须加以考虑，并且往往是因为这些间接工具的使用与否产生了超额实现目标和未能实现目标的不同情况。

我们现在可以在这些领域制定策略，例如：

- ❏ 在定位精准的网站增加展示广告（知晓）；
- ❏ 确立市场领导者的品牌主张（考虑）；
- ❏ 对搜索引擎优化做出显著改进（可找到）；
- ❏ 扩展我们的内容策略（提供有用信息）；
- ❏ 改进我们的漏斗路标（易于使用）。

每一个策略都需要在其下方有一定程度的细节展开，以说明其交付方式，我们将这些称为行动计划。

数字营销战略规划——目标、团队与预算

## 行动计划

行动计划明确定义了上述每种策略中将要完成的具体工作。请勿将它们与上述计划过程中的"计划"或本章中广泛使用的"计划"一词相混淆。最终，其决定了策略是成功还是失败。行动计划是您的长期目标、具体目标和策略共同努力的地方。在这一阶段，细节至关重要。行动计划工作的完成方式、确保不遗漏任何东西、与主要利益相关者合作、检查法律和法规框架是否到位、确保预算得到准确的计划和管理、选择和管理代理机构以及更多因素对于成功至关重要。

在整本书中，我们都专注于这些要素，因此，我们在这里不介绍这些内容，而只是聚焦于在策略上的战术实施。为了制订行动计划，我们需要检查为实现该战略而采取的具体战术行动。为实现这一点，我们可以专注于上述有助于实现"增加销售"目标的策略之一。让我们看一下"对搜索引擎优化做出显著改进"这一策略。

搜索引擎优化可以分为三个核心领域：技术、内容和链接——SEO 三角。我们将在第 8 章对此进行研究。在研究如何为此策略制订行动计划时，您需要考虑以下三个方面：

- ❑ 技术实施：
    - URL 结构：是否针对我们要销售的产品进行了优化？
    - 代码：是否需要清理，是否有任何错误？
    - 体验：我们的网站响应迅速吗？对于我们所有的访客来说，这将是一次很棒的体验吗？
    - 速度：我们的网站加载速度很快吗？

- 响应式：我们的网站是否对所有设备进行了优化？
- 内容：
  - 主题：我们是否在制作消费者关注的内容？
  - 社交：我们的内容是否具有社交吸引力？
  - 新鲜：我们的内容新鲜吗？
- 链接：
  - 配置文件：我们链接的配置文件是否干净？
  - 诱饵：我们有符合道德规范的链接策略吗？例如，是引诱链接而不是购买链接。

在第 8 章，您可以找到有关 SEO 如何为您的策略做出贡献的更多详细信息。在第 14 章我们将介绍内容策略。

### 制订有效行动计划的 10 个步骤

1. 知道您的策略。
2. 了解全局——您的长期目标。
3. 具体化。
4. 创建一个书面计划。
5. 确定截止日期和里程碑。
6. 确保行动计划是可度量的。
7. 不要折中。
8. 建立在已知因素基础上。
9. 要清晰。
10. 要全面。

# 数字营销战略规划——目标、团队与预算

## 控制

上述过程是确保您完成总体企业使命的非常有效的方法，但是如果不能正确实施和运行，那么这些过程均会无效。我已经看到许多企业自上而下都非常出色，也有一些理论上很出色的企业，但由于缺乏明确性、沟通不畅或流程陷入失败而未能达成其行动计划。在制订和交付计划时，有一些明确的纪律和控制措施对成功很重要，并且与计划过程的其他任何部分一样重要。

在这些控制要素中，最重要的是要实现文档化的管理，当然前提是假设您没有在进行实时计划过程（如上所述）。这就是甘特图的用武之地（如第5章所述）。使用甘特图清晰地说明每个行动计划的进度以及策略的进度，可以随时为实现长期目标和具体目标的进度提供清晰的参考点。这包括策略的截止日期和里程碑节点。同样，定期报告和度量制度对于每月、每周甚至每天提交目标进度报告也很重要。这些将在第19章中详细讨论，并涵盖策略的目标要素。

## 评审

评审对于成功很重要。一种标准方法是实施季度评审，但是评审应与您的战略和企业相适应，按季度进行评审并不总是合适的。评审范围应涵盖每个行动计划的进展情况（按照里程碑的要求）以及目标是否实现。经过这些评审，战略应该得以改进。评审的结果可能是实施新的行动计划以取代失败的行动计划和策略，或重组团队，甚至是由于出乎意料的成功而增加的新目标。

## 风险管理

风险管理是另一个重要的控制措施。您的企业和行业将有自己的风险定

位,这取决于许多因素,例如监管政策(我们在第 5 章中对此进行了探讨)。对风险的充分理解对您制订计划以及在计划交付过程中的应对具有重要指导意义。构建一个风险矩阵是一种把您的战略将要遇到的风险可视化的有用方法(见图 7.3)。您应该熟悉与公司和行业相关的风险管理技术。

| | | | | | | |
|---|---|---|---|---|---|---|
| 5 | 10 | 15 | 20 | 25 | 重大影响 | |
| 4 | 8 | 12 | 16 | 20 | 较重影响 | |
| 3 | 6 | 9 | 12 | 15 | 中度影响 | 影响程度 |
| 2 | 4 | 6 | 8 | 10 | 较低影响 | |
| 1 | 2 | 3 | 4 | 5 | 轻微影响 | |
| 遥远之事 | 很少发生 | 偶尔发生 | 可能发生 | 经常发生 | | |
| | | 可能性 | | | | |

图 7.3 风险矩阵

## 应急计划

应急计划是另一项重要的控制措施。虽然有了最好的战略家、计划者和实践方法,仍然会有无法预料的因素。衰退等宏观经济因素就是一个很好的例子。您无法完全预测会发生什么,因此重要的是要制订计划以使您能够灵活一些,并在出现问题时实施计划 B。为了有效地制订应急计划,您应该考虑可能产生的排在前十的影响因素,以及您的计划如何调整以应对这些影响因素。这不涉及创建 10 个新计划,而只是在情况发生时有基于现实的备选方案。例如:

数字营销战略规划——目标、团队与预算

- 一个新的对市场具有重大影响的竞争者进入市场。
- 市场推出了我们的消费者更喜欢使用的新技术。
- 全球经济走入衰退。
- 我们的业务出现严重的负面公共关系事件。
- 新法规生效，限制了我们的运营。

## 人员

没有员工，企业就一事无成。计划的关键部分是让合适的人来执行您的计划。这里有两个要考虑的关键领域：技能和资源。我们是否有足够的人员？各自应该负责计划过程的哪一部分？

### 技能

这实际上是从对战略规划人员的技能要求开始的。确保您的社交媒体专家正确植入社交媒体不是一件简单的事情，更为重要的是要确保您的战略师和规划师经验丰富并具有正确的思维方式。如果计划过程的早期部分未正确执行，那么其他策略和行动计划无论执行得如何，都将朝错误的方向发展。对于实施，您需要既了解自己的渠道又了解其他渠道和更广泛的策略专家。尽管可以与在孤岛工作的人一起实施营销战略，但这会产生一长串的问题，这些问题可能严重损害您的战略，因此，拥有良好的沟通人员并带领他们以一个团队的方式行事至关重要。

这使我们把注意力集中到领导者身上。领导者必须是一个了解战略的每个方面的人，他不需要成为付费搜索专家、研究专家或公关天才，但他必须绝对了解该战略的每个渠道和环节做什么、如何运作以及如何相互配合。没有这样一位领导者，正在交付行动计划的专家就无法获得指导；没有指导，就没有方向。这将导致您的行动计划偏离成功之路，也会导致根据个人喜好而不是经验或数据做出决策，相互猜测，乃至HIPPO文化（highest paid person's opinion，薪酬最高者的意见），这是您战略成功的最大危险。

发现您企业中人格类型的一种有趣方法是迈尔斯—布里格斯类型指标（Myers-Briggs type indicator，MBTI），该指标由Katharine Cook Briggs和她的女儿Isabel Briggs Myers开发。这个家庭团队开发了一套认知—行为四维度二分法，这些二分法被广泛用于评估人员的个性和特征：

- ❑ 思维型和情感型（T/F）；
- ❑ 外向型和内向型（E/I）；
- ❑ 实感型和直觉型（S/N）；
- ❑ 判断型和知觉型（J/P）。

从理论上讲，这些将决定一个人是根据分析还是基于情感做出决策。尽管其预测的准确性存在一些争议，但它仍然是一个有用的观点。该模型值得阅读，它可以帮助您考虑决策者、利益相关者和领导者的决策风格。

## 资源

简而言之，资源在这指可用于实施计划的时间。战略家必须对可用于实施计划的时间有深刻的了解。由于对团队中可用时间的不切实际的期望，许多计划失败了。

一个好的方法是从分配时间到现有流程或"一切照旧"（business as usual，BAU）工作开始。例如，一个由20个营销人员组成的团队可能由1名董事、3名高级经理、6名经理和10名执行者组成，他们每周工作40个小时，团队中的每个人每周都有一些行政工作要做，如费用、发票、时间管理等。经理还具有人员管理职责,如签发假期、进行评审、招聘等。高级经理还将制订战略计划,参与业务项目,计划预算,进行合同谈判,等等。董事还将拥有部门整体战略、董事会会议、薪酬审查和其他战略项目。如果我们从一开始就分配时间,那么每周40个小时,共20名员工,则每周合计800个小时,但实际上现在我们每周只有35个小时,20名员工,每周合计700个小时。仅通过标准的"一切照旧",我们每周就损失了100个小时。

然后,我们必须查看营销部门正在进行的工作,这些工作构成了保持部门正常运转的基础。这可能包括网站更新、付费搜索优化、每周发送电子邮件、文案撰写以及将内容上传到管理系统(CMS),由此我们的工作内容也显得更加新鲜丰富。对于团队而言,这可能需要每周花费300个小时,因此我们还有400个小时。我们还需要考虑的是,团队中的每个人都会有假期和一些病假,这将使我们在一年中的人均假期损失25天,而人均病假损失5天,团队每年损失600天(30天×20)。这样一来,团队每周损失11.5天,即92个小时,所以现在我们只剩下308小时。

当然,所有这些都是假设的,但是您可以看到,在实际上每周有大约300个小时的可用资源的情况下,我们怎么能按照每周800个小时制订计划?如果您要创建切实可行的行动计划,那么这种详细的计划至关重要。

## 预算和预测

最后(但并非最不重要)是预算和预测过程。显而易见,这是计划的关键领域,并且可以使用一些重要的技术来确保此过程尽可能顺利和准确。本节专门阐述媒体预算,而不是部门预算。因此,我们将不考虑部门的运作,包括薪金、费用、IT成本等项目。我们只考虑营销支出,包括媒体成本和代理费等项目。数字营销是一个非常透明的领域，某些营销渠道可能无法直接反映销售或收入，但数字化渠道通常可以。由于对预算和预测的准确性期望很高，因此使用可靠的技术来确保准确性是关键。

## 总预算

这是一个在业务中经常使用的文档，用于根据先前的结果来确定下一个时期的预算。这是一个静态文档，无论实际看到什么结果，它都不会被调整。因此，您应该将其作为总预算进行报告，最终，您将在年底据此评价您的绩效。为此，您需要查看所有关键指标的历史绩效，如转化率、参与率和响应率。了解它们的历史绩效以及上一时期的趋势，将使您对下一个时期的期望有所了解。您还需要考虑已知的宏观因素，如季节性变化、竞争和监管。

应该注意的是，如果您愿意，则可以完全基于理想目标来创建总预算，但这可能是不准确且难以度量的，并且可能不会获得外部其他方，如分析师和投资者的信任。

## 预测

您的预测是预算中更为灵活的版本，应定期重新进行评估。每月预测是相当准确的，尤其在数字营销中，可以近乎实时地考虑更新的市场和业务绩效。有几种不同的技术可用于预测，但最常见的方法（也是我们在这里介绍的）是基于趋势模型的。这项技术会结合13个月的滚动绩效来检查您的预算。这样可以查看您的按月同比绩效和按年同比绩效，同时显示数据中的任何趋势以及预算中的目标。它是一项可靠的技术，基于可靠的数据进行预测。但是，此模型未涵盖任何已知的未来事件。

例如，如果我们要预测2019年8月付费搜索的销售额，那么我们可以回

数字营销战略规划——目标、团队与预算

顾 2018 年 8 月至 2019 年 7 月的情况。从中我们可以看到 2018 年的表现,并看到从那个时候起到现在的任何趋势,我们可以在此基础上对 2019 年 8 月做出一些预测。但是,如果我们知道我们将在月中重新定价产品,或者竞争对手将推出新的产品,应该怎么办?该模型没有考虑到这一点,因此,我们需要向该模型添加第二个元素。

第二个元素是评审已知的未来。如果我们知道竞争对手正在推出新产品,那么我们需要重新建模,将其对付费搜索产生的影响纳入考虑。他们(竞争者)以前做吗?有人做过类似的事情吗?他们会在付费搜索中推广吗?他们为我们的消费者所熟知吗?他们是直接竞争吗?或者我们受到的影响实际上会比我们最初想象得要小?查看我们的数据并做出假设,对于将其建模到我们的预测中并因此对未来有一个准确的了解很重要。

 **本章小结**

制订几种计划过程可确保您的战略得以实现——如果没有有效的计划,那么您的战略不太可能成功。基于愿景的计划使您能够清晰地记录从愿景到每个战术行动的过程。实时计划过程的形式化要少得多,因此具有更大的灵活性。分阶段方法允许您在时间线中采用日历法、主题法或基于业务的结构法,以确保实现业务的综合目标。长期目标为您提供了由具体目标构成的高阶目标,然后形成实现具体目标的策略,并制订行动计划以实现战略。这些阶段可以使计划过程的每个阶段都完全清晰。控制对于交付计划至关重要,定期评审、风险管理和应急计划可确保您的计划稳健。确保您的员工拥有正确的技能,让正确的人担任正确的角色是必不可少的,详细了解人员可用时间也很重

要。最后,预算和预测的准确性可确保您的策略可以在可用的财务资源内交付,因此使用适当的模型有助于确保达到上述目标。

**本章检查清单**

- 计划过程;
- 分阶段方法;
- 长期目标;
- 具体目标与策略;
- 行动计划;
- 控制;
- 人员;
- 预算编制和预测。

- 关于使命与愿景:

Bowhill, B (2008) *Business Planning and Control*, JW. 要进一步了解有关使命和愿景以及如何将它们应用于您的组织,可以参考 Bowhill 的这本指南,该指南对此领域有一些有用的见解。

# 第3篇

# 使用渠道策略接触您的顾客

08 搜索引擎优化策略和有机技术
09 建立和优化成功的付费搜索策略
10 展示广告和程序化定向目标市场
11 量身定制社交媒体策略
12 营销自动化、即时通信和电子邮件营销——无名英雄们
13 带来成果的销售线索
14 内容策略——成功的关键
15 个性化顾客旅程和数字化体验

# 搜索引擎优化策略和有机技术 08

## 本章内容概要

在本章中，我们将研究搜索引擎优化（SEO），包括 SEO 的设置与渠道运营，主要侧重于如何将其适当地整合到您的策略中。

本章涵盖的关键领域有：

- ❑ SEO 三角形；
- ❑ 研究 SEO 策略；
- ❑ 技术 SEO；
- ❑ 内容与 SEO；
- ❑ 链接与处罚；
- ❑ 不断变化的场景；
- ❑ 组织结构。

### 本章目标

读完本章后，您应该从技术、内容和链接技术方面了解 SEO，了解如何研究您的 SEO 策略，如何最好地组建团队，以及 SEO 的处罚。

### 关键术语

本章将会用到的关键术语如下。

## 搜索引擎优化策略和有机技术

SEO：针对搜索引擎的自然搜索结果优化您的网站。

自然/有机链接（natural/organic links）：无须付费的链接。

算法（algorithm）：用于确定网站如何排名的搜索引擎代码。

站内（on-page）SEO：站内的 SEO 影响因素。

站外（off-page）SEO：站外的 SEO 影响因素，比如外链。

元数据（metadata）：向机器人描述网站属性的代码。

机器人（robots）：也称为"爬虫"或"蜘蛛"，搜索互联网以查找内容的工具。

关键词密度（keyword density）：页面上重复关键词的数量。

标签（tags）：附加在页面各部分上的代码段，用以指示机器人。

层次结构（hierarchy）：您网站上页面的结构。

站点地图（site map）：简单显示您的整个网站。

替换文本（alt text）：与图像相关的文本，用以告诉机器人图像的主题。

抓取（crawl）：机器人/爬虫索引网站的过程。

索引（index）：每个搜索引擎都有机器人更新的网站索引。

外链（backlink）：从其他地方指向您网站的链接。

锚文本（anchor text）：单击链接时可见的文本。

## SEO 三角形

为了方便记住 SEO 的关键因素，我们可以画一个三角形（见图 8.1），您关注的所有活动以及所有关键排名因素都可以由三角形的三个角决定，它们是内容、技术 SEO 与链接。如果您的网站具有吸引人、广泛、相关性强且更新及时的内容，这些内容可以快速下载、易于浏览，可以在所有平台上正常运行且没有错误，并且有大量信誉良好的网站因为认同您网站的价值而链接到您的网站，那么您的 SEO 策略就是成功的。

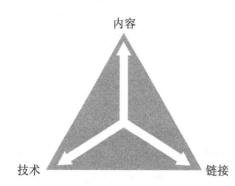

图 8.1　SEO 三角形

如果仅考虑一些关键的排名因素，我们看到这些因素可以清晰地分为三个类别：

1. 域名　　　　　　　　　　　　技术
2. 域名历史与未来购买状态　　　技术
3. 页面标签与标题标签　　　　　技术，内容
4. 内容长度　　　　　　　　　　内容
5. 关键词密度　　　　　　　　　内容
6. 页面加载速度　　　　　　　　技术
7. 图像优化　　　　　　　　　　技术
8. Alt 标签　　　　　　　　　　 技术，内容
9. 更新频率　　　　　　　　　　内容
10. 内部链接量　　　　　　　　　链接，技术
11. 可见主要内容　　　　　　　　内容

## 搜索引擎优化策略和有机技术

| 12．入链质量 | 链接 |
| 13．停留时间 | 内容 |
| 14．本地信息 | 内容 |
| 15．合理运用的元标签（meta 标签） | 内容，技术 |

其实还有更多排名因素，当我们查看类别时，我们发现每个类别的价值似乎相当，这就是三角形结构如此重要的原因。这里每个因素都非常重要，而且经常相互影响。我们用于图像的 Alt 标签是由技术来实现的，但又由我们的内容策略决定，同时我们也要注意具有可访问性的技术要素。尽管对于搜索引擎算法的复杂性，很少有人可以一次就完全理解，但我们仍要做大量工作，以此来提供一些成果或一些猜测。密切注意这一不断变化的场景非常重要，因为您的 SEO 策略每年都需要发展与变革。

SEO 复杂世界中的许多细节也值得了解。比如，仅创建大量内容，建立响应站点并获得大量链接是不够的。实际上，如果以错误的方式进行操作，您反而可能被降低搜索排名，甚至被从搜索引擎中删除。本章我们将介绍 SEO 三角形的每个角，以及如何正确实现并拥有有效的 SEO 策略。

SEO 是一门能将营销人员区分开的数字营销学科。可以说，这也是一门如果只略知皮毛反而会适得其反的学科。如果您希望实现自己的数字化战略，那么很多知识是必不可少的。这是因为，一旦您拥有一个网站，您就已经开始使用 SEO 渠道了。如果您对 SEO 知之甚少，则可能在尝试提升关键词排名时花费大量的金钱和时间。如果制定一个更广泛的提高绩效的策略，则很有可能会带来更高的效率与更少的处罚风险。

本章我们只关注一个搜索引擎：Google。在大多数市场中，Google 都在一定程度上占据主导地位，但并非所有情况都如此。如果 Google 不是您的顾客在通常情况下选择的搜索引擎，那么请考虑做进一步研究。但只要您专注于

SEO三角形的三个角,您的策略将会在大多数搜索引擎上适用。

## 研究您的SEO策略

营销人员在制定SEO策略时犯的错误之一是从以下问题开始:"我们应该关注哪些关键词?"

这并不是一个坏问题。实际上,这是一个非常好的问题,但绝不应该是第一个提出的问题。就像我们已经更广泛地讨论过的那样,好的SEO的起点应该是为SEO渠道创建目标。例如,SEO将成为您的主要渠道吗?掌握了这些基础知识之后,下一个关键步骤就是对顾客进行全面了解。

**用户画像**

要做到这一点,最好的方法是创建用户画像。考虑您现有的受众类型,并尝试创建不超过五个不同的用户画像。当您进入下一步关键词研究时,这种方法将为您提供很大帮助。在第1章,我们讨论了用户画像与细分,但是这里仍要快速了解一下如何将用户画像应用于SEO。正如我们已经讨论的那样,用户画像是了解顾客个性与其潜在行为的有效方法,这在SEO和付费搜索中对预测用户可能搜索的内容很有效。随着我们进入下一步关键词研究,用户画像对理解SEO策略非常有用。

例如,如果我们的用户是位30岁出头的年轻妇女,她生活在一个大城市,这里以纽约为例,那么我们就可以开始推测她的一些日常需求。我们几乎可以肯定地说她时间有限,并且物欲强,所以她会在检索时使用"现在"或者"快速"之类的词。她可能会想在纽约买东西,因为生活在城市中,往往不会像生活在乡下需要到较远的地方购物,因此她可能会大量搜索"纽约"和其他本地字词。她可能会搜索儿童用品，还可能会搜索关于为人父母的帮助信息，例如"我应该给婴儿喂多少牛奶"或"在纽约与孩子一起在周末做的事"。同时，她自身还很年轻，所以很可能还会检索保姆、餐馆，也许还有酒吧和俱乐部等词条。她很可能会选择网购，因为这比带着孩子在当地超市购物要容易得多。我们从用户画像中获得的所有这些见解可以指导我们最初的对关键词进行的研究，然后我们便可以跟随下面的步骤慢慢升级我们的策略。

## 关键词研究

创建用户画像后，下一个工作就是开始建立您的重点关键词列表。这似乎令人望而生畏，尤其是某些公司在拥有成千上万个目标关键词列表的情况下。但是，如果将过程分解为以下步骤，那么过程将变得相对简单：

- 第一步：创建逻辑细分；
- 第二步：挖掘您的数据；
- 第三步：挖掘二级数据源；
- 第四步：合理性检查。

注意，在本节，我们将使用术语"关键词"来表示所有搜索内容。尽管某些搜索内容只是一个关键词，但越来越多的人在检索时会使用自然语言，因此使用了更长的短语，这将在本章的后面部分进行讨论。

### 第一步：创建逻辑细分

大多数企业会出售大量产品或服务，其中一些企业可能是非常多元化的。因此，一个很好的起点是将您的产品或服务按照一定逻辑细分。好消息是，如果您的网站层次结构合理，那么您可能已经做到了。然后请详细考虑每个细分市场：哪个对您最有价值？顾客类型如何变化？您应该优先考虑哪个？

### 第二步：挖掘您的数据

挖掘您已有的数据。但是，即使在数字世界中，我们有时也会倒退，可悲的是，在 2011 年 10 月，Google 实施了更改，这意味着现在很难找出网站访问者用来查找特定网站的关键词或短语。过去仅通过检查 Analytics 分析平台即可轻松了解的内容现在变得非常困难。这是由于 Google 删除了 Google Analytics 分析中返回的关键词，而只将所有 SEO 流量标记为"未提供关键词"。由于知识是制定任何策略的关键组成部分，因此这使许多数字营销人员感到沮丧。

然而，在这当中也有一线希望。直接从 Google Analytics 分析获得的关键词可能只是一个自我实现的预言，即您的策略将过于关注您当前的排名而不是实际能够达到的排名。也就是说，您更应关注您已有的数据。一个良好的起点是将访问量最大的登录页视为用户意图的代表。此外，您可能还有来自其他搜索引擎的一些数据，甚至还有历史分析数据，这些数据都可以添加到关键词集当中。

但是，不要仅依赖存储在硬件中的数据，头脑风暴也是一种快速丰富关键词集的好方法。为此，请检查每个用户画像并写下您认为他们可能使用的关键词。每次头脑风暴花费不超过 5 分钟，并且只专注于较为简单或者较明显的词句。完成后，删除所有重复项，这时您可能会有一个相当简洁的清单。这是一件好事，它们很可能是您的"金句"，换句话说，就是最常用的字词，因此有可能带来大量流量。在这个阶段，您不用担心是否收集全了您所有的"金句"，只要有几个，其他"金句"便会在接下来的阶段中浮现出来。

### 第三步：挖掘二级数据源

在此阶段，您应该已经收集了一些关键词，下一步是扩展该关键词集。

值得庆幸的是，有许多第三方工具可以帮助您做到这一点。无须提供列表，只需搜索"关键词研究工具"或类似内容就可以获取最新和最出色的内容。自然，最好的方法之一是使用由 Google 本身提供的关键词规划工具（Google Keyword Planner），它能比大多数方法提供更多数据。要使用此功能，您需要有一个 Google Ads（Google 的付费搜索广告平台）账户，但是您不需要为使用该工具而发布任何广告或花费任何费用。

该工具的作用有点像同义词库，会提供相似和相关的术语，重要的是，您可以对其能带来的搜索量有一个概念。您会很快发现您的关键词列表已大大增加。但是，您获取的数据质量完全取决于您输入的内容，因此不要试图跳过前面的步骤。当然还有其他工具：SEMRush 和 KeywordTool.io 都是备受推崇的替代工具。

**第四步：合理性检查**

现在，您得到了一个很大的列表。到这个阶段，诱惑已经开始，但还是需要进行合理性检查。一个非常常见的错误是过分关注搜索量：这很重要，因为您不想将全部希望寄于一个每月只被搜索 10 次的关键词上，但这只是一个因素。考虑以下内容也很重要：

（1）此关键词可能具有什么商业价值？例如，"英镑/欧元汇率"的搜索量很大，但是如果一家银行在该词条上排到第一位，由此吸引到来银行开户的人又有多少呢？恐怕不多。银行可能会由此卖出一些货币，但是这个关键词并不能满足它核心的商业需求。

（2）自身在此关键词的竞争当中有何优势？大卫战胜歌莉娅[①]的例子在成熟的线上行业中并不多见。举个例子，关键词"赌场"吸引了在线赌场市

---

① 《圣经》中记载，牧童大卫用弹弓击败了力大无穷的巨人歌莉娅，用以表达以弱胜强、以少胜多。——译者注

场 50% 以上的自然搜索流量，因此，如果不竞争该很有竞争力的特定关键词，就很难在该行业竞争中获得流量。如果您昨天才建立网站，并且营销预算很小，则最好将该资源放在其他地方。在最初阶段，您应当寻找一个可以获胜的战场，并专注于此。

（3）询问他人，与其他从业人员共同做合理性检查。记住：这是您 SEO 策略的基础，因此值得花费一些宝贵的时间来使其正确。与任何研究一样，思考与意见越多，数据就越强大，因此不要觉得这只是您和您的团队的工作，要将您在更广泛的业务中拥有的知识利用起来。

# 技术 SEO

虽然我们不会深入研究技术 SEO，但为了完全了解它，您至少需要知道它主要的技术要素。本节将高度概述主要的技术注意事项，但也请量力而为，如果您在这方面没有很深的知识或资源，那么请选择一家代理机构为您提供帮助。

## 重要的标签

值得关注的两个最重要的标签是标题标签和元数据描述（见图 8.2）。二者都不像听起来那么可怕或难以接近。

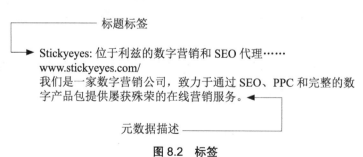

图 8.2　标签

搜索引擎优化策略和有机技术

### 标题标签

标题标签是页面内容的简短描述，包含在 HTML 中。它在搜索结果中可见，并且被搜索引擎用来解析网站页面。标题标签应该是唯一的，最好少于 75 个字符，并且重要的关键词应放在最前面。此外，将您的品牌名称放在前面通常是一种好办法。由于标题标签对于潜在的网站访问者来说是高度可见的，因此尽可能确保它具有吸引力十分关键。

### 元数据描述

元数据描述是对页面内容的较长描述，如果 Google 认为它是相关的，它也会被显示在搜索结果中。建议不要超过 160 个字符，以确保它们是唯一的、相关的（应包含您的某些重点关键词），最重要的是确保其可读性。尽管元数据描述似乎并没有直接影响排名，但是写得好的元数据描述可以提高点击率，这反过来可能有助于推动排名的提高。

### 其他标签

您还应该考虑采用有正确结构的标题标签（H1、H2 等①），以便在页面布局上向搜索引擎提供明确的信号。内容标签（例如博客主题）可以帮助在内容上提供更多信号。这些标签的相对强度多年来已经发生了变化，自然语言搜索的增长将进一步改变这一趋势，但是这些标签仍然是搜索引擎和用户的重要信号。

## 网站结构

我们不会在此过于深入地讨论技术方面的问题，但是我们要有足够的

---

① 标题标签（H1～H6）是指网页 HTML 语言中对文本标题所进行的着重强调的一种标签，以标签 <h1>、<h2>、<h3> 到 <h6> 依次显示，重要性递减，制作 <h> 标签的主要意义是告诉搜索引擎这是一段文字的标题，起强调作用。——译者注

"弹药"用于向 SEO 专家提出一些问题：

- 层次结构。您的网站的导航流程应合乎逻辑。您的网站的结构的每一层都应该在逻辑上低于上一层。例如，您网站上的促销圆珠笔的页面应位于笔的页面下一层，而笔的页面又应位于文具的页面下一层，以便用户可以依照一条合理的路径来有效地到达自己的目的地。换句话说，请确保您网站的层次结构遵循常识。

- 网址结构。搜索引擎会使用"机器人"来解析网站。如果您的 URL 类似于 www.mysite.com/categorypage.asp?prodId=1274234，那么您就无法帮助机器人确定您的网站所提供的内容。理想的网址应是：www.mysite.com/Stationery/Paper/A3_Paper/Economy_A3_paper.html。

- 站点地图。创建两个站点地图，一个用于用户，另一个用于搜索引擎。搜索引擎友好的站点地图应该是 XML 格式的站点地图文件，该文件也可以通过 Google's Webmaster Tools 网站站长工具（请参见下文）提交。

- 提供图片的替代文本。在 HTML 中，您可以分配"alt 属性"以帮助搜索引擎解析视觉内容。

- 避免过度使用 Flash，因为它不是总能被读取，因此会阻碍被搜索引擎发现的过程。

- 避免重复的内容。请注意，这意味着不要重复使用网站其他页面上的副本以及"借用"他人的内容。Google 会对使用大量重复内容的网站处以罚款，因此最好避免。如果您无法避免重复的内容，请对"301 重定向"和"rel='canonical' 的属性"做一些研究。

- 谷歌站长工具 Search Console。确保您组织中的某人知道如何使用谷歌站长工具（Google 提供的平台）。谷歌站长工具在许多领域都可以

# 搜索引擎优化策略和有机技术

提供帮助，功能非常强大。但是如果使用得不正确，也会很危险，所以请谨慎操作。谷歌站长工具中可用的主要功能摘要如下：

- 显示抓取错误：这很有用，因为有很多错误的网站不太可能获得很高的排名。
- 提交 XML 格式网站地图。
- 修改 robots.txt 文件（可用于删除已经被谷歌机器人 Googlebot 抓取的网址）。
- 甄别标题标签和元数据描述标签存在的问题。
- 提供用于访问您网站的热门搜索关键词的高级视图。
- 删除 Google 可能在结果中使用的不需要的网站链接。
- 您可以收到有关违反质量准则的通知。
- 受罚后，您可以申请网站复议。

上述危险源于这样一些事实：这些功能可使某人能够对您的网站造成严重的 SEO 问题，例如删除 robots.txt 文件，上传错误的网站地图，或网站经营者根本不知道站点存在严重的 SEO 问题。

## 内容与 SEO

SEO 现在更加依赖于良好的内容策略。好消息是，本书中无须专门增添"搜索引擎的内容优化"章节。在第 14 章，本书介绍了内容营销，它同样适用于 SEO。好的 SEO 内容通常与好的内容有内在的联系。我们在这里只快速了解一些细节。

**您需要的内容**

Google 使用机器人来解析您的网站，因此，可以肯定的是，资料性内容会有所帮助。在网站上,描述您的服务或产品等的内容通常称为功能性内容,尽管它不能为您的网站锦上添花,但却是十分必要的。

一个功能强大且有大量实用内容的网站对于排名大有助益,但是想获得真正的吸引力,网站还需要一定程度的人气。为了实现这一目标,您需要一种截然不同的内容类型:爆文(engaging content)。这类内容可以吸引目标受众的关注,无论他们在哪里。它可能很有趣(但不一定必须如此),它必须是相关的并且必须是与品牌相符的(有关完整定义,请参阅第14章)。成功的爆文可能会被转载到其他地方,而其中有一些会引用您的网站内容或链接到您的网站。每个引文或链接都好像在向 Google 发出路标,表明您正在产生其他人喜欢的有价值的东西,因此,您可能会在搜索引擎中获得相关关键词的更高排名。

## SEO 内容规则

首先,SEO 的秘诀不是针对搜索引擎进行优化,而是针对您的受众进行优化,这适用于内容以及其他任何方面。如果您做了正确的研究,则应该发现自己自然地使用了相关性很强的关键词,并且所产出的内容也应该很受欢迎。其次,持续产出也很重要。线上内容除非您将其删除,否则不会消失,但 Google 希望看到新鲜的内容,因此确保持续不断的内容产出非常重要。最后,但也许是最关键的一点,您应该确保您的网站的内容有一个"家"。您产出的爆文应"生活"在您的网站上,以便 Google 知道其来源,也方便其他网站的链接回访。这似乎很明显,但是随着社交媒体的发展,许多公司开始专注于为 YouTube 和 Twitter 制作内容,而牺牲了自己网站上的内容,这可能会损害 SEO 表现。话虽如此,Google 确实喜欢 YouTube 上的内容,因此请在您的社交媒体策略中考虑这一点。

# 搜索引擎优化策略和有机技术

## 链接与处罚

链接策略是 SEO 三角形的第三个角,这是您需要非常小心的地方。Google 不喜欢故意获取链接的网站,如果您的网站不错,那么它将吸引链接,这就是 Google 提供这项功能的原因。

因此,链接策略与购买链接无关(这是黑帽 SEO,即 Black Hat SEO,必须避免),也与链接交换或任何其他不自然地尝试获取您网站链接的方法无关,也不是为了尽快获得尽可能多的链接。来自不良资源的大量链接实际上会使您的排名不进反退。链接的快速增长其实在向 Google 明确地表明您的链接发生了不自然的事情,需要进行调查。

相反,您的链接策略应该是在站内与站外创建鼓励链接的出色内容。这可以通过 PR、Outreach 软件或仅通过您的内容策略来实现,它包含了出色的建议或工具。我们将在第 14 章对此进行详细介绍,但是在此您需要理解一些注意事项,以确保您正确监测并避免可怕的处罚。

很少有营销人员没有听说过 Google 的处罚。但是,很少有人真正了解它们的含义。

Google 处罚分为两种:① 算法;② 人工。在此,与其解释每种情况的复杂性,不如先简要地介绍一下如何避免处罚。以下列表虽然不详尽,但可以使您始终遵守 Google 的规则,不犯错:

❑ 检查您的外链配置文件。您需要一些 SEO 专业知识来执行此操作,需要找出数量众多的低质量/垃圾链接。如果这些链接所占比率很高,则可能需要采取补救措施(请参阅下文)。

❑ 如果需要,请采取补救措施。如果您的链接中有很多质量明显很低,那么建议您将其删除。当然，这并不容易，因为这涉及联系不太可能及时响应的站长，但这是首选方法。不得已的方法是使用 Google 的"拒绝"（disavow）工具，通过网站站长工具可以使用拒绝工具，该工具可让您通知 Google 您不再希望与上传的网站链接相关联。但是，这既是一个非常强大的工具，也是危险的工具，无法仅通过一个段落来讲解。简而言之，如果您认为您可能需要采取补救措施，请寻求专家的帮助。

❏ 不要购买链接。您的链接中的绝大部分都应该是赢得的。当然，生意就是生意，也许会有一些高质量的付费排名的地方，但是这应该是例外，而不是规则。在过去仅以数量来计算链接的历史时期，很多站长会选择购买大量劣质链接。但情况已不再如此，向某人付费获取成千上万的链接将很快被 Google 发现，这不但对您的 SEO 没有任何价值，还会给您带来很高的处罚风险。

❏ 检查重复的内容。如果您重复使用自己的内容，或者更糟的是——重复使用他人的内容，则可能会受到处罚。

❏ 确保您的网站主要为原创内容，而不是自动生成的内容或广告的混搭。

❏ 确保您没有太多没有内容或内容很少的页面。

❏ 当您积极寻找链接时，例如，关于您产出精彩内容的报道，请确保从相关站点中进行搜索。

❏ 避免使用不自然的锚文本（锚文本是链接中的可见文本，例如，最便宜的防晒霜）。如果您不购买链接，这实际上不是问题，因为大部分自然创建的链接都会是您的品牌名称。

❏ 如果您接受用户产生的内容（如评论），请使用 nofollow 属性确保您

## 搜索引擎优化策略和有机技术

不容易被利用。这样可以确保 Google 不会将您的此类链接用于 SEO，从而规避处罚。

## 不断变化的场景

SEO 是一个日新月异的行业。现在使用 21 世纪初的核心技术可能会受到处罚。在制定策略时，需要注意这些重大变化。

近年来，SEO 世界越来越远离对关键词的关注。关键词仍然具有相关性，因为您需要找到相关主题，但是仅专注于这个狭窄的视角已经不再有意义了。造成这种情况的原因有很多，一个关键变化是在搜索时从输入关键词到口头短语的转变。这是由诸如 Apple 的 Siri、亚马逊的 Alexa 和 Google 的 Assistant 等技术的显著发展推动的。提出问题而不是输入关键词已变得越来越普遍，尤其在年轻一代中。

在 2005 年，我们可能会将"廉价航班伦敦到巴黎"作为我们的搜索关键词，但是如今，诸如"下周从伦敦到巴黎的最便宜的航班是什么"之类的自然语言正在以相当快的速度被广泛使用。这意味着我们过去针对关键词而进行的搜索优化，可能会变得无效。自然语言识别在人工智能等领域变得越来越重要。之所以如此重要的一个原因是，关键词搜索方法是十分基础并且难以区分的，例如同义词。举个例子[①]，在英文中单词 lead 有金属"铅"的含义也有动词"带领"的含义，如果我们想知道"能否带我回家"与"我家中是否有铅"，在关键词搜索时我们就会输入相同的关键词"lead home"（带我回家/铅家），那么搜索引擎能真正了解您想搜索的内容并呈现给您正确的内容吗？并不会。

除了这种变化之外，由于对 AI 技术的关注度和投资得到了提高，需要 AI

---

[①] 在英文中，lead 可作金属"铅"，也可作动词"带领"讲，原文为"Can you lead me home?"与"Is there lead in my home?"，在此举例说明同义词在关键词搜索中可能导致的问题。——译者注

技术参与的搜索也在增长。图像搜索技术近年来取得了实质性的进步，因此在为您的站点选择图像时，考虑图像的 SEO 发展策略或 SEO 本身，也变得越来越重要。随着 AI 技术开始使用行为数据来了解用户的行为并对其意图做出明智的假设，人们将在制订 SEO 方案时更加关注意图。请在此基础上考虑您的内容策略。

SEO 的另一个考虑因素是利用 SERP（搜索引擎结果页）资源。使用结构化数据直接应对查询，提供可直接在结果顶部显示的食谱或其他元素，这些都可以在搜索时直接为您提供方便，而不必依赖访问者点击您的网站。您应该了解更多有关结构化数据的知识，以确保您和您的技术团队能够充分利用此优势。

最后，我们应该讨论移动端。近年来，移动互联网的使用已经发生了相当大的转变，实际上 2017 年是移动搜索超过台式机搜索的第一年。Google 通过处罚未经移动端优化的网站，并使用移动端网站作为桌面端网站上的主要数据来源，来改进其算法。现在，接受这一热点比以往任何时候都重要。但是，您必须牢记您的受众，少数行业尤其是 B2B 领域的行业，将主要吸引在办公时间内使用台式机的访问者，因此您不能忽略台式机而偏向于移动设备，关键是确保优化所有渠道，而不是将移动设备视为次要的。

## 组织结构与 SEO

组织结构是 SEO 的重要领域之一，其由于复杂性经常被忽略或未被实施。您的 SEO 策略要得以完全实施，需要获得公司自上而下的认可和责任心。如果您的董事会对本节知识十分了解，那么您很可能会处于一个不错的位置——原因是要进行讨论的所有事情都需要多个部门紧密合作。

# 08 搜索引擎优化策略和有机技术

 **案例研究**

## 金融超级市场（MoneySupermarket）

**背景**

MoneySupermarket.com（MSM）是一家英国金融服务比较网站，在金融服务市场的高流量关键词中占据主导地位。在很早的时候，公司管理层就知道组织结构是成功进行 SEO 的关键。

**战略**

对时任自然绩效（organic performance）负责人本·麦凯（Ben McKay）的访谈解释了他们是如何取得成功的：

我们解散了传统形式的 SEO 和社交媒体团队，将其重组为更以消费者价值和广告活动为中心的团队——该团队现在被称为"有机绩效"（organic performance）。这意味着，在共享的 KPI 下，各种数字营销专业人士的精力和才华都得到了整合。MSM 从核心员工到董事会最成功的地方在于其雄心勃勃且不断进取，消除了组织障碍，从而帮助消费者省钱。（麦凯在德维尼什，2012 年）

通过制定将内容、社交媒体和 SEO 整合到一个有机团队中的策略，可以让渠道更好地合作。

**结果**

这种组织变革使 MSM 成为金融服务领域在 SEO 的主要参与者。MSM 被展现在极为广泛的主题与问题的搜索结果中，并且通过其社交渠道将这些内容分发给了更广泛的受众。例如，如果我今天在英国搜索"汽车保险报价"和

"便宜的汽车保险"这两个高流量短语，MSM上都是排名第一。如果我搜索MoneySupermarket，则会看到693 000个结果，分别比其最接近的竞争对手高出200 000和300 000个。数字说明了一切。

这促使MSM占据了统治地位，也是其成功的主要因素之一，而竞争对手却在SEO领域苦苦挣扎。这在一个线上营销成本极高的行业中尤为重要。这样的营销差异化可以降低总体获客成本，提高交易量。

**主要经验**

您在策略学习中的关键点有：

❏ 重要的不仅是好的技术，还包括通过更好的整合来增强这些技术。

❏ 通过整合直接影响结果的团队，您可以显著提高绩效。

❏ 这个案例说明必须协调SEO、社交和内容的目标并进行有效沟通。

简而言之，SEO可能是影响最广泛的数字渠道，因此，要使其正确运行，您需要考虑整个组织的结构。

 **本章小结**

在本章中，我们研究了SEO以及如何将其应用于您的数字营销战略。我们研究了如何分析您的策略并制订有效且有价值的计划，同时牢记SEO三角关系。我们还简要地讨论了一些技术要素，但由于这不是技术手册，因此我们避免在这里进行详细讨论（请参阅"进一步阅读"以获得更多研究的建议）。我们考虑了内容如何影响搜索引擎优化，在第14章我们将再次看到相关内容。最后，我们研究了链接策略和处罚所代表的危险，又研究了变化的环境和审查您的组织结构与搜索引擎优化。

# 搜索引擎优化策略和有机技术

本章的一个关键要点是我在数字营销领域一次又一次强调的一点:当我们想到我们的搜索引擎优化策略时,我们并不是针对谷歌、必应或任何其他搜索引擎进行优化,而是在为我们的消费者进行优化。搜索引擎最终也在尝试做同样的事情,所以如果我们把重点放在这里,就可以少担心算法和用户行为的改变,因为我们已经领先了一步。

在第9章中,我们来看看搜索引擎优化的姐妹——付费搜索。

---

**本章检查清单**

- ❑ SEO 三角形;
- ❑ 研究 SEO 策略;
- ❑ 技术 SEO;
- ❑ 内容与 SEO;
- ❑ 链接与处罚;
- ❑ 不断变化的场景;
- ❑ 组织结构。

---

 延伸阅读

❑ 关于 SEO 技术:

Williams, A (2015) *SEO 2016 & Beyond*, CreateSpace. 这本书包括对当前技术的详细分析和一个搜索引擎优化清单。您可将其作为一个工具,准备您的搜索引擎优化战略,作为您更广泛的数字战略的一部分。

❏ 关于 SEO 技巧：

Cameron-Kitchen, T and Exposure Ninja (2018) *How to get to the top of Google*, independently published.

Coombe, W (2017) *3 months to No.1*, independently published.

McDonald, J (2018) SEO Fitness workbook,CreatSpace, independent publishing platform.

O'Dwyer, S (2015) 500 SEO Tips, CreatSpace. 这本书提供了一些实用的方法，可以采取一些简单的措施来最大化您的策略。

❏ 关于技术 SEO：

Adodra, S (2014) *SEO Expert Strategies*, CreateSpace. 为了获得更深入的了解，我建议您阅读此书，它从广义上比纯粹的技术 SEO 讲解得更宽泛，但它确实为初、中级学员提供了明确的指导，您可能会在本书中找到帮助。

 参考文献

Devenish, A (2012) [accessed 1 November 2015] #exclusive MoneySupermarket: We Expect to Save Consumers £1bn in 2012 [Online] https://anthonydevenish.wordpress.com/2012/10/02/exclusive-moneysupermarket-we-expect-to-save-consumers-1bn-in-2012/

# 建立和优化成功的
## 付费搜索策略

**09**

## 本章内容概要

在本章中,我们将介绍付费搜索,包括关于渠道的背景知识和如何使用、如何设置广告系列、如何衡量和优化结果,以及先进的技术和持续的管理。本章涵盖的关键领域有:

- ❑ 付费搜索简介;
- ❑ 创建广告系列;
- ❑ 度量与优化;
- ❑ 高级付费搜索;
- ❑ 管理付费搜索活动——人类与机器人。

### 本章目标

在本章结束时,您应该了解为什么以及何时使用付费搜索、如何设置与您的业务相关的广告系列、如何优化和管理广告系列,并对体现组织特色的先进技术形成自己的看法。

### 关键术语

本章使用的一些关键术语:

PPC:"每次点击付费",常常用来代替付费搜索的术语。

# 建立和优化成功的付费搜索策略

> SEM:"搜索引擎营销",通常指付费搜索。
> 
> 竞价:针对广告排名的拍卖式出价。
> 
> 关键词:人们用来搜索的词。
> 
> CPC:"每次点击成本",每次广告点击支付的金额。
> 
> 广告文案:构成广告的文字。
> 
> 匹配类型:关键词搜索词组匹配的方式。
> 
> 质量得分:Google 用于确定您的广告质量的公式。
> 
> 发布者:网络上展示其他组织广告的网站。
> 
> 搜索网络:提供搜索结果的网站网络。
> 
> 指标:一种衡量指标(具体指标请参见下文)。
> 
> 时段划分:根据日期和时间量身定制广告系列。
> 
> 网站链接:指向您网站某部分的链接,是扩展选项之一。
> 
> 广告延伸:您可以添加到广告系列中的额外功能。

## 付费搜索简介

付费搜索是一种看似复杂的渠道,与线上和线下的许多其他营销渠道一样,付费搜索也需要很多年才能详细了解。这由两个主要原因造成。首先,付费搜索比任何其他形式的数字营销具有更多的专业术语和缩写,因此上述关键术语在本章中可能很有用。具有讽刺意味的是,良好的营销应当完全避免这种情况,但撇开讽刺不谈,我们必须了解渠道的语言以能够有效地传播您的策略。其次,开始尝试付费搜索和了解基本知识非常容易,但是,要正确推进并理解大量的选择和变量非常困难。

因此，在本节中，我们将首先概述付费搜索的基础知识并讲解术语，然后介绍度量，因为良好的度量标准可降低出错的风险。我们将在本书的后面更全面地介绍度量，其对于付费搜索有独特的意义，且对成功至关重要。然后，我们将介绍一些更高级的付费搜索技术，并讨论是人类还是机器人更适合管理付费搜索。最后，我们会介绍付费搜索如何与 SEO 协同工作，付费搜索和展示广告之间的界限是如何模糊的，并证实付费搜索如果正确完成将如何带来可观的回报。

本书依据的主要付费搜索平台是 Google，本节将重点介绍它所提供的功能。其他公司（Microsoft Bing、Yahoo 等）也采用了非常相似的方法。

## 付费搜索基础

付费搜索的定义非常简单：对您所创建的出现在搜索引擎结果页面的潜在点击广告的竞价过程。鉴于这是行业术语，我们要先指出：它是您在搜索结果页面顶部、底部和侧面看到的广告。与传统广告不同，付费搜索是通过竞价模式"购买"的。对于给定的关键词或词组，广告主可以设置最高出价，出价越高，广告在最高排名中展现的可能性就越高。但是，付费搜索广告的一大吸引力在于，广告主仅在广告每次被点击时才付费，而不是在展示时。

这样的方式显然非常吸引人，这也许是付费搜索被从单人乐队到跨国公司以及介于两者之间的每一家公司所采用的主要原因。

## 我们如何称呼这些渠道

令人困惑的是，业界默认使用不同的术语来描述同一件事"付费搜索"，所以让我们从澄清这一点开始讲解。付费搜索也可以称为：

❑ PPC，或叫作"按点击付费"。这是一个很合理的名称，因为它非常准

## 建立和优化成功的付费搜索策略

确地描述了付费搜索的基本机制，即每次有人点击您的广告时，您都会付费。但是，其他一些渠道，例如联盟（affiliate）和展示广告，也可以使用这种支付方式，因此它可能会令人困惑。

- 搜索引擎营销（search engine marketing，SEM）。SEM 曾经被用作一个总括术语，包括搜索引擎优化和付费搜索，主要应用于美国。奇怪的是，仍然在美国，如今这个行业 SEM 仅用来表示付费搜索，因此在 SEO 和 SEM 之间进行了区分。
- 可竞价媒体。一个较新的术语，涵盖任何您可以出价购买的媒体。因此，付费搜索属于可竞价媒体。

在所有上述术语中，"付费搜索"是最清晰和最准确的，所以我们使用这个术语。

## 创建广告系列

如上所述，建立一个付费搜索广告是非常容易的，许多企业将此视为数字营销的一个捷径，然而，付费搜索会很快耗尽营销支出，而考虑不周的营销活动很可能会带来负面回报。因此，本节旨在介绍建立战略付费搜索广告的基本知识。根据我们目前讨论的方法，首先要确定目标，了解受众。我们假设您已将此视为初始战略规划的一部分。

### 关键词研究

确定目标并确定受众后，下一步就是关键词研究。在第 8 章，有一个建议的步骤，它也适用于付费搜索。Google 自己的关键词规划师（Keyword Planner，作为 Google Ads 平台的一部分）是构建关键词的绝佳工具。然而，与搜索引擎优化一样，您需要选择您的"战场"。如果您的预算是每月 500 美元，那么高流行度、高流量的关键词将不在您的预算之内，相反，您应该专注于利基或长尾关键词，只有这样才更有可能赢得这场战斗。一些最昂贵的关键词的平均每次点击费用远高于 50 美元，由此您可以看出如果不进行彻底的关键词研究和计划，预算很快就会耗尽。

 案例研究

## Watchfinder

**背景**

Watchfinder 利用 Google 分析（Google Analytics）的受众粒度报告改进了其再营销广告。Watchfinder 是英国最大的在线手表经销商，它的主要目标是提高销售额，这是任何一家大型零售商所期望的。

**战略**

Watchfinder 使用其访问者数据创建了 20 个特定的没有最终完成购买的用户列表，这些列表展示了这些用户的兴趣点，并使公司能够通过特定的广告对这些用户进行重新定向再营销。

然后，通过其所处的销售漏斗阶段、地理位置、站内行为和互联网服务提供商（ISP）来定义这些受众。这使公司能够了解顾客在购买过程中（漏斗阶段）的成熟程度、表明其行为的信号以及位置信息。

就像任何一个好的营销广告一样，公司也利用这个机会进行创造性的拆分测试，以了解在这个渠道中什么是最有效的。

**结果**

在短短 6 个月内，Watchfinder 的 ROI（投资回报率）达到了 1300%，平均订单价值增加了 13%，并且每次转化费用比非品牌搜索广告便宜 34%。很显

## 09 建立和优化成功的付费搜索策略

然,这种通过付费搜索平台使用高级数据针对特定目标的高效定向非常有效。

**主要经验**

在您的 Google Analytics 账户中,您可以使用多种可用的数据以多种方式建立受众群体。实际上,您最多可以创建 2000 个不同的受众群体进行再营销。然后,您可以通过将这些受众群体导入 Google Ads 并与您的特定再营销广告匹配来定向这些受众。

这个例子表明,随着数字目标越来越集中于受众和个人,而不是关键词,付费搜索的发展方向不言而喻。

## 广告系列和广告组

谷歌和成千上万的其他来源提供了大量关于如何构建付费搜索账户的指导。简而言之,您将有一个或多个广告系列。广告系列定义了您的总体预算设置,并确定了广告的展示位置(从地理位置和广告网络方面而言)。

例如,如果您要为一家汽车经销商设置付费搜索广告系列,则可能有一个针对轿车的广告系列和一个针对摩托车的单独广告系列。在一个广告系列中,您应该有多个广告组。将广告组视为逻辑存储分区。您不会将所有股票都放进一个篮子里,所以不要对广告做同样的事情。每个广告组应包含相似的关键词/词组,因此应包含相似的产品。所以,您可能会在"汽车"广告系列中针对所售汽车的每种类型都有一个广告组。

例如:

- ❑ 广告系列 1——汽车:
  - 广告组 1:福特汽车;
  - 广告组 2:丰田汽车。
- ❑ 广告系列 2——摩托车:
  - 广告组 1:哈雷·戴维森摩托车;

- 广告组2：凯旋摩托车。

**战略性思考**

关键词是用户旅程的开始，也是用户所期待的内容。用户是独立的个体，他们希望被按照独立的个体对待，因此要尽量确保您的旅程是独一无二的。您可以根据用户的需求调整您的旅程来达到这一目的，这意味着要创建一个非常大的、有组织的关键词集。花时间建立您的关键词是将成功和失败区别开来的重要工作。

## 广告文案

付费搜索广告文案是一种艺术形式，因为您使用的字符数有限（包括显示URL的字符为140个，而中文、日文和韩文等全角字符的字符数仅为70个），却要创建高度相关且引人注目的内容。好消息是，您可以创建的广告数量没有限制，所以试着多做几个，并不断完善。

**战略性思维**

遵从上一节的原则，在这个阶段，重要的是您的广告文案与搜索词要尽可能地匹配。

---

### 广告文案

袜子制造商可能会提供各种各样的袜子，包括智能袜子、运动袜子、休闲袜子甚至连裤袜。区分这些在广告文案中至关重要，这可以确保与用户的最大相关性。想象一下，如果用户搜索"白色运动袜"并从3个独立的公司的搜索结果中收到以下3个广告：

## 建立和优化成功的付费搜索策略

- 今天买白袜子；
- 白色运动袜；
- 在这里买便宜的袜子。

选项2根据广告系列设置返回结果，并且与关键词完全匹配，因为该账户已内置到逻辑结构中，并且对关键词类型进行了深度定制。显然，此选项与用户正在寻找的内容完全匹配，并且与在相同位置展示的其他广告相比，点击次数会有所增加。反过来，这意味着该公司可以出价较低，它知道第2或第3位的排名是可行的，因为其广告的相关性将确保它仍然能获得最多的点击次数。

### 匹配类型

创建广告并定义关键词列表后，您需要考虑每个关键词的匹配类型。简而言之，您可以告诉Google您是希望广告仅针对输入的精准关键词/短语进行展现，还是希望通过多个参数对其进行扩展。最宽泛的是"广泛匹配"，它将展现您所要求的关键词/词组以及任何相关的关键词。广泛匹配会产生最多的流量，但就其本质而言，它的针对性会降低，因此效果可能会不那么好。此外，广泛匹配很快就会变得昂贵。一般来说，大多数付费搜索专家只在最初的探索阶段使用广泛匹配来帮助找到最能带来转化的关键词/词组。

表9.1包含了Google的各种匹配类型的描述。表9.1中，最后一个修饰符"否定匹配"值得我们进行更详细的讨论，因为它可能非常强大。对您的广告系列进行详细审核后，很可能会发现某些关键词/词组与您销售的产品/服务不太匹配。如果是这种情况，则可能会显示不相关的广告，这会影响您的点击率

（因为影响质量得分进而影响每次点击成本）。因此，强烈建议使用否定关键词删除这些错误的关键词/词组。

表 9.1　匹配类型

| 匹配类型 | 特殊符号 | 关键词范例 | 可能展示广告的搜索 | 搜索词范例 |
|---|---|---|---|---|
| 广泛匹配 | | 白色袜子 | 包括错别字、同义字、相关搜索和其他相关变体 | 买袜子 |
| 广泛匹配+配修饰符 | + | +白色<br>+袜子 | 包含修饰符字词（或近似变体，但不是同义字）的搜索，顺序不拘 | 白色的袜子 |
| 词组匹配 | " " | "白色袜子" | 指定词组本身，以及该词组的近似变体 | 便宜的白色袜子 |
| 完全匹配 | [ ] | [白色袜子] | 完全匹配字词本身，以及该字词的近似变体 | 白色袜子 |
| 否定匹配 | - | -白色 | 不包含指定字词的搜索 | 黑色袜子 |

## 质量得分

质量得分是 Google 的一项指标，是衡量广告质量的指标。质量得分越高，您的排名潜力越大。例如，如果两个广告顾客的最高出价均为 10 美元，但是一个广告顾客的质量得分较高，则质量得分较高的广告顾客可能会获得更高的排名。即使质量得分较高的公司的最高出价为 9 美元，他们也可能会获得较高的排名。为什么？因为 Google 希望展示相关广告并被点击。质量得分算法并未公开发布。促成更高得分的一些因素包括您投放广告的时间、点击率（CTR）和广告相关性。

## 搜索网络

在您推出新的付费搜索活动之前，要小心选择"在我们的搜索网络上也显示广告"（或类似的）。选中此项，搜索引擎便可以在已注册其广告程序为发布者的第三方网站上显示您的广告。您几乎无法控制您的广告在哪里展示，而且绩效总是要低得多（尽管成本也是如此）。积极的一面是，您的覆盖面得到了增强。

## 度量与优化

正如我们稍后在书中讨论的那样，在进行度量之前，必须重新考虑您的目标，因为这将有助于确定所使用的度量标准。例如，如果您的目标是最大化市场份额，那么用户获取成本指标就不应成为您的第一要务。

### 流量指标

- 展现次数：每次展示都会使您的广告获得一次展现。10 次展现等于 10 次观看，或更准确地说，是 10 次"呈现"，因此不能保证用户实际看到了它。

- 点击：用户通过点击与广告进行互动，最终结果是访问您的网站。

- 点击率（CTR）：点击次数与展现次数之比。点击率受广告排名、广告文案和品牌知名度的影响。

- 每次点击费用（CPC）：为每次点击支付的平均金额。当然，这将根据最高出价水平和竞争压力而波动。

- 平均排名：您的广告在网页上展示的平均排名（页面的顶部是第一个位置）。请记住，即使您是出价最高的人，广告排名也会发生波动。广告排名在很大程度上取决于您的出价水平，但同时也会受质量得分的影响。

- 展示次数份额：度量您捕获了多少次可能展现的次数，规定时段内排名第一的展现次数份额为 100%，这是展现次数份额的最大值。

- 质量得分（QS）：尽管从技术上讲并不是流量指标，但质量得分仍需仔细考虑，因为它与广告排名以及潜在的流量都有直接关系。

## 转化指标

- 产生的收入：简单地说就是销售的价值。有趣的是，真正重要的是利润。
- 产生的利润：利润或毛利更准确地显示了付费搜索广告系列的获利能力。
- 订单：原始订单数量。
- 线索：对于一些典型的 B2B 或销售高价值产品的公司来说，线索是最终目标。例如，线索可能是电子邮件注册、申请完成或索取宣传册。
- 转化率：订单数/线索数与点击次数的比率。它和广告本身一样，是衡量网站流量转化能力的一个指标。
- 平均订单价值（AOV）：AOV 本身足以说明问题，并且是进行深入研究的重要指标。寻找 AOV 随时间变化的模式，以及在不同广告组的差异。如果一个广告组的 AOV 特别低或特别高，问问为什么。这可能是产品成本/利润率的高低造成的，但也可能反映出广告文案或出价策略的好坏。

## 效率指标

- 投资回报率（ROI）：最常见的衡量指标。虽然这可以作为一种收入衡量指标（产生的收入/广告成本），但最好考虑盈利能力和使用"利润/广告成本"指标。
- 每个线索成本/每个订单成本（CPL/CPO）：考虑到线索可能在一段时间内不会产生商业成果（事实上，如果是离线交易，最终交易可能很

# 建立和优化成功的付费搜索策略

难回溯），对于不期望直接销售的广告主来说，CPL 是一个很好的绩效衡量标准。

- ❑ 生命周期价值（LTV）：对每个受到激励的新顾客将产生的潜在价值的估计。尽管需要进行一些数字运算，但这是一个非常值得的过程。如果投资回报率不高，就很容易将付费搜索视为失败。LTV 分析是评估付费搜索是否真正有意义的唯一真实方法。

### *测试，学习，提炼，测试……*

在确定了您将要衡量什么以及如何衡量之后，下一步就是建立一个持续改进的过程。付费搜索很容易进入，因此，对于大多数行业来说，竞争激烈也就不足为奇了。因此，如果您不建立一个持续改进的过程，那么一个今天运作良好的账号可能明天就开始失败。

## 高级付费搜索

下面，我概述了一些更高级的付费搜索注意事项。

### 分时段投放

分时段投放或自定义广告投放时间设置允许您控制一周中的几天和一天中希望显示广告的时间，您还可以根据这些参数调整最高出价水平。

### 站点链接扩展

站点链接允许您在广告中展示其他链接。如图 9.1 所示，消费评论杂志《哪个？》（*Which?*）在广告上使用网站链接，其中显示了"笔记本电脑评论"一词，以展示其他相关链接。

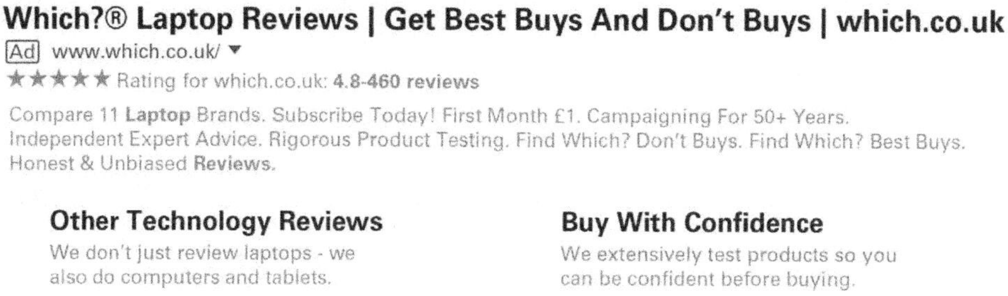

```
Which?® Laptop Reviews | Get Best Buys And Don't Buys | which.co.uk
Ad  www.which.co.uk/
★★★★  Rating for which.co.uk: 4.8-460 reviews
Compare 11 Laptop Brands. Subscribe Today! First Month £1. Campaigning For 50+ Years.
Independent Expert Advice. Rigorous Product Testing. Find Which? Don't Buys. Find Which? Best Buys.
Honest & Unbiased Reviews.

Other Technology Reviews                    Buy With Confidence
We don't just review laptops - we           We extensively test products so you
also do computers and tablets.              can be confident before buying.
```

图 9.1 站点链接

## 星级评定

细心的人会注意到，图 9.1 中的《哪个？》广告也有星级评定，这些评级实际上是完全自动化的。但是，为了展示星级，您的业务需要达到以下条件：① 最近 12 个月内至少有 30 条评论；② 平均评分为 3.5 或更高（因此您永远不会展现出较差的星级）。

收到的评级是多个的汇总，包括 Google（例如 Google 认证商店）和第三方评论网站（Google 列出了 30 多个网站，其中包括 Bazaarvoice、Bizrate、Feefo、Reevoo 和 Trustpilot）。

## 点击通话

如果您可以通过电话接单，那么建议您将电话号码添加到广告中，因为这会促进转化。在大多数的手机中，将显示"点击通话"按钮。

## 位置扩展

Google 越来越注重提供超本地结果。移动浏览的增长使得此操作变得更加容易，因为位置很容易计算。此外，移动浏览器更倾向于寻找本地解决方案。因此，如果您的公司有实体店，则位置扩展功能将非常强大，因为它们允许显示您的公司地址、电话号码和地图。在移动设备上，还可以包含导航

# 建立和优化成功的付费搜索策略

到您的企业的链接。显示位置信息起点的是"Google 我的商家"（Google my business）服务，该服务还将帮助您将信息显示在 Google 地图和自然列表中。

 **案例研究**

## Deliveroo

**背景**

Deliveroo 过去仅在英国运营，但为国际化发展制订了宏伟的计划。其现在在英国、法国、德国、荷兰、中国香港、新加坡、澳大利亚、爱尔兰、意大利、比利时、西班牙和阿联酋运营，付费搜索在扩大其影响力方面发挥了关键作用。

**战略**

Deliveroo 任命 Brainlabs 为付费搜索代理商，该代理商明白成功取决于自动化以及对 Google Ads 脚本和 API 的熟练运用。因此，该账户是建立在单个关键词广告组（single keword ad group, SKAG）结构中的。这样的结构允许对广告进行最大限度的控制，广告代理机构可以确保为账户内的每个关键词显示最相关的广告，这是当广告组包含多个关键词时不可能实现的。Brainlabs 使用专有的自动广告构建工具来减少建立详细账户所需要的时间和工作量。这个工具也使 Brainlabs 能够将新增加的餐厅及其位置迅速拉进广告涵盖的范围。

由于其本地化的商业性质，Brainlabs 还为每一家餐厅建立了独立的广告系列，目标定位在餐厅周围 2 英里（约 3.2 千米）范围内。该工具还根据 Deliveroo 的覆盖范围检查餐厅，并自动暂停 Deliveroo 网络中有关餐厅的任何广告活动。

**结果**

Deliveroo 在 12 个国家的多个城市，用 6 种语言投放了 17 000 多个广告。

搜索活动的增长一直很快,这支持了Deliveroo在全球范围内以极快的速度持续增长。

**主要经验**

通过在专有平台进行创新、与经验丰富的代理机构合作以及使用智能账户设置,您可以为付费搜索活动制定详细、高效和低维护需求的策略。

## 产品列表广告(Google 购物)

产品列表广告(PLA)是 Google 将顾客直接引导至产品的一种方式,它们在搜索结果中的地位越来越突出,这也反映了它们转化顾客的能力(见图9.2)。PLA 通过购物广告系列来进行控制,并且需要将您的产品库存提交给谷歌卖家中心(Google Merchant Center)。PLA 只是表面上看起来很复杂但实际上是相对简单的,如果您要零售中低价位的产品,强烈建议您尝试 PLA。

图 9.2　商品列表广告

## 竞争情报

虽然各种增强选项可以帮助您完善广告系列,但请务必记住,付费搜索

# 建立和优化成功的付费搜索策略

广告是一场竞价活动。换句话说，就是您与竞争对手的博弈。因此，您还需要追踪您竞争对手的动向，以确保您保持领先地位。最简单的做法可以是直接查看搜索对应关键词时谷歌出现的广告。但是，如果您严重依赖 Google Ads 或预算较高，则需要考虑使用一种可为您跟踪广告的第三方工具，如 Market Defender、AdGooroo 和 AdThena。

这些产品使您可以随意分析竞争数据，通常包括：

- 竞争性广告文案；
- 分时段投放策略；
- 拆分试验证据。

除竞争情报外，此类工具还可用于识别品牌劫持。品牌劫持通常是由销售假冒商品的关联公司或联盟执行的。简而言之，它们会竞标您的品牌名称，然后假冒您的生意。如果您是一个大型广告主，单凭这个理由就足以使您投资于广告追踪解决方案。

## 管理付费搜索活动——人类与机器人

所有中小型企业（SME）无论是通过内部还是通过外部机构来管理付费搜索活动，最终所有工作都是由人类来完成的。一些较大的组织会使用自动出价系统。这是否适合您将取决于许多因素，考虑使用自动化工具的最常见理由是：

- 成千上万的产品。期望人类能够管理大量产品是不现实的，在考虑库存问题和价格波动时尤其如此。
- 非常大的预算。如果您每月的广告支出以百万计，那么自动化管理便开始有意义了。
- 您的主要目标是提高效率。如果您想把每次点击的成本降到最低，那么机器通常会做得更好（但是，如果管理不好的话，随着时间的推移，这可能会导致声量① 变小）。

总而言之，最佳组合通常是以下之一：① 人类；② 非常积极地管理自动化系统的人类。

## 本章小结

在本章中，我们研究了什么是付费搜索，以及如何将其整合到您的战略中；研究了设置广告系列的复杂性，以及为了能够优化广告系列而需要理解的术语和变量；研究了衡量和优化您的结果以及确保您不断测试和学习的方法；研究了先进的技术以及如何持续管理您的广告系列。渠道运营非常复杂，所以在您有能力自己运营之前，和专家一起工作是必不可少的。需要注意的是，如果您正在进行一个大型的数字广告活动，那么您可能永远无法达到自己运营该渠道所必需的专业知识水平，因此，正如我们所讨论的，与合适的代理商合作至关重要。

**本章检查清单**

- ❑ 付费搜索简介；
- ❑ 设定广告活动；
- ❑ 度量与优化；
- ❑ 高级付费搜索；
- ❑ 管理付费搜索活动——人类与机器人。

---

① 声量：这个指标一开始是用来衡量展示广告在固定位置轮播中所占比例的。后在广义上还用来衡量PR、市场份额和传播效果。——译者注

## 建立和优化成功的付费搜索策略

 延伸阅读

❑ 关于关键词（Google Ads）：

Gray, N (2018) *Mastering Google Adwords 2018: Step-by-step instructions for advertising your business*, CreateSpace Independent Publishing Platform

Rabazinski, C (2015) *Adwords for Beginners*, CreateSpace

❑ 关于高级付费搜索：

Geddes, B (2014) *Advanced Google Adwords*, Sybex

❑ 关于在亚洲的搜索引擎营销：

Yamagishi, R (2013) *Digital Marketing in Asia*, Bowker

# 展示广告和程序化定向目标市场 10

## 本章内容概要

在本章中,我们着眼于展示广告,特别关注程序化展示。程序化展示已迅速成为该渠道的实际购买机制。展示广告是在线营销的最早形式之一,并且随着时间的推移发生了显著变化。本章涵盖的关键内容包含:

- 程序化广告;
- 展示广告的类型和格式;
- 广告投放中的关键技术;
- 展示广告系列的类型;
- 规划和定向程序化展示广告系列;
- 展示广告系列度量。

> **本章目标**
>
> 在本章结束时,您应该了解展示广告的原理,以及展示广告与计划、定向和管理一个广告系列的关系;了解度量方法和该渠道中使用的关键术语。这有助于您了解该渠道是否适合,如果适合,该如何使它贴合您的策略。

**关键术语**

本章中使用的一些关键术语包括：

CPM：每千次展示的价格（cost per mille）。

广告展现：向用户展示的一种情况。

创意资产：用于创建用户看到的广告的创意文件。

广告服务器：用于创意资产的托管工具，按照设定的逻辑控制向用户和细分受众群体的广告投放。广告服务器跟踪广告系列的投放和结果。

程序化：一种定向目标受众和购买广告展现的自动化程度更高的方法。通常，购买是实时发生的，而定价通常由拍卖决定。

直达站点：传统的预订方法，其价格和数量在广告系列开始之前直接与发布商协商。

再营销：根据用户以前在站点上的行为确定目标受众。这种方法最常用于访问了网站，但是没有完成购买的顾客。广告内容通常由该用户浏览过的商品组成。

需求方平台（demand side platform，DSP）：一种执行程序化媒体购买的购买工具。定向、投放安排、预算和定制程序化库存交易（也称为PMP）都在DSP中处理。该技术可以"监听"广告展现的拍卖活动，并根据定向条件、广告系列效果和目标提交出价。

供应方平台（supply side platform，SSP）：与DSP对应的卖方。发布商使用此工具来为其广告展现进行拍卖。

私有市场广告位（private market place，PMP）：与广告发布商、广告销售机构或广告网络达成的交易，但通过程序化基础架构执行。

注意，展示广告中使用了更多其他术语，我们会在文中对其进行定义。

展示广告有许多不同的形式。一般认为，展示广告包含在所有设备（包括联网电视和流媒体设备）上展出的广告。展示广告也采用多种格式，包括静态图像、动画图像、富媒体（与用户或其展示环境互动的广告）、原生广告、视频和音频。实际上，随着数字广告的发展，这些定义已经随着时间而改变。几乎所有付费的社交广告都是展示广告，但由于它们所使用的网站都具有自己的特性以及工作流程的差异，因此展示广告往往需要一个单独的团队来执行。

表 10.1 列出了最近几年及未来几年以程序化购买方式进行交易的展示媒体的比例，说明了程序化购买的有效性。

表10.1 总的数字展示广告支出

|  | 2016 | 2017 | 2018 | 2019 | 2020 |
| --- | --- | --- | --- | --- | --- |
| 英国采用程序化购买方式的数字展示广告支出占比 | 61.00% | 72.90% | 79.00% | 82.40% | 84.50% |
| 美国采用程序化购买方式的数字展示广告支出占比 | 73.00% | 79.30% | 82.50% | 84.80% | 86.20% |

来源：eMarketer，2018 年 3 月。

## 程序化广告

程序化媒体购买及其子集实时出价（RTB）经历了巨大的增长，其原因有很多，但是与直接从发布商或中介机构（例如广告网络）购买展示广告相比，主要原因是：

- ❑ 跨多个网站、应用程序和屏幕的更多定向选择。
- ❑ 轻松激活或控制第一方数据。如果广告是在内部执行的，则可以更好地控制第一方数据，数据和隐私合规性也会更容易管理（如 GDPR）。
- ❑ 更好地控制广告系列的执行并提高准确性。
- ❑ 控制网站和屏幕上的广告顺序和频率。

# 10 展示广告和程序化定向目标市场

- 与通过广告网络购买相比，交付和定价的透明度更高。
- 跨多个站点购买的工作流程更轻松。
- 小公司更容易使用展示媒体。

借助程序化，每当广告展示的机会出现时（即当用户的设备正在加载网页或应用程序时），买方可以评估每个广告展示，并可以判断该特定的广告展示是否会对整个广告系列产生积极的影响。这可以根据该广告所处环境和屏幕背后的人的因素来决定。因此，贵公司可以评估以下因素以确定此机会是否与己相关：

- 网站或应用程序。
- 特定网页及其内容。
- 用户的兴趣和意图。
- 用户的人口统计资料。
- 观看者的位置和语言。
- 一天中的时段或一周中的某一天。
- 正在查看的计算机或移动设备的操作系统或设备类型。
- 根据广告位置先前的可视率，该广告被归类为"在看"的倾向。
- 广告旁边的内容类型（广告主在此处放置广告是否是不安全的，是否存在诽谤或具有潜在的丑闻）。

或位于屏幕后面的用户的已知属性：

- 用户是否为广告主或广告系列所知。
- 如果已将CRM信息与需求方平台（DSP）同步，则该用户是老顾客、高价值顾客、低价值顾客还是不值得展示的用户。
- 用户是否已经开始在广告主的网站上进行购买，是否适合向其展示重定向消息。

- 用户的人口统计、心理和行为素质（请参见有关使用数据定向展示的部分）。

例如，如果您要为电视做广告，则可能会发生以下情景：

- 情景 A：您的广告将展示在 iPhone 上，但您的网站不是响应型网站。
- 决策：体验会很差，这可能会损害您的品牌，因此不要展示广告。
- 情景 B：经常访问您的网站但从未购买过的用户观看您的广告。
- 决策：用户不是真正的顾客，而只是浏览，因此不要展示广告或降低出价。
- 情景 C：用户上周开始购买电视，但退出了广告漏斗。
- 决策：一个热线索，要对其展示再营销内容，以尝试在用户选择购买时将其转化。

所有这些选项在整个广告系列中都可供买方使用。您应该记住，这些情景仅此而已，以上结论可能不符合您的情况。例如，频繁的网站访问者可能正在进行购买意向调查，因此您需要仔细定向目标受众。

程序化购买的迅速发展，意味着现在广告主只需要购买他们实际想要的广告展示就可以了。购买定向广告资源一定程度上可以做到这一点，但在定向广告资源内，可能人的年龄范围、收入范围或性别与广告主的产品不符。或者，实际上，是最近已经成为顾客的人。对于实时出价展示，广告主还可以选择针对该次展示提交出价，以便能够以对广告系列目标也有利的价格进行购买。

程序化和实时出价之间的区别在于，程序化提供了评估单个展示的能力。此外，实时出价是许多程序化的基础，它为广告展示的定价和购买增加了拍卖机制。实时出价不会购买的程序化展示，通常是与发布商达成了媒体购买协

# 10 展示广告和程序化定向目标市场

议，用于进入某些定向选项或享有该发布商特有的优惠价格。这些安排称为私有市场广告位（PMP），但是，如果这些广告位不符合广告系列的直接要求，则广告主仍然有权不购买这次展示。实时出价元素（通常称为公开交易购买）对进入的限制很小，并且上面列出的定向可以同时应用于两者。从根本上讲，它是程序化的，通过在整个媒体广告中结合多种数据和决策选项，在展示广告中提供可寻址性，从而带来非常有效的广告效果。

## 展示广告的类型和格式

展示广告的格式最常见的形式是横幅。其具有多种尺寸，并且在不断发展，以应对新的屏幕尺寸和分辨率、新的设备以及吸引和捕获网络用户注意力的新方法。横幅在页面中展示，也就是说它们位于网页布局内。

❑ 页内横幅广告。横幅广告无处不在。它们有各种尺寸，需要遵守严格的指导原则才能投放。这些广告还可以根据个人用户的浏览或完成情况进行自定义。页内横幅通常具有动画效果，并按照美国互动广告局（Interactive Advertising Bureau，IAB）制定的规范进行设计和构建。如果一个广告简单而被动地在页面上进行动画展示，那么几乎可以肯定这是一个标准的页内横幅广告。

具有任何其他功能的展示广告都称为"富媒体"。这是一个包罗万象的术语，用于描述：以任何方式进行互动的展示广告（例如，当光标悬停在广告创意之上时马上响应）；不仅在网页正文旁展示，还能对其进行上述任何操作的广告。

❑ 页内富媒体广告。是页内广告，其功能或内容比标准横幅广告多得多。最常见的例子是：

- 视频广告。可以在广告创意中播放完整视频。
- 展开式广告。如果用户与其交互,则广告会展开以占据更多(或全部)网页。这些交互可以在鼠标悬停一段时间或者点击时进行。一些格式可以扩展到占据屏幕的全部或大部分(尤其是在移动广告中),而且其空间可以不仅仅用作展示图片。例如,可以在广告中包含一个微型网站。
- 数据捕获。用户可以在广告中提交电子邮件地址来注册新闻信息或接收产品发布日期的提醒。
- 实时信息。如航线价格或折扣较大或极受欢迎的产品的剩余库存,可以从产品提要和 POS 系统导入。
- 移动广告单元还可以控制手机的一些功能和传感器,如加速器和摄像头,它们可以用来对广告进行个性化设置或提供游戏化元素。

❏ 视频贴片广告。这是一种视频创意广告,可以在网络上的视频内容之前、之中或之后播放。根据插播的位置,这些通常称为前贴、中贴或后贴。视频广告无论从内容还是形式上都与电视广告极为接近,广告位的持续时间通常为 15 秒或 30 秒,内容完全复制其电视广告。在数字时代,有很多方法可以提供交互性。

❏ 可跳过视频广告。2012 年以来,YouTube 提供了另一种视频广告形式,称为 TrueView(其他视频提供商现在也提供类似的解决方案)。用户可以跳过这些广告。与传统的贴片视频广告相比,可跳过视频广告带来了三大优势,具体如下。
  - 这种可跳过的形式会让真正对广告感兴趣的人观看它。
  - 它消除了内容长度限制。鉴于用户有机会跳过广告,YouTube 希望

# 展示广告和程序化定向目标市场

广告的长度不超过 10 分钟。

- 在定价上，广告主只为没有跳过的广告付费。

❑ 音频广告。美国互动广告局（IAB）定义的音频格式和指南在这里无法准确解释，因此建议读者访问其网站以了解详情。

## 广告投放中的关键技术

### 什么是广告服务器

对于那些使用多个媒体合作伙伴（无论是需求方平台、广告网络、直接面向发布商还是它们的任意组合）的广告购买者而言，广告服务器是展示广告生态系统的核心部分。它们的用途包括：

❑ 储存广告创意。

❑ 将正确的广告创意传递给发布商、广告网络和 DSP。

❑ 管理序列消息和创意迭代测试。

❑ 创建和维护用于测试和调查的控制/曝光组。

❑ 记录广告在哪里展示以及被谁看到。

❑ 存储和创建标签以分发给发布者。

❑ 创建和计算 cookie 以进行曝光和转化跟踪。

❑ 提供包括归因在内的媒体活动的综合报告。

任何优秀的现代广告服务器都能够使用展现跟踪器（通常为 1×1 像素）或点击跟踪器来跟踪大多数数字活动，并且能够测量和归因一个渠道内的战术活动或跨渠道活动。营销人员需要了解他们的渠道是如何协同工作的，而这个平台正好能满足这一需求。

## 展示广告类型

展示广告有许多应用和目的，但以下是展示广告的三个主要目的。

### 告知型广告

这种广告可以传达品牌信息或使顾客沉浸在互动体验中，使他们知晓品牌、产品或服务及其优势。与下文中的以直接响应方式提供销售额的展示广告相比，这种告知型广告的责任要小得多。富媒体和视频是常见的广告形式。

**这将如何适用于您的策略？** 如果您的企业不太关注通过数字渠道进行的直接销售，例如汽车制造商或房地产经纪人，那么品牌知名度将在您的转化过程中发挥重要作用。即使您专注于在线上的大量销售，您也可能会参与激烈的市场竞争，因此需要告知型广告。

### 面向潜在顾客的直接响应式广告

这种广告用于面向查找特定产品或服务的用户，并帮助已经处于转化路径中的消费者。这项活动旨在在网络高度相关的领域中寻找用户，这实际上是展示广告最广泛的用途。任何直接响应的广告主都应以此为基础来赢得新顾客。这些潜在顾客可以作为产品告知的对象代表，因为它们向新用户展示广告。但是，由于通常有 CPA（cost per action）目标，因此它会使用更具成本效益的形式（主要是横幅广告）以更微妙的方式完成。

**这将如何适用于您的策略？** 如果您的业务专注于销售，那么，确保您在正确的时间以正确的信息瞄准正确的顾客，从而以最低的每次获客成本实现最大的销量将是一个关键目标，这就是直接响应式广告的适用领域。如上所述，

# 展示广告和程序化定向目标市场

由于历史原因,这是人们最怀疑展示广告的领域,但是此历史已成为过去。

## 再营销广告

这与谷歌的搜索关键词再营销列表(Google RLSA)[①]的活动完全一样,但是功能更强大,因为可以将广告展示给整个互联网上的未转化顾客,而不仅仅是在搜索引擎上进行搜索的顾客。由于再营销广告使用的是来自广告主网站上用户操作的第一手数据,因此可以应用更多细分,以淘汰价值很少或没有价值的消费者,并优先向那些行为表现出更多价值的消费者投放广告。

**这将如何适用于您的策略?** 再营销顾客可以有效提高现有访问者的转化率。这可以很有针对性地跟踪用户,提醒他们所报产品的价格。即使在用户退出渠道后,这也可以非常有效地确保您的转化率得到优化。

一些早期的公司利用再营销广告给人产生了一种错觉,认为他们的再营销整体展示活动比以前的展示广告要好,因此再营销广告背上了不好的名声。如果将再营销产生的数据作为展示广告系列整体效果数据的一部分,则可以人为地提高点击率。这是由于再营销的目标是潜在顾客,而其他展示广告则更具投机性。所以,负责任地使用广告主数据也是至关重要的。

动态广告创意的再营销对于电子商务广告主来说非常普遍,尤其是在零售和旅行行业中运作的广告主。人们通常会四处游逛购买非常相似的产品。

## 计划和定向程序化展示广告系列

与大多数其他营销渠道一样,成功的展示广告系列围绕着在正确的时间向正确的受众传递正确的消息这一简单原则。这方面的平衡和重要性可以根据

---

[①] Google RLSA:Remarketing lists for search ads,谷歌的搜索引擎广告再营销功能。

所涉及的目标而变化,但它们始终发挥着作用。

展示广告系列很少单独使用这些方法,而是着眼于使用组合来更有效地投放广告。这对于程序化广告系列投放尤其重要,将得益于能够将所有这些数据整合在一起的技术。随着我们掌握的技术和数据复杂性的增加,广告系列的计划和执行方式也在日益复杂。

## 展示广告定向投放

### 受众资料

定向展示广告中的特定受众群体主要取决于用户是谁,而不管他们消费的内容是什么。可以通过多种方式来了解受众群体,并定义他们是谁,他们喜欢什么,受什么激励或对什么感兴趣。受众数据主要有两种类型:人口统计信息——他们是谁;行为信息——他们在做什么。

❑ 人口统计信息:这是有关个人的信息,可以根据浏览习惯进行推断,也可以从已知的公开可用信息(例如消费者信用记录)中收集。

❑ 行为信息:此数据只观察所消费内容的类型和一个人的浏览习惯,并对该用户做出假设。行为数据倾向于刻画用户是谁,他们对什么感兴趣以及他们可能考虑购买什么。例如,用户浏览了有关福特家庭MPV汽车新型号的大量内容,那么您可以将其划分为以下受众(此外还有许多其他划分方法):

- 新车购买者;
- 在新车市场上;
- MPV驾驶者;
- 偏好福特品牌;
- 年轻家庭的父母。

然后,广告主可以接近这些受众群体中的每个受众,将广告系列定向到该受众。

### 网页内容关联定向

通常,通过将网站和应用程序以及网站和应用程序内的特定内容或页面作为目标,在适当的内容旁边放置广告以确保广告系列具有相关性。在受众数据变得司空见惯之前,网站和应用程序通常被用作其典型受众构成的读者群的代理。内容关联定向对于广告仍然至关重要,而且在特定系列网站中投放部分或全部展示广告的做法非常普遍。

定向网站时,最常见的做法是简单列出内容具有共性的网站,并向其投放一定比例的广告,这对于专业网站来说效果很好。但在综合信息网站上仍存在大量流量——比如所有新闻和许多杂志网站,内容都非常丰富,因此可以通过仅购买网站的某些板块来实现广告关联的准确性,但这需要逐一为每个网站设置广告方案。

### 关键词内容关联定向

为了解决此问题,开发了关键词内容关联定向(KCT),这在内容全面的网站上很常见,但现在通过扩展到所有网站,为展示广告系列增加了好处。KCT允许广告主根据网页的内容来定位特定网页上的广告展示空间,而不管其出现在哪个网站上。有些数据公司通过与发布商合作或使用技术来爬网所有Web内容(就像Google爬网网页以使其通过搜索可用一样)。

我们对被抓取的网页进行语义分析和分类,以确定网页上的内容类型。然后广告主就可以将广告展示页的内容所生成的一小组关键词与广告来进行匹配,从而展示广告。KCT通常用于负匹配和正匹配场景。例如,一家航空公司可能会利用KCT的正匹配或负匹配来匹配其与以下内容相关的广告(见

表 10.2）。

表 10.2　关键词内容关联定向示例

| 正　面　词　汇 | 负　面　词　汇 |
| --- | --- |
| 航空旅行 | 空难 |
| 度假 | 恐怖袭击 |
| 城市短假 | 机票价格上涨 |
| 商务旅行 | 旅行混乱 |

在付费搜索中，这种技术也被经常用到。从表 10.2 中的例子可以看出，这一点很重要，因为它减少了在不相关关键词上的浪费，也避免了品牌与风险关键词的关联。

与大多数数据定向方法一样，程序化广告放大了数据定向的好处，因为它允许广告主将目标定向标准应用到整个广告活动中，跨多个网站，而不是必须以出版商个体为基础与其合作。

**其他定向技术**

❑ 基于环境：这类定向选项与用户的兴趣及其媒体消费没有太大关系，但为广告系列管理提供了更大的杠杆，用于确定活动目标，因为无论目标受众是谁，都可能适用于广告的投放。

❑ 基于时间：这可以被理解为从市场情况、季节性或消费者行为中获得最大收益。展示广告可以分小时、按日、按月发布，许多广告主都会增加活动的权重，以确保在与消费者最相关的时候出现。这对销售和事件营销特别有用，但也与产品类型有关。例如，在晚上 11 点以后，助眠药的广告可能最有效，而冬季外套的广告在 10 月份可能比 5 月份更有效。

❑ 基于位置：这是对于某些顾客而言的另一个重要工具。如果需要的

# 展示广告和程序化定向目标市场

话，我们可以通过此工具，将广告限制在一个十分精准的区域内进行展示。在极端情况下，比如当针对移动设备进行投放时，广告可以针对任何经纬坐标、邮政编码或城市、城镇和地区的小半径范围内的用户进行展示。针对所有设备进行投放的广告，可以针对乡村、城镇、城市以及电视和DMA区域的用户展示。另外，邮编也可以用于定向广告的用户投放。地理目标定位的准确性取决于所使用的数据来源以及广告所投放的国家。例如，在英国，虽然IP地址是现成的信息，但它很少与用户的位置准确关联，因此定向台式电脑的广告活动时会与其他因素组合使用，这些因素会包含来自网站的数据。

❑ 基于设备：用户当前使用的设备类型也是一个因素。这有助于提供正确的创意格式，有时也可以用来帮助定向广告并定义用户。

❑ 基于受众模型：收集许多数据应用于广告投放；以上提到的所有数据集和方法，如果加以审查，都可以生成大量信息。相似模型和相似行为模型是一种基于贝叶斯推理逻辑的统计分析的常用术语。这是一种扩大受众范围，并找到表现出与已知顾客相同行为的人的投放方式。

在最简单的形式中，这涉及监视来到广告主网站的所有细分受众，这些顾客数据库是根据第三方数据公司的分类方法划分的。一旦确定了数据提供商分类标准中的索引较高的细分受众群，展示广告系列就可以将其明确定向。

 案例研究

**通过数据提高广告系列效果——VisualDNA 和 PistonHeads.com**

PistonHeads 这个广告发布商拥有自己的受众群体数据，但借助第三方供应商 VisualDNA 丰富其数据，就改进了正在其网站上投放的广告系列的效果。

## 方法

为了通过丰富自己的数据来增强自身个性化策略并覆盖互补的细分市场，PistonHeads.com（发布商）决定与第三方（VisualDNA）一起尝试丰富的数据和动态细分机会。VisualDNA 是心理受众数据的提供者，其分析平台可以帮助 PistonHeads.com 了解自己的受众并扩大覆盖范围。为这次测试选择的广告是 Magnite Finance 的销售线索开发。Magnite Finance 是一家为高端汽车提供定制资金的英国专家公司。

PistonHeads.com 将 Magnitude Finance 广告系列的第一个月分为两个流程：第一个流程使用标准的垂直定向，第二个流程覆盖 VisualDNA 的细分市场。通过使用控制单元（标准垂直定向），此拆分方法使发布者可以了解测试与标准方法相比是如何工作的。

PistonHeads.com 的 Lee Williams 回忆说："细分市场是由令人印象深刻的严格的方法支持的，我们真的可以看到我们现有的细分在数据中得以实现。我们的编辑、社区经理和销售团队都认为，这些细分市场与我们在网站上定性认识的人之间有着密切的联系。"

## 结果

结果令人吃惊：标准细分的平均 CTR 仅为 0.14%，但覆盖了 VisualDNA 细分的 CTR 达到 1.15%，上升了 800%。该广告系列为 Magnite Finance 制作了数百个合格的潜在用户广告，推动了高转化率。

该示例不仅证明了细分功能非常强大，数据本身对于任何企业都是宝贵的工具，还证明了通过战术性的"测试与学习"，对广告实施持续改进的计划会使效果随着时间的推移而提高。

# 10 展示广告和程序化定向目标市场

## 展示广告系列度量

与所有数字渠道一样,展示广告具有多种度量标准和方法,用于度量广告系列的投放、创意效果,以及针对目标的效果。最近也可以度量展示广告如何影响其他渠道并与之互动。同时展示广告也被广泛批评为度量最易出错的数字渠道。

度量任何数字活动时,最重要的规则是通过提供有关广告的相关见解来确保指标符合摘要。例如,如果广告主正在使用展示广告来提高其在特定人群中的知名度,那么度量目标受众的渗透率将是比响应类的度量(如点击率)更合适的关键绩效指标。

一个经常被忽视的事实是,展示广告在投放标准横幅广告时,与其广告牌和印刷媒体相比,数字化展示广告相互之间的共同点更多——大多数数字广告都是从用户那里获得响应和/或对用户的行为做出反应的。例如付费搜索,它既响应了用户的查询,又用于获得该用户的点击。另一方面,展示广告为数字广告主提供了主动瞄准人群的能力,广告的位置和投放量由广告主控制。

展示广告系列的目标以及度量实际上被看作出现在连续营销活动中的许多点上,以尽可能多地将网站用户转化为顾客。不同种类的展示广告系列在这个连续体的不同点上运行,因此,广告系列具有不同的目标和度量。

告知型广告的任务是让新的潜在顾客了解产品或服务,最好用目标受众的渗透率来度量,而不是广告点击量。点击量作为一个辅助指标,有助于返回反馈关于谁是参与的用户以及在哪里可以在线找到他们的信息,从而为广告增加洞察力。更进一步,当网站用户即将转化为顾客时,广告主可能正在运行一个再营销广告,在这种广告中,点击作为度量广告绩效的一种方式具有更大的价值。

展示广告与其他数字形式共享一些度量标准，最普遍的度量形式和展示广告中的度量标准概述如下：

- 展示后/查看后事件，也被称为"浏览后转化"。这是对用户接触展示广告后发生的所有转化事件（销售、访问、注册等）的度量。这种活动可以被广告服务器、需求方平台或一些分析软件包跟踪。这是展示广告最通用的一种测量方法，因为它可以解释展示广告在将来影响用户时所产生的"光环效应"。这种形式的测量也有助于比较不同的广告活动。

- 点击后行为，也被称为"点击转化"。这是对用户点击展示广告后直接发生的所有事情的度量。评估点击后活动可以提供有关特定展示位置相对于其他展示位置的效果的有价值的见解，用以度量广告主的品牌、创意或信息强度。

- 搜索提升。在多渠道数字世界中，了解一个渠道对另一个渠道的影响很重要。在数据驱动归因的复杂世界之外，跨渠道活动的测量变得更加难以精确测量，但可以提供洞察力。观察展示活动开始后搜索量的增加是一个有价值的指标，表明展示广告正在对广告主的目标受众产生影响。

- 站内流量提升。与度量搜索量的增长一样，直接站点流量的增加也是度量展示有效性的一种适用方法。在度量展示广告的间接效果时，如果没有归因模型，那么最困难之处在展示广告开始到看到间接效果之间的延迟。这在很大程度上取决于产品的类型以及人们的考虑和需求如何变化。对比鲜明的例子如：与快消品（FMCG）行业相比，汽车

## 10 展示广告和程序化定向目标市场

行业的购买频率和选择产品所需的考虑时间就显著不同。因此,针对牙膏的广告系列的效果将比汽车制造商更快地看到间接效果。重要的是,站点流量的增加可以集中在特定的操作上,比如增加某些区域的流量或者增加销售线索开发表单。这一度量标准也可以被精细化分析——与回头客相比,新访客的增加是确保广告活动带来增量业务的一个非常有力的方法。每位新访客的成本也是一个常见的指标。

- 品牌提升/回忆调查。当广告系列以提高特定的品牌知名度为目标时,判断成功与否的一种方法是进行一次调查,询问用户是否能回忆起刚刚完成广告活动的品牌或产品。活动的方法是一个简单的控制/暴露试验,它询问控制组和暴露组(收到广告的用户)是否知道或能够回忆起品牌和产品。暴露组和控制组的正面回忆的数量之间的差异可以作为度量广告成功与否的一个指标。这种形式的度量需要从广告策划开始考虑,因为必须创建一个控制组的用户。为了比较和对比,展示广告要远离负面定向。对于那些除传递信息外没有任何目标的广告主来说,这是非常有用的,如政府机构,其需要确保信息被看到。

- 点击率(CTR)。点击率是点击广告的用户占已被投放展示广告的所有用户的百分比。展示的性质意味着 CTR 在单独使用时是一个潜在的危险指标。有大量的点击是由用户在无意中做出的。从广告主的角度来看,对网站质量的一个判断是确保在网页上的广告与网页内容的间距不会太近,这是触摸屏技术的一个潜在问题。因此,尽管希望通过一个广告来产生点击量,但仍需要考虑其他更全面的指标。

- 参与度。在展示广告中,广告参与度指标常用来度量用户如何与广告单元互动。因此,作为广告参与度的实际事件因广告类型而异。参与度指标与富媒体相关,例如,在可扩展横幅广告中,用户展开广告可算作参与。对于点击播放视频横幅广告,播放视频的用户将被视为参与。

- ❑ 格式特定指标。随着富媒体展示格式变得越来越复杂和功能化,可测量动作的数量也随之增加。移动广告就是一个典型的例子,因为许多广告单元都可以利用广告单元内设备的功能。因此,通话、社交分享、使用设备的定位服务寻找最近的商店或供应商,都是用户参与度的可度量结果。在平板电脑和桌面电脑中,富媒体的功能可以更进一步。汽车制造商通常有汽车配置工具供用户选择新车的颜色、内饰、发动机和选装件。他们还可以选择下载宣传册或预订试驾,这些都是除了标准的展示广告指标外可以度量的行动。

- ❑ 广告支出回报率(ROAS)。此指标可以广泛用于查看展示广告支出的效果。这一指标与投资回报率的计算十分相似,但它关注的是一项广告系列或一项广告系列的一部分所产生的总收入,而不是所产生的利润。ROAS 和 ROI 都是十分有用的工具,因为它们很容易被许多顾客利益相关者理解,结合使用可了解广告策略的有效性。

- ❑ 视频完成率。在投放带有插播视频或横幅视频的广告系列时,广告服务器将提供有关用户播放视频时间长度的报告数据。通常,广告主关心的是启动播放的数量,然后是视频结束前的四分位——也就是说,报告通常会详细说明启动的播放数量(也称为观看量),以及达到广告视频长度的 25%、50% 和 75% 的播放量。最重要的指标是完成了多少次播放。完成观看表示为浏览率(VTR),也称为完成率,用百分比表示,与其他数字媒体中的点击率代表的意义完全相同。

## 展示广告和程序化定向目标市场

- 视频：每次播放费用（CPCV）。每完成一次观看的费用表示视频展示广告系列的有效投放情况。在跨越不同的展示位置、发布商和不同类型的视频广告（视频内、横幅内和可跳过格式）建立价值方面，它非常有效，因为它度量了整个媒体的共同作用。

- 可见度。可见度是展示广告的一项新指标。对于每个已投放的广告展示，可见率（或可见展现次数）以某广告展示的次数占广告系列或展示位置中所有已投放广告的百分比计算。这个概念很简单，对广告的有效性至关重要——可度量一个单独的广告是否出现在用户的屏幕上。事实上，所有的网页都比它们在屏幕上看到的要长，而且通常广告的功能一直延伸到整个网页。因此，如果用户没有读完一篇文章，那么页面下部的广告将不会被看到，也不会计入所提供的浏览效果中。一次可见展示的定义是，至少75%的广告面积必须在用户的屏幕上展示至少一秒钟，这是由美国互动广告局（IAB）和媒体评级委员会（MRC）给出的定义。然而，计算这一点的方法因供应商而异，而广告的结果在不同的供应商之间可能有很大的差异。可见性确实有助于提供更有效的广告，以及突出网站上无效的位置。后一点使发布者可以删除不良的展示位置，从而获得更好的网页，并对剩余的展示位置产生更大的影响。

审查广告系列数据的一个关键因素是确保广告符合最初的要求。如果广告的重点是伦敦市中心，那么在报告中就需要证实这一点。除此之外，重要的是要了解全局，这就是归因建模可以提供帮助的地方。现在可以使用跟踪技术来查看跨数字渠道的绩效。有关跟踪和度量的更多信息，请参见第19章。

 **本章小结**

展示广告为营销人员提供了一种多功能工具,可涵盖从告知到宣传和升级销售的整个购买周期。为了理解这一点,我们介绍了展示类型、所涉及的技术、展示广告系列的一些常用方法以及如何有效地定向和度量。

**本章检查清单**

- ❑ 程序化广告;
- ❑ 展示广告的类型和格式;
- ❑ 广告投放中的关键技术;
- ❑ 展示广告系列的类型;
- ❑ 规划和定向程序化展示广告系列;
- ❑ 展示广告系列度量。

 **延伸阅读**

- ❑ 关于贝叶斯推理逻辑:

Stone, J V (2015) *Bayes' Rules*, Sebtel Press

# 量身定制社交
# 媒体策略 /11

## 本章内容概要

在本章中,我们将研究社交媒体。社交媒体是一个持续发展的渠道,自2005年前后被广泛采用以来,已经取得了长足的发展。我们将研究社交销售和网络,以及如何在这些渠道中差异化您的战略。我们也会研究社交广告与其度量。本章涉及的关键领域包括:

- 社交媒体的演变;
- 从何处开始;
- 社交媒体类型;
- 社交网络;
- 影响者(网红);
- 社交广告;
- 度量。

> **本章目标**
>
> 在本章结束时,您应该了解社交媒体以及有机与付费社交所代表的挑战和机遇;了解内容对您的战略有多重要,以及如何衡量渠道的成功;能够重视社交广告及其对搜索引擎优化的影响。

# 11 量身定制社交媒体策略

如今，社交媒体有点像个巨人一样无所不在，受人尊敬也受到同等程度的痛惜，并且最常见的情况是人们经常对之产生误解。社交媒体通常被定义为允许用户创建和分享内容或参与社交网络的任何网站或应用程序。然而，当人们想到社交媒体时，他们通常只想到知名的社交网络（Facebook、Twitter、YouTube等）——这些其实只是一个大得多的渠道的一小部分。

虽然广义上的社交媒体也包括即时通信，但我们将在第12章中对此进行介绍，在此不再重点讨论。但是，值得注意的是，社交即时通信的使用量已经超过了社交网络。

## 社交媒体的演变

您的顾客，无论他们是谁或身处何处，都可能使用社交媒体。根据Internet World Stats 2017年12月的统计，全球约有41亿互联网用户（约占人口的55%），而根据Statista的数据，其中25亿人在使用社交媒体，接近所有互联网用户的三分之二。自从这本书的第1版出版以来，这些数字已经显著增长，当时有30亿互联网用户和20亿社交媒体用户。这表明了这一渠道的持续增长，尽管我们现在看到成熟国家已经开始出现停滞。参与到社交媒体中的首要原因是您要出现在顾客所在之处，就像假设您拥有一家连锁商店，而市内一个全新的购物中心开业，吸引了大量的人群，您可能也会选择在那里开一家新店一样。

您的受众肯定是"基于社交的"，这一无可辩驳的事实是一个相当令人信服的原因，但如果您需要进一步说服上级主管（或者，更可能的是，您需要说服董事会），还需要其他理由。

## 社交渗透

如上所述,在全球范围内,社交活动规模很大。然而,如果您是一个北美或欧洲的读者,您可能会惊讶地发现,到目前为止,最大的社交用户群在亚洲,社交媒体渗透率最高的是中东。techinasia.com 的史蒂芬·米尔沃德说,据估计,2013 年中国社交媒体用户数量为 5.97 亿,中国前十大网站的用户数为 32 亿(Millward,2013)。根据"我们是社会人"(We Are Social)和 Hootsuite 2018 年数字年鉴,渗透率最高的前五个地区是卡塔尔(99%)、阿拉伯联合酋长国(99%)、科威特(98%)、百慕大(98%)和巴林(98%)。这对迄今为止一直专注于欧洲和美国社交网络的全球企业来说是重大的挑战和机遇。

## 社交与移动设备

社交网络是十分容易触及的,事实上,它是公共汽车/火车旅行的绝佳时间杀手(或者某位青少年的"家庭时间")。因此,社交媒体非常适合移动设备,移动设备本身也处于相应的上升期。同样重要的是要认识到,绝大多数社交媒体用户都是通过移动 App,而不是通过台式机或笔记本计算机参与进来的。根据 We Are Social 的数据,目前 52% 的互联网流量来自移动设备,而 Facebook 超过 95% 的流量是在移动设备或平板电脑上,这些数字在大多数社交网络中都是相似的。移动和社交有着内在的联系,理解这一点至关重要(Brandt,2015)。

# 从何处开始

正如我们在本书中所讨论的,您在社交媒体上的目标,和其他任何渠道一样,必须与您的整体战略相一致。对社交媒体的具体考虑可能是:您对这

## 11 量身定制社交媒体策略

个渠道的高层目标是什么？您的语气应该是什么？您将如何参与？您将如何回应？用什么语言？在什么时区？

所有这些问题都很重要，但是在制定社交媒体策略之初，最重要的一件事就是从倾听开始。如果您想真正了解人们在说什么，以及他们对不同内容或信息的反应，Brandwatch、Salesforce Marketing Cloud、Hootsuite 和 Keyhole 等社交媒体监控工具是必不可少的。

在倾听和学习之后，您就可以决定您想要塑造的形象以及在社交媒体上要做的事情。正确地建立自己的社交个性至关重要，它应该反映出您的顾客，同时也与您的品牌一致。

社交个性是一个用来定义您在社交网络上如何表现自己的术语。您的社交个性应该与您的品牌个性完全一致，您的品牌就是您的个性，就像您不会期望您的朋友根据所在位置而拥有不同的个性一样，您也不会期望一家公司在不同的渠道上具有不同的个性。许多企业试图适应渠道，而不是使渠道适应其企业，这是错误的。我们在第 3 章介绍了品牌，这里有必要回顾一下。

以下 10 点建议可以帮助您准备您的社交策略或重新审视您现有的情况：

（1）您的目标是什么？

成长、知名度、销售、声誉管理、顾客服务、思想领导力、触达新受众？

（2）您的受众是谁？

年轻的还是年长的？是男性还是女性？是专业人士还是普通个人？活泼还是严肃？

（3）您的受众在哪？

Instagram、Twitter、Forums、Facebook、Snapchat、Pinterest？通过手机还是通过台式机？在办公室，在家还是在户外？

（4）您的受众何时在线？

工作时间？晚上？通勤时间？当他们休息的时候？当他们工作的时候？

当他们和朋友在一起或独自一人的时候？

（5）您的竞争对手在做什么？

与任何策略一样，您必须了解形势，了解竞争对手的存在和他们的策略。他们在使用哪些渠道？他们在讨论什么？他们在哪里实现接触？使用倾听工具可以更好地理解他们的计划。

（6）您的内容策略是什么？

您的整体内容策略是什么？如何融入社交媒体？您如何为每个网络提供不同的内容？更多相关信息请参见第 14 章。

（7）策展如何？

除创作外，您还可以通过分享其他与您的受众相关的内容，成为一个吸引人的中心。这也会帮助您与其他公司或个人建立关系。您要分享什么，多久分享一次，从谁那里分享？您是否有可以利用的现有合作伙伴？

（8）您如何产出这些内容？

您有必要的资源吗？您是否具备为社交网络优化设计和书写内容的技能？更多信息请参见第 14 章。

（9）您将如何管理这些渠道？

您还应该考虑审核与管理问题。您将需要管理个人资料照片、封面、联系方式、收到的消息、投诉、疑问等。如果要规模经营，则意味着人员和流程必须健全。

（10）建立您的成功指标。

您已经设定了目标，但现在您必须知道成功是什么样子的。您将采取哪些度量？目标是什么？我们将在本章后面介绍如何度量。

# 量身定制社交媒体策略

## 社交媒体类型

要真正理解社交媒体,您需要了解众多不同的类型,但恐怕这并不像看起来那样容易。市面上有成千上万的社交网站、应用程序和平台,对它们进行分类是非常困难的。再加上每天可能会有 10 个新的社交网站/应用程序被创建出来,而今天流行的平台或许明天就被废弃了。所以在本节中,我们将介绍社交媒体的主要类型。

### 社交网络

当大多数人想到社交网站时,他们想到的是 Facebook 这样的网站,它允许用户发布大多数形式的媒体,并与一群亲密的朋友分享,或者,如果他们愿意的话,还可以与全世界的人分享。通常,这些类型的网站会被归类为"社交网络",但其实应在更广泛的意义上使用该术语。一些社交网络会鼓励面对面的互动,比如 Meetup 网站(www.meetup.com)就是一个例子,还有无数的交友约会软件也是如此。如果您的企业在这些市场中运作,那么您可以调查潜在的机会,比如广告,甚至赞助活动,这些机会可以是在线的,也可以是线下的。

对于您的数字策略,这些网络可以提供重要的提升品牌知名度和直接转化的机会。例如,Facebook 提供付费广告、公司网页和绩效分析呈现见解的报告。就机会而言,这些网络可能是最宽泛的。因此,在本章后面,我们将更详细地研究一些领先的平台。

### 博客和微博

博客非常流行。但是,绝大多数人的博客并没有受到追捧。虽然有些博客作者拥有成千上万的追随者，但大多数人的博客只是面向亲朋好友的小型业余爱好网站而已。博客的激增是由于建立博客的门槛较低。Blogger 和 Wordpress 等博客平台非常受欢迎，大多数域名注册公司都很乐意您将购买的域名与博客捆绑在一起。有些现象级博客网站，如 Huffington Post，尽管流量显著下降，但每月仍有数以千万计的访问量，但与每月持续发送数亿条推文的最大的微博平台 Twitter（在撰写本文时，Twitter 拥有 3.3 亿活跃用户）相比，这些博客显得微不足道（Twitter Q3，2017）。

当然，使用这两者时有不同的目的，需要营销人员进行不同的考虑。Twitter 非常适合发布简洁的信息，并且确实可以从顾客那里接收这些信息。博客允许更详细的考虑，因此可以对潜在顾客施以更大的营销力度。对技术的正面评论，如在 Tech Radar 或 Pocket-Lint 上的正面评论，可以对销售产生重大影响。博客可以为那些拥有丰富内容以供分享的组织，以及有合适的产品和服务能够在高度相关的博客网站上进行促销的组织，提供了机会。像 Twitter 和新浪微博这样的微博可以为广告提供大量机会，这些广告的受众是那些时间有限、寻找有趣内容来分享和吸收的人群。当然，您也可以在 Twitter 上分享您的博客——不必非此即彼。

## 媒体分享

市面上已有许多专注于视觉媒体的社交平台，其中最普遍的是视频分享网站 YouTube。在这里，我们还可以囊括进来一些照片或图像的分享网站，如 Flickr。您可能会说 Pinterest 和 Instagram 也属于这一类。但是，Instagram 本身已发展成社交网络，Pinterest 有时被归类为书签网站。这种媒体分享平台适合于媒体和时尚等领域的一些企业，可以制作适合视觉媒体的广告。然而，视觉的吸引力并不局限于这些特定的平台。跨社交媒体的视觉内容普遍更具吸引力。图片、信息图表和视频在所有平台上的参与度都比纯文本高，因此这必须作为您策略的一部分。

 案例研究

Bloom & Wild

**背景**

Bloom & Wild 是一家鲜花递送公司，希望吸引更多的受众光顾其刚刚起步的业务。作为一家提供具有极佳视觉吸引力的产品的公司，很明显，Instagram 可以带来一些好处，因此该公司决定在 Instagram 推广其业务。

**战略**

Bloom & Wild 当时是一家年轻的公司，没有大型公司的预算。因此，为了充分利用预算，该公司使用其现有的电子邮件列表来定位 Instagram 上的相似受众。为此，它使用了 Facebook 的 Power Editor。经过一些初步测试得出视频广告的转化率最高的结论。于是，该公司优化了针对视频内容的广告系列。

**结果**

这项活动的结果是，Bloom & Wild 的花束订单增加了 62%，并且在其 Instagram 主页进行评论的新顾客也显著增加。

**主要经验**

该案例是一个很好的例子，说明无论预算或资源规模如何，您都可以使用现有数据、智能定向和测试—学习原则来取得巨大成功。

## 职业社交网络

顾名思义，职业社交网络站点主要用于商业或学术领域。LinkedIn（领英）是最广为人知的，并且已经取代了 rolodex 名片的职业社交网站。其巨大的好处是，LinkedIn 的联系人可以保持最新状态，而不必考虑一个人可能转换工作的数量。其拥有 3.5 亿注册用户，这也是招聘者的梦想，并且可能在无意中有助于激励员工。因此，这对于建立数字团队甚至外包您的代理机构很有用。这是一个非常强大的空间，可将您的品牌定位为思想领袖，并使您的员工能够在提升您的品牌过程中获得自己的利益。我们将在本章后面讨论 LinkedIn。此类别中还有许多文档分享站点，如 Slideshare，它对于发布更正式的内容和研究机会很有用。这可以在您的内容策略中起作用（请参阅第 14 章）。在此，机会在于不仅可以吸引新员工，还可向其他专业人员传播内容。这在 B2B 领域中尤其有利，因为在 B2B 领域中，成为一位思想领袖并获得信任对于成功至关重要。

## 评论和评分

评论和评分网站可以满足人类最基本的需求——同行认可。我们不希望在购买商品和服务时犯错误，因此，同行评论一直很重要。借助众多的评论网站和平台，互联网使我们能够在全球范围内扩展"同行"。TripAdvisor 是最著名的评论网站之一，涵盖了 730 万个住宿点和景点，在 49 个市场开展业务，拥有超过 5.7 亿条评论。

消费者评论的力量鼓励品牌为顾客提供实时评论其产品／服务的能力，已有的诸如 Trustpilot 和 Reevoo 之类的第三方平台可以满足这一需求。实际上，几乎每个行业现在都有几个这样的评论网站，并且大多数主要玩家已进入该领域。您可以对从电影到水管工、从电视到酒店的所有事物进行评分。

## 论坛

论坛通常被认为有点儿过时，一些年轻的社交媒体专业人士可能会质疑

量身定制社交媒体策略

它们是否应被纳入其中。然而，仍然存在许多高度活跃的论坛，尽管这些论坛通常是一个更大的网站的一部分。两个很好的例子是 Netmums（不要和 Mumsnet 混淆）和 PistonHeads。虽然前者关注的是汽车，后者关注的是婴儿，但重要的是不要把论坛搞得千篇一律，如图 11.1 和图 11.2 所示的两个帖子。

**Figure 11.1** Forum post Example 1

**exhaust making rattling noises**

Hi, When i am driving i can hear a rattling noise which i assume is the exhaust. It does not start off like that, only sometimes. The exhaust does not feel wobbly. It seems to be when i am braking or slowing down. Is it likely to just drop off or could it be something else? I get it serviced every year and it was only done in Sept 07. Could it be that or someting else? Any ideas????

thanks,

图 11.1　论坛帖子案例 1[①]

**Figure 11.2** Forum post Example 2

| Author | Discussion |
| --- | --- |
| | quote　quote all　　　　　　　　　　　　　　　　[news] [report] |
| Original Poster◀<br>243 posts<br>97 months | With my 11 week old daugher consuming all my spare time, I am not training anywhere as much as I would like. This has led me to consider ways in which I can train with her (when she is a little older). Has anyone used a running pram before, and if so what are your thoughts/recommendations?<br><br>Initial thought is that it will be strange running with my arms out rather than swinging to my side but I am sure you get used to that?<br><br>Also I'm 6'3" – is there plenty of space to swing my long legs?<br><br>Thanks PH! |

图 11.2　论坛帖子案例 2[②]

---

[①] 图 11.1 大意为：嗨，当我开车时，我总会听到嘶哑的声音，我认为那是排气。它一发动就这样，只是有时。排气口不会晃动。好像是我刹车或减速时才响。它看起来像是要掉下来似的。我每年都对其进行维修，并且最近一次在 9 月 7 日才完成。这是为什么？有任何想法吗？谢谢。

[②] 图 11.2 大意为：我 11 周大的女儿正在消耗我的所有业余时间，所以我总是无法达到自己想要的训练程度。这使我考虑与她一起训练的方法（当她大一点的时候）。以前有没有人推着婴儿车跑过步？如果有的话，您有什么想法/建议？
最初的想法是，推着婴儿车跑步要伸出手臂而不是来回摆动会很奇怪，但是我想我会渐渐习惯。
另外我有 6 英尺 3 英寸（约 1.9 米）高，有足够的空间抬腿么？谢谢！

也许令人惊讶的是，示例1（见图11.1）来自Netmums，示例2（见图11.2）来自PistonHeads。这表明论坛虽然主要是一群志趣相投的人的集合，但这些人也可能会偏离论坛的主题。

其中一些论坛（如Ask.fm）采用匿名讨论和提问，这对于一些您根本不想附加到个人信息上的问题的讨论很有用。

如果您可以为对话增添真正的价值，那么这些论坛将为您的企业提供直接与顾客或潜在顾客互动的机会。然而，不顾他人的感受将广告插入对话之中，将导致负面的品牌情绪，并有可能导致被禁止进入论坛甚至造成负面的公共关系。如果没有这些问题，那么论坛可以是监控整体品牌情绪并了解任何顾虑或投诉的好方法。

## 共享经济

共享经济不仅是一种新型的社交媒体形式，更是消费者行为的一种转变，但在这里值得一提。

AirBnB、Uber和Taskrabbit等网站是众所周知的，还有许多其他功能的网站可让您租用无人使用的停车位，找人溜狗，甚至交换衣服。

这些站点通过将有需求的人们与能够满足需求的人们联系起来运作，无须中介：这便是互联网的强大。虽然您在这里可能没有直接的业务机会，但是这至少可以对我们在企业社交空间中的创造有所启发。

## 社交网络

### Facebook：21亿用户

Facebook当然是最著名的社交网络。通过一部有关其创建历史的电影，

# 量身定制社交媒体策略

可以了解到其拥有者是世界上最富有的人之一。其在头几年的增长令人难以置信。Facebook确实在某种意义上定义了这一类渠道,其受众年龄比Snapchat等平台的平均年龄要大,但18～34岁的用户仍然占60%。

Facebook已越来越多地致力于通过该平台获利。现在,与大多数社交平台一样,企业仅通过自然发帖很难达到大范围覆盖。付费广告非常简单,可以非常有效地针对广泛的受众特征和兴趣投放广告。由于Instagram也归Facebook所有,因此您可以在两个渠道上同时投放广告。您还可以创建页面来促进您的业务,通过发展强大的目的地网页为顾客提供服务。除此之外,受众群体网络(audience network)还有机会超越Facebook覆盖您的目标受众。

对于您的Facebook策略,重要的是要想到这个平台上的个人是来与家人和朋友分享故事的,这不是一个商业目的地,因此您的消息和内容必须符合这种需要状态,Facebook Insights有助于引导这一内容战略。Facebook是B2C领域企业的重要渠道。

## Instagram:8亿用户

近年来,Instagram出现了巨大的增长。正如上面提到的,它属于Facebook,但只聚焦于纯粹的视觉内容。Instagram上的领先品牌花时间创建漂亮的照片墙,定期进行内容促销并仅使用高分辨率图像。Instagram上观看次数最多的故事有三分之一来自企业,很明显机会是巨大的。实际上,Instagram用户在购物时比以往更容易受到品牌的影响。

您还应该考虑将Instagram策略与您的实体品牌联系在一起。事件营销和品牌体验是充实您的Instagram墙的绝佳机会。您还可以创建故事,故事功能最初出现在Snapchat上,但此后已在许多平台上推广。故事使您有机会突显当前生活中最重要的事物,并以非常真实的意义发挥及时雨的作用。

目前,您还无法将链接添加到帖子中,但我希望这种情况会有所改变。

因此，您现在的个人资料至关重要。Instagram 是 B2C 和 B2B 业务的重要渠道，可以真实地传递视觉故事。

## YouTube：15 亿用户

YouTube 现在是世界上最大的视频平台之一，包括电视网络、电影制作公司和流媒体服务。其中蕴含的潜力是巨大的，而其被 Google 拥有的事实也为您提供了巨大的搜索营销机会，因此您只需花费最小的力气。

YouTube 的发展得益于它的简单性和及时性。随着智能手机的视频捕捉变得更加容易，YouTube 成为分享视频片段的好去处。社交网络现在一般都有本地视频服务，但 YouTube 却丝毫没有失去它的必要性。有趣的动物视频当然在成长过程中起到了一定的作用，但现在您可以通过 YouTube 学习做任何事情。视频博主（vloggers）在数量和特异性方面继续增长，这就是机会所在。从视频中学习比从书面手册中学习要容易得多。无论是学习换灯泡，或学习一种语言，还是玩电子游戏，"如何"类视频都变得非常流行。来自受信任的视频博主的产品评论仍然很受欢迎，任何类型的娱乐也一样。直播视频也是 Facebook 和其他渠道的一项重要功能。

YouTube 对每个企业都很重要，您应该考虑您的战略是什么。请务必考虑。

## Twitter：3.3 亿用户

Twitter 在 21 世纪 10 年代末一直在努力实现增长，但它未能像其他社交网络那样实现盈利。它仍然是社交空间中至关重要的渠道，作为微博的有效发明者和标签的创造者，它保留了自己的空间。Twitter 在很大程度上是一个实时平台，因为人们会在它上面寻找当时真实的新闻和快讯。我最喜欢的名人今天在做什么？今天的新闻标题是什么？社交媒体的最新统计数据是什么？

## 量身定制社交媒体策略

因此，确实有机会通过定期发布来吸引大量关注者。在此，您的内容更新需要比其他渠道更频繁，您应该每天在 Twitter 发布几次，而不是像在其他平台受众能够接受 Facebook 每日一次或 LinkedIn 每周一次的更新频率。

这里的广告允许您向目标受众推广特定的推文或您的个人资料。但是，您应该知道，Twitter 上存在大量的虚假账户和个人的多个账户。培养您的粉丝来达到虚荣心指标的目标是很容易实现的，但这会损害您的社交策略，因为您的参与度会很低。Twitter 广告可以非常有效地推动用户及时参加体育和电视节目等活动。您可以利用 Insights 来了解您的成功和失败，从而改进您的策略，就像其他许多平台一样。

Twitter 必须被密切和小心地管理，它可能是获得广泛影响的重要机会。

### 新浪微博：3.76 亿用户

新浪微博于 2014 年成立，是专门针对中国受众的微博网站，用户多分布在沿海地区，或是白领。微博开始时有 140 个字符（与 Twitter 相同）的限制，但在 2016 年改为 2000 个字符，之后 Twitter 改为 280 个字符。事实证明，微博在中国非常成功。网络鼓励了大量名人使用微博，大量微博原创内容也在网上疯传。

微博提供赞助帖子、微博任务（通过其他账户进行扩充付费）和粉丝通——极具针对性的广告。如果把中国视为您的一个市场，您应该考虑选择微博。

### LinkedIn：2.6 亿用户

LinkedIn 是建立时间最长的社交网络之一。长期以来，它一直是职业人士的有用资源，现在是世界上最受欢迎的招聘网站之一。近年来，它使更多的网络和内容分享成为可能，这大大提高了参与度。

LinkedIn 自 2016 年出售给 Microsoft 以后，开始更大幅地获利，并开辟了范围更广的业务。在此期间，它还改善了社交销售工具。LinkedIn 的 Sales Navigator 是一个强大的工具，可用于定位个人，及时了解潜在顾客和公司的变化并吸引潜在顾客开始销售过程。

LinkedIn 可以在目标个人的新闻提要中提供赞助内容，这在大多数社交网络中很常见。它还提供了一个销售线索开发工具，使公司能够通过 LinkedIn 托管的表单直接获得销售线索。预计 LinkedIn 将继续开发营销工具和机会，因为微软仍在继续其盈利战略。

如果职业人士是您成功的关键，或者您在 B2B 领域中运营，那么 LinkedIn 是一个越来越重要的渠道。

## 社交销售

销售一直致力于发展关系以提高转化率。这可能是从打个电话、拜访或介绍开始的，但现在则从内容开始。这些内容可以由销售人员发布，然后销售人员可以针对特定的个人进行分享，并随着时间的推移在社交渠道上发展关系。这意味着，当时机成熟时，那个人只需要一个数字化链接就可以了。在关系足够密切的情况下，这些关系还可能会移至线下，即使不足以向线下发展，它们本身也十分强大。销售人员还可以使用大量的工具，在目标行业的公司或特定地点的特定规模的公司找到特定的人员。

有关社交销售的更多信息，请参阅蒂姆·休斯（Tim Hughes）和马特·雷诺兹（Matt Reynolds）的著作 *Social Selling:Techniques to influence buyers and changemakers*。

# 11 量身定制社交媒体策略

## Snapchat：2.55亿用户

Snapchat在其发布的最初几个月就有了巨大的增长。它一直被年轻观众所接受，用户比其他任何网络都要多，因此它非常注重年轻人。它发明了一些非常受欢迎的故事功能，但很快就被其他网络复制了。自首次公开募股（IPO）以来，很明显，Snapchat虽然被大量采用，但由于其产品大多被大型网络复制，增长率一直举步维艰。如果青年营销是您的重点之一，那么您当然应该使用Snapchat的广告媒介。Snapchat有许多创新机会，并在持续成为一家创新型公司。

其他值得考虑的重要渠道包括Pinterest、Tumblr、Flickr、Meetup、Ask.fm、QZone和Reddit等。

除了每个渠道的这些独特元素之外，重要的是我们要认识到每个社交网络都是不同的。用户的受众特征不同，帖子变得更有效的时间不同，帖子的类型也不同。这些趋势一直在变化，所以我们不能把它们写在一本书中，但是您应该研究和理解它们的差异，这样您才能相应地区分您的内容。您不能简单地跨所有渠道复制内容，因为它不会在任何地方都有效。

## 内容

内容策略将在第14章中介绍，这里作为一个开头。但是，在社交媒体有一些特定的考虑因素，视频就是其中之一。

视频仍然是一个非常吸引人的渠道。YouTube和我们已经提到的大多数本地视频网络都支持这一内容。除此之外，您应该考虑视频直播。这是一个发展迅速的领域，实时评论、事件营销、旅游和新闻的潜力是巨大的。您必须仔细考虑这些，并确保您真正有一个故事要讲，因为实时评论需要严格控制，如果没有有效的计划，可能会出可怕的错误。360度全景视频就是一个强大和令人兴奋的体验，可以通过社交渠道提供。当然，也请考虑垂直视频。传统上，视频是水平录制的，而社交视频则是通过手机的垂直屏幕来录制的。网络在持续优化垂直视频，您应该把这一点纳入您的计划。

前面我们提到视觉内容在社交媒体上的吸引力更大，因此您应该围绕精美图像、信息图表和产品照片来构建策略，这些都有助于讲述您的故事，并提供情感上的联系。

增强现实和虚拟现实也是强大的机会，甚至滤镜（现在在社交媒体个人资料照片上很常见）也是一种增强现实。Pokemon Go 热潮和其他类似应用程序也是经典示例。应用程序每周都在更新，您可以寻找适合自己品牌的机会。

最后，如上所述，考虑故事。这些可以在 Snapchat、Instagram 和 Facebook 上找到。除标准内容策略外，您可能还需要考虑一种"实时内容策略"，以确保您可以为此定期生成适时的内容。

## 社交发布

由于有大量的社交平台可供您使用（当然，也可供您的顾客使用），因此管理社交信息发布的工作相当艰巨。然而，与社交世界中的一切一样，当拥有众多社交发布平台时，我们被宠坏了。有时我们需要考虑 Hootsuite、sproutsocial 和 TweetDeck，这些平台与许多领先的社交网络相连（当然，TweetDeck 是针对 Twitter 的），并允许安排帖子发布、绩效监控和协作。

## 影响者（网红）

正如我们已经提到的，社交媒体最真实的意义在于社交。一个很好的例

## 量身定制社交媒体策略

子就是影响者（Influencers）。

影响者是指那些通过拥有大量追随者和受人尊重的意见来影响他人的人。与有影响力的人合作的品牌有可能与用户建立牢固的关系，进而扩大品牌及其产品或服务的影响力和声誉。

要找到有影响力的人，品牌只需通过搜索来识别他们。如果您发现一个人在您所从事的领域有大量的追随者，并且这些追随者对他的内容高度投入，那么您就找到了一个有影响力的人。影响者有不同的层次（见图11.3），较小、更有针对性的影响者有时被称为微影响者，但他们却往往是更成功的，即使听起来不那么迷人。

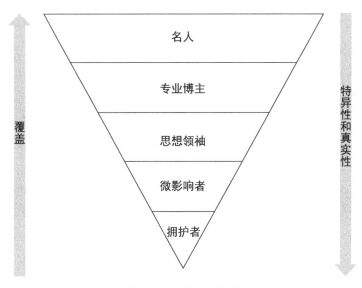

图 11.3 影响者类型

您必须考虑这样一个事实：在美国，影响者（或网红）营销被视为有偿代言，而且这很可能在不久的将来扩展到其他国家。

影响者营销的方法有三种，您应该将其全部考虑在内：

（1）通过有影响力的人进行营销。利用有影响力的人将您的产品推广到他们特定的受众。

（2）对影响者进行营销。这是将您的品牌推广给影响者的方法，目的是通过他们而不是他们的追随者来提高知名度。

（3）与影响者一起进行市场营销。把影响者变成倡导者，以便与他们建立更好的关系，甚至有可能降低您的成本。

影响者营销是许多企业社交战略的重要组成部分。

# 社交广告

2013年，Facebook迈出了勇敢的一步，将广告纳入新闻推送，这引起强烈抵制（无论是过去还是将来，对于所有重大的再设计都会出现这种情况），但这一次Facebook在商业上做得很好（由于这个平台非常普及，大多数说要离开这个平台的人都在沉默了一段时间后回来了）。

广告的位置和定位有所不同，这使得广告主可以根据他们目前的顾客群创建"看起来像"（look-a-like）的群体。更好的目标定向和更好的广告投放组合，给广告主带来了奇迹，当然，也为Facebook带来了利润。

不过，值得记住的是，社交广告不应该是您的直接响应式展示广告的复制品。社交广告绝对可以是一个直接回应的渠道，它确实非常适合某些垂直行业（如时尚）。然而，这个平台对于更具吸引力甚至是实验性的广告来说也很不错——想想那些让用户分享和倡导的内容，而不仅仅是"一个广告"。我们在上面的社交网络部分看到了一些具体的广告机会，这些机会还在继续发展。在制定战略时，您应确保了解这里的情况。

这里需要注意的一点是，这些平台已经慢慢地不再将有机品牌内容纳入新闻推送。这在很大程度上是因为用户更喜欢家庭和朋友的内容而不是品牌内容，但这也使得社交平台很好地实现了平台自身的商业目标。因此，现在有一

## 11 量身定制社交媒体策略

个付费的社交策略是至关重要的。有机触达已不再是过去的样子,因此,现在必须通过付费策略来扩大覆盖范围。

 **案例研究**

### 国家自行车公司(State Bicycle Company)

**背景**

国家自行车公司是亚利桑那州的一家自行车制造商。该公司的目标是利用 Facebook 让人们熟悉其品牌和愿景,以便在发布产品和事件营销时增加粉丝参与度,并促使 Facebook 粉丝从其网站购买。

**战略**

为了让人们熟悉公司,国家自行车公司首先创建了一个 Facebook 主页:这是任何业务的良好起点。从这里,该公司更新了其企业资料图片与公司的标志,并增加了一个封面照片的形象——一个新的固定齿轮自行车。

该公司随后在主页中添加了里程碑,以定义历史时刻,例如"国家自行车公司赢得沃尔帕克马拉松速成赛"。里程碑是突出公司历史和讲述故事的好方法。

该公司随后在 Facebook 上发布广告,以推动自行车销售。它能够使用一些特定的目标定向来测试某些喜好之间的相关性。例如,它使用了大类定向,包括 Arcade Fire、M83 和 Passion Pit,来测试与某些音乐领域的相关性。它还专注于竞争品牌和通用关键词,如 fixes、track bikes,并定向于居住在城市的人群投放广告,进行事件促销。

为了提高发布信息的参与度,该公司经常举办照片竞赛,每周举办一次名为"Facebook 星期五"的活动,专为那些在星期五看到其帖子的粉丝提供的折扣券为活动优惠之一，还有更多其他活动。它还通过赞助故事来推广这一点。

### 结果

这项经过深思熟虑的广泛战略的结果是有力的。现在，每年50万美元的增量销售额来自优惠券和Facebook独家提供的流量；国家自行车公司网站上12%的流量来自Facebook。与其他广告平台相比，Facebook的每次点击费用是其五分之一，该公司的粉丝群人数在12个月内增长了10倍。

### 主要经验

社交媒体的成功有赖于许多因素，而这家公司却有效地运用了这些因素。它开发出了聪明的内容创意，这些创意在本质上是及时的和病毒性的。内容通过赞助活动进行推广，数据被用来瞄准明显的地方以及更具创造性的选择。这种全面的策略总会给您带来最好的成功机会。

## 搜索引擎优化角度

关于社交媒体如何帮助自然搜索排名，人们已经写了很多文章。当然，我们不知道搜索引擎算法的全部细节，但与网站相关的社交参与和其搜索排名之间的确存在联系。也许讨论较少但非常中肯的是，社交媒体正越来越多地被用作挖掘工具，相当大比例的网络流量来自社交渠道的情况并不少见。

为什么？因为人们越来越多地使用社交过滤（即他们的朋友/关系人的推文和帖子）作为发现内容和品牌以及搜索引擎的手段。例如，2007年以来，在社交媒体呈爆炸式增长之前，大多数互联网用户都会搜索，主要是通过Google搜索。从那时起，社交媒体增加了我们每天与对方进行的互动，因此，我们现在对从社交网络上得到的建议和见解的兴趣远远超过从互联网广告中获得的建议和见解的兴趣（这也是影响者如此重要的原因）。我们的社交网络甚至可能包括品牌本身。这些建议和见解反过来可以引导我们的品牌意识和思考。

# 11 量身定制社交媒体策略

正如在第2章中提到的，数字营销是一个生态系统，我们在一个渠道上做的每件事都会影响到其他渠道，所以在您的社交策略中应考虑搜索引擎优化。您是否定期从社交网站链接到您的网站？您是否在为您的内容策略搜索关键词？您是否在社交渠道上最大限度地扩大人际关系，增加积极的影响？

## 度量

在考虑度量方法时，首先要回答的问题是：度量什么？重要的是要超越粉丝数量和浏览量来进行思考——虽然这些指标很有趣，但真正的价值在于参与的质量：

- 数量和覆盖率：销售线索接触点的数量和渗透率。
- 参与度和质量：与销售线索互动的质量。

### 度量数量和覆盖率

典型的数量/覆盖率指标是：

- 品牌声量：提及品牌和品牌产品的数量。
- 市场覆盖率：粉丝、推特关注者、订阅关注者的数量。
- Twitter 关注者：品牌在推特主页上的关注者数量。
- Facebook 粉丝：品牌在 Facebook 主页上的关注者数量。
- YouTube 观看次数：YouTube 视频观看量。

当然，您也可以将此方法推广到您/顾客活跃的其他平台上。

### 度量参与度和质量

典型的参与度和质量指标是：

- 品牌讨论：个人反复谈论某个品牌的次数，以及在主要社交网站上的评论和回复次数。
- 内容传播：衡量品牌在所有主要平台上如何与受众互动的总价值（以衡量一个或多个平台是否存在偏见）。
- Twitter 参与度：与品牌相关的帖子的分享或转发的数量。
- Facebook 参与度：与品牌相关的帖子或分享数。
- YouTube 参与度：品牌渠道中视频分享和订阅者的数量。
- 总体情绪：很高的数量或参与度不能反映一切，您还需要考虑情绪。10 万条评论听起来不错，但如果 99 000 条都是反对意见，您就可能有问题了。所有好的社交媒体监控工具都将有助于情绪衡量。

## 创建社交媒体看板

上述指标需要一些工作才能组合在一起。诸如 Brandwatch（或其他社交媒体监控工具）、Facebook Insights 和 Google Analytics（分析）之类的工具将有所帮助，但关键是要将所有这些数据黏合到对您的业务有意义的社交媒体看板上。

当然，这始于您的目标，如果您知道自己期望从社交中实现的目标，那么您就知道该度量什么。

## 数据

社交媒体的另一考虑因素是数据。21 世纪，在线数据泄露和隐私问题很多。新法规在全球范围内定期生效，许多法规专门针对大型高科技企业，尤其是社交媒体网站。随着时间的流逝，诸如通过兴趣定向个人并上传顾客数据以进行相似定向的方法可能会变得更具挑战性。

您还必须确保在最终确定计划之前，考虑来自顾客端的权限以及社交媒

11 量身定制社交媒体策略

体用户对网络的权限。如果在这方面犯了错误，可能会导致数亿美元的商业罚款或声誉损失，甚至产生更严重的后果。

 **本章小结**

本章着眼于社交媒体的演变及其在社会中的迅猛发展。我们研究了它如何适合您的数字策略，以及有机活动和付费活动所面临的一些挑战，我们还研究了社交媒体的不同类型以及每个社交网络的不同之处，并研究了从您的社交媒体活动以及广告和评估中收到的信号如何影响 SEO。

**本章检查清单**

- ☐ 社交媒体的演变；
- ☐ 从何处开始；
- ☐ 社交媒体类型；
- ☐ 社交网络；
- ☐ 影响者；
- ☐ 社交广告；
- ☐ 度量。

☐ 关于社交媒体营销：

Macarthy, A (2018) *500 Social Media Marketing Tips*, CreateSpace Independent

Publishing Platform

McDonald, J (2019) *The Social Media Marketing Workbook*, CreateSpace Independent Publishing Platform

# 参考文献

1. Brandt, M (2015) [accessed 1 November 2015] 80% of Twitter's Users are Mobile, Statista [Online] http://www.statista.com/chart/1520/number-of-monthly-active-twitter-Users

2. Millward, S (2013) [accessed 1 November 2015] Check Out the Numbers of China's Top 10 Social Media Sites, *TechInAsia*, 13/03 [Online] https://www.techinasia.com/2013-china-top-10-social-sites-infographic

# 12 营销自动化、即时通信和电子邮件营销——无名英雄

## 本章内容概要

本章着眼于电子邮件营销和即时通信。这些直接渠道在营销领域中变得越来越重要,因此我们将讨论其关键原理、有关数据的注意事项以及可用于帮助您的策略的平台。我们还将研究良好的电子邮件营销的外观,包括测试和度量。本章涵盖的关键领域有:

- 当今电子邮件营销;
- 电子邮件营销的"5T";
- 企业如何使用电子邮件营销;
- 账户管理与集中通信;
- 跟进;
- 法规;
- 平台;
- 即时通信与短信;
- 度量。

### 本章目标

在本章结束时,您应该对如何实施有效的电子邮件策略有一个清晰的认识,应该了解相关技术并了解需要关注的 KPI。

营销自动化、即时通信和电子邮件营销——无名英雄

## 当今电子邮件营销

许多公司现在不再把电子邮件看作一种营销工具,他们觉得电子邮件某种程度上是一种老新闻,并被"垃圾邮件"的名声所玷污。垃圾邮件最初指的是未经请求的电子邮件,现在用来描述任何不需要的或质量差的通信。由于现在个人或公司的电子邮件服务都使用过滤工具,因此我们当中很少有人完全知道网络实际向我们发送了多少垃圾邮件。近年来,工具和法规都有了进展,以帮助清理和部分解决此问题。2018年5月25日在欧洲实施的GDPR在数据准确性和权限方面有了显著改进,从而减少了消费者的垃圾邮件。如果实施得当,公司还应该看到其核心电子邮件指标有所改进。邮件数量可能有所下降,但参与度应该有所提高,而对于更有经验的营销人员来说,这一直是我们的目标。将大量邮件发送到参与度低的顾客群会形成垃圾邮件,使公司声誉受损,并产生潜在的与交付有关的技术问题,这会损害未来的战略。只有发送给真正感兴趣的人才会产生好的效果,并且对所有相关人员都更加有效。

> **GDPR**
>
> 作为2016年在欧洲生效并在2018年5月之前全面实施的GDPR的一部分,要确保您的组织只有在获得个人的特定允许的情况下,才可以将其数据用于营销目的。
>
> 除此之外,您还必须与您的顾客、潜在顾客或您希望与之交流的任何其他个人和组织进行沟通,说明您将收集哪些个人数据、如何收集、如何存储以及需要时如何删除他们的数据。意识到这一点至关重要,犯错的公司将面临高达全球年营业额4%或2000万欧元的罚款。
>
> 请注意,GDPR仅适用于欧洲或处理欧洲数据的组织。

**数字营销战略**——在线营销的整合方法（第 2 版）

除了垃圾邮件，现实情况是，只要正确使用电子邮件，电子邮件营销仍然是营销人员的武器库中极为宝贵的一项。许多人会抛弃电子邮件这个渠道，认为它已经被即时通信或短信所取代，但事实并非如此。与电子邮件相比，即时通信和短信更具私密性和侵入性，也更加及时，因此在使用方面有着截然不同的考虑。电子邮件通常在收到后的数小时或数天内生效，而直接消息往往适用于即时通信，例如顾客服务对话、报价、密码重置或新闻快讯。

一段时间以来，人们一直认为电子邮件营销的价值在下降，其中主要的推动因素是社交媒体的兴起。虽然很明显，社交工具已经取代了许多以前通过电子邮件进行交流的工具，无论是社交平台本身还是上述相关的即时通信应用程序，只要考虑到电子邮件对大多数组织来说仍然是实际的沟通方式，您就知道它的重要性了。电子邮件账户的数量仍在继续快速增长。根据 Statista（2018）统计，全球电子邮件账户数量从 2014 年的 41 亿增长到 2019 年的 56 亿，因此，我们可以预见，这个渠道不会在不久的将来消亡。

然而，需要注意的是，这里有一个代际因素。年轻一代比老一代更加依赖于即时通信，但是我们绝不能陷入以为年轻一代不使用电子邮件的陷阱。实际上，美国国家网络安全联盟和微软公司于 2017 年 9 月进行的一项研究（《与时俱进的 App》）发现，虽然 66% 的青少年使用 Snapchat，61% 的青少年使用 Facebook，但 75% 的用户仍在使用 Gmail。

同样值得注意的是，电子邮件一直是最有效的渠道，投资回报率（ROI）一直都很高。研究表明，大多数在策略范围内使用电子邮件的营销人员仍将电子邮件的 ROI 评为所有渠道中最好的。其以很小的传播成本帮助使用者直接接触到大量受众的机会当然非常有吸引力，而且直接在转化漏斗末端创建强大的行动号召力的能力是非常强大的。

## 营销自动化、即时通信和电子邮件营销——无名英雄

SEO、社交媒体和付费广告，或者其他吸引人的工具，专注于吸引新顾客并提高知名度，而电子邮件在维持和发展顾客关系中起着至关重要的作用。因此，电子邮件仍然是一种重要的沟通工具，也是营销组合的一部分，但只有当收件人收到的信息与其相关时，才可以使用。否则，退订量增加，品牌认知受到影响，整体营销效果就会下降。

因此，重要的是要思考好的电子邮件营销是什么样子的，是通过电子邮件营销平台自动或半自动发送电子邮件，还是手动向潜在顾客发送个人电子邮件。

## 电子邮件营销的"5T"

有效的电子邮件营销有许多因素，我认为这些因素是电子邮件成功的五大要素。

（1）定向（targeting）：通过这种沟通，您找到合适的人了吗？

（2）时机（timing）：在与顾客的关系中，您是否在一天、一周中的正确时间与顾客接触？

（3）模板（template）：设计是否经过优化？

（4）测试（testing）：您是否在学习？是否有评审数据？

（5）语气（tone）：内容有吸引力吗？

### 定向

好的电子邮件营销始于您拥有的数据库的质量。首先，要确定您要定向的市场以及要定向传播的信息和主题的种类。如果您有一个合适的数据库来处理这个信息传递，那么您就有一个很好的开始；如果没有，您可能需要考虑购买数据，并且要考虑是否有许多供应商提供此服务。您自己的数据，如果管理得

当，当然要比您从那些和您没有关系的人处买的一份冷冰冰的清单方便得多。

因此，您应该确保自己有一个数据收集策略。这可以通过在销售产品和推出新闻稿时最大化注册数量、在网站上创建门控内容（gated content）或在事件营销中收集电子邮件地址等多种方式来实现。

> **门控内容**
>
> 门控内容指的是虚拟门后面的内容。这是一种常用的在线技术，经常出现在新闻网站等内容发布平台。有些内容是公开展示给访问者的，但如果他们想要完整的研究报告或文章，就必须提供电子邮件地址作为价值交换。这是创建目标数据库的一个极好方法。

除了最广义的数据，您还需要确保每条信息都具有针对性。您应该有效地对数据进行细分，并了解听众的喜好，以确保用户只收到他们感兴趣的信息。这样可以确保获得良好的结果，拥有较低的退订率并且不会损害品牌。

## 时机

为了有效地安排电子邮件的发送时间，您需要从几个不同的角度考虑。首先，也是最简单的——时间本身，例如星期几或一天中的某个时间。其次，您需要考虑频率，以确保您的受众不会被信息淹没。再次，您应该考虑多种通信方式间的频率。这不仅是您定期发布新闻的频率，还包括所有内容的发布频率。如果消费者每周收到一次新闻信息，他们可能会对此频率感到满意。但是，如果他们还收到 10 条其他信息，则您的信息很可能会被淹没。最后，您应该从顾客处于旅程的哪个阶段的角度来考虑时间安排。向刚刚提出投诉的顾客发送升级销售消息是不明智的，因此您的数据在这里仍然至关重要。

营销自动化、即时通信和电子邮件营销——无名英雄

## 模板

电子邮件设计是一门艺术。您的首要重点应该是确保模板可在所有设备上正常工作。这仍然是许多组织的一个焦点,不可忽视,因为移动电子邮件将占电子邮件打开量的 22% ~ 77%(emailmonday,2018),这取决于您的目标受众、产品和电子邮件类型。

其他关键设计原则包括:

### 视觉层次

确保电子邮件的结构清晰易懂,这远比精美的图片更重要,字体、颜色、布局都有助于这一点。

### 行为号召(Call to action)

无论您想让人们做什么,都应该使人通过按钮和清晰的视觉提示立即识别出来,这在整个营销设计中都是正确的。不要用多个行为号召来迷惑读者。

### 视觉效果

确保图像和色调既代表您的品牌,又代表您要传达的信息。正面形象在整个设计中几乎都是有益的。

### 文案

文案要短小精悍。人们不会花费很长时间来阅读、了解您的渠道。如果您的信息很长,那么可以通过电子邮件将它们带到一个更合适的平台,以便获得更多的内容,如博客或视频内容。

## 测试

与任何其他数字渠道一样,您应该在整个过程中实施测试与学习的原则,

要考虑使用 A/B 法测试许多因素，例如发送时间和日期、图像、号召性用语按钮的颜色和位置、主题行和其他变量。要实现这一点，必须确保已进行适当的分析并标记了链接。我们将在本章后面讨论这些内容。

## 语气

我们将在第 14 章更详细地讨论这些内容，但是这里有一些针对电子邮件的特殊注意事项。动态内容是将通信内容个性化的绝佳机会。如果您了解某人的喜好，并保有良好的数据作为支持，则可以潜在地插入有关或基于其兴趣、账户活动、行为或其他因素的信息。这可以将通用消息转变为真正个性化的东西，而无须发送单独的电子邮件，这将成为未来几年电子邮件营销的主要趋势。

邮件主题行是适用于电子邮件营销的另一个关键领域。您的营销文案写作技巧将在这里得到全面测试。一定不要试图诱骗受众打开电子邮件，并且建议避免使用诸如"免费"之类的术语，因为这不仅会引起个人反感，还容易被垃圾邮件过滤器过滤，从而影响可见性。有一些工具可以帮助您优化主题行。这里的关键注意事项有：

- 简短，例如"选购您的新智能机"。
- 可行，例如"完成您的申请"。
- 诱人，例如"您在 DIY 中犯了哪些错误"。
- 紧迫感，例如"服装促销今晚结束"。
- 本地化，例如"上海购物者更喜欢这些"。
- 列清单，例如"投资欧洲的五大理由"。

战术电子邮件也很重要，这是指推广特定的信息。您的电子邮件内容应当与更广泛的内容和传播战略一致，但有时您只需要为您的销售团队创造一些潜在顾客，因为他们没有达到目标。这是完全可以接受的，如果您的商业模式

营销自动化、即时通信和电子邮件营销——无名英雄

使得这一点成为可能,那么您应该确保您的传播战略为这一点留有空间。

## 企业如何使用电子邮件营销

Econsultancy(一家帮助您熟悉数字领域的重要公司)与Adestra联合发布的《2017年电子邮件营销行业普查》清楚地说明了公司如何使用电子邮件及其优先事项。根据这份报告,公司专注于细分市场、移动设备优化和列表清理等领域。我们已经在本章中讨论过这些问题。其他用途包括鼓励分享在社交媒体的内容、交易型电子邮件、再营销和视频内容。每一个都是一个战术电子邮件,以达到特定的结果。除这些用途外,公司还使用电子邮件进行潜在顾客培育、内容个性化、基于位置的内容和行为定向。

从这个列表中我们可以看出,电子邮件渠道的机会是广泛的,作为一个有效的投资回报渠道,它仍然是大多数企业营销策略组合的关键部分。最大的挑战仍然存在于个性化和优化领域,而人工智能正在通过各种方式解决这一问题,因此,未来几年内情况可能会发生变化。

 案例研究

### 纸老虎(Paper Tiger)

**背景**

Paper Tiger Document Solutions是一家芝加哥地区的文档粉碎与存储公司,为企业和消费者提供服务。Paper Tiger几年前推出了周六上门碎纸服务。最初,尽管这项服务的发布基于需求而生,但事实证明这是不成功的,因此该公司希望进一步推广并获得一些前进的力量。

### 战略

2016 年，公司代理商 CC communications 发起了一个叫"碎纸节"的营销事件，并开始通过每月的电子邮件宣传该事件。这个事件的消息迅速传播开来。公司向参观者提供咖啡和甜甜圈，让他们目睹整个过程，甚至展示文件粉碎后的旅程。

2018 年 1 月，CC 通过发起一个"感谢您"的电子邮件广告来增加这种体验，该广告会在"碎纸节"之后发送给那些注册 Paper Tiger 电子邮件列表的与会者。广告采用个性化方法（以企业老板的名义发送，并有老板的签名），告诉读者接下来会发生什么（每月一封电子邮件）并分享有趣的内容。

### 结果

如今，为时 4 小时的活动吸引了数百名企业主和消费者，其收入是一开始的 20 倍。致"碎纸节"与会者的第一封电子邮件"感谢您"产生了 55% 的打开率和 25% 的点击率，而且每月的新闻信息也取得了不错的成绩。

### 主要经验

通过开发个性化的，包含有趣内容的电子邮件通信，并仅向有关用户发送跟进信息和下一步指示，您将为每位收件人带来真正的价值，并确保将来不会出现意外。这样可以确保获得出色的结果并高度保留您的电子邮件订户列表。

## 账户管理与集中通信

前文我们提到了销售线索的培养，电子邮件可以成为支持销售团队的有用工具，但是必须使销售和市场营销真正协调一致才能完成这项工作。从理论上讲，将一系列电子邮件放在一起管理相对容易，但是如果您的销售团队不知道向其顾客发送的电子邮件的内容，则可能会发生严重问题。顾客可能会向顾客经理询问有关邮件的信息，而迎接他们的却是令人不舒服的沉默，这种沉默

## 营销自动化、即时通信和电子邮件营销——无名英雄

会对您的品牌造成不良影响。更糟糕的是,您的销售团队可能没有足够的资源来处理电子邮件带来的销售机会的增加。因此,对于任何采用这种商业模式的公司来说,确保销售部门和市场营销部门在电子邮件通信方面保持一致,这一点至关重要,因为他们将进行可能影响其他部门的活动。

## 跟进

电子邮件中同样重要的是跟进。可以利用电子邮件抢占并跟踪销售活动,用电话来跟进电子邮件,使用其他数字渠道来执行上述任一操作。这都是整合战略方针的一部分,您应该确保不孤立地考虑电子邮件,因为当与另一个渠道结合时,它的功能可能要强大得多。

## 法规

当然,有许多关于隐私和数据保护的法规,并且这些法规可能会在未来几年继续推广。我们已经在上面提到了《通用数据保护条例》,对于您而言,重要的是要了解此法规或您所在地区和行业中法规的细节。在21世纪,您不能忽视这一点。法规在不停地变化,因此您也要随时跟上它的变化。您可能有内部数据保护或法律方面的同事可以为您提供帮助,但如果没有,建议您定期参加培训课程以跟上进度。

## 平台

当被要求选择电子邮件服务提供商技术平台的三个最重要功能时,三分之二(66%)的人选择了营销自动化能力。这一点现在已经超过用户友好界面(60%),成为电子邮件服务提供商最重要的一个属性,突显出营销人员现在对

自动化的重视。（Econsultancy，2017）

现在有许多具有各种功能的电子邮件平台。许多是更广泛的营销技术的一部分，而另一些则完全专注于电子邮件。其中一些是为小型企业提供快速、方便的访问而构建的，而其他一些则完全专注于企业级的实现。这个领域的一些关键名字包括 Salesforce、Adobe、Oracle、Marketo、Mailchimp 和 Pure360。这个名单没有具体的顺序，既不是一套推荐，也不是一个完整的名单，但更多的是在这个领域受欢迎和成功的公司。您的策略应有自己的目标和挑战，应该研究此领域并考虑 CRM 集成、定价、整合、数据保护、云或本地部署和其他因素，选择最合适的平台。

考虑使用一个电子邮件工具是营销自动化套件的一部分，它也支持网站个性化设置。为了个性化网站体验，有必要跟踪访问者与网站的交互行为，因此除了个性化网站体验，也意味着可以使用相同的分析数据对电子邮件进行个性化设置。在这种情况下，消费网站上的特定内容也会触发给个人的特定电子邮件，使他们了解到优惠或某个特别相关内容。比如，若某个访客在花了一段时间浏览这个网站并表现出特别的兴趣后，却有几个星期在这个网站上表现得不活跃，这时可以制定一些规则，自动向访问者发送一封个性化的电子邮件，提醒他，可能有机会享受特定的折扣。

营销自动化套件所提供的旅程，如上文所述，可以非常有效地提供及时的沟通，而不需要您的营销部门付出多少努力。因此，在选择合作伙伴时，您应该考虑以下电子邮件特有的关键因素：

❑ 是基于云还是本地部署？

❑ 与您的营销技术堆栈（CMS、CRM、Analytics 等）整合。

❑ 自动旅程是否必要？

## 营销自动化、即时通信和电子邮件营销——无名英雄

- 成本——整合、设置、培训、持续许可和支持。
- 整合时间表。
- 个性化需求。
- 易于使用的设计界面。
- 数据管理和市场细分。
- 潜在成交机会。
- 登录页面和表单优化。
- 动态内容。

另外，还应考虑到许多营销自动化平台不仅有电子邮件，还可以提供网站和社交媒体解决方案。

## 即时通信和短信

我们已经探讨了很多有关电子邮件营销的问题，但是即时通信和短信（Messaging and SMS）也是直接的重要沟通渠道，因此您必须在策略中考虑它们。这可能只是在顾客服务方面，例如提供更新或产品支持，但随着这些渠道的不断增长（社交即时通信软件的用户数量现在比社交网络还大），它们将越来越多地用于营销。

如今，一些较大的即时通信软件有 WhatsApp 和 Facebook Messenger（均由 Facebook 拥有），以及微信和 QQ（均由腾讯开发）。它们在地区上有很大的不同，前两个是欧洲和美洲最大的，后两个是亚洲最大的。随着两者开始融合，即时通信服务也日益成为社交网络的一部分。

企业在适应这些应用程序方面进展缓慢，而应用程序开发商在开发这些应用程序时，对企业的适应也是缓慢的。安全仍然是一个令人关切的问题，尽

管这可能在不久的将来得到解决。然而，公司已经在为一系列目的而使用即时通信服务。用途包括：

- 建立您可以通过公司即时通信账户直接与之通信的人员的列表。
- 改善您的预订流程。
- 为服务提供聊天机器人。
- 直播。
- 赞助商帖子。

这样做的好处有：该渠道直接指向可能已打开通知的消费者；消费者能够使用自己熟悉的平台，而不是被迫使用您的平台；消息是即时的。这三个因素是个强大的组合。

为了使这个渠道成为您战略的一部分，关键因素是其相关性。这其中蕴藏着机会，几乎每个企业都应考虑在其组织内使用即时通信和短信。任何不相关的东西不仅会被忽略，还会被认为是侵入性的。即时通信的核心是便利，您必须提供让消费者生活更轻松的东西。无论是顾客服务、预订还是直播，都必须与渠道相适应。如果与这两个渠道不适应，那么您应该考虑另一个渠道。

## 度量

度量对所有渠道都至关重要。大多数电子邮件工具都允许您生成报告，告诉您已发送了多少封电子邮件，多少封发送到了，多少封被退回了（无法发送的电子邮件），多少封打开了（尽管这一统计数据通常因自动病毒检查应用程序而有所偏差）以及有多少封已被操作（如点击）。对结果进行跟踪和考虑是至关重要的，但与所有的营销工作一样，要在总体战略和计划的背景下进行。

## 营销自动化、即时通信和电子邮件营销——无名英雄

> **邮件弹回（Bouncebacks）**
>
> 发送电子邮件时，有两种类型的弹回。
>
> **硬弹回（Hard bounces）**
>
> 硬弹回是指电子邮件地址不再存在或由于其他原因无法访问的情况。这意味着您的电子邮件地址数据是错误的或过时的。这种情况在您的数据中只应占一个很小的比例，否则您可能面临严重的数据质量问题。
>
> **软弹回（Soft bounces）**
>
> 软弹回是指电子邮件已送达但收件人未阅读的情况。例如，可能是服务器关闭或收件箱已满。这种情况也不应占据很大的比例，但是这并不意味着您的数据质量很差。如果您看到一个电子邮件地址长期返回软弹回，您最好清除该数据。

您制订的目标往往不会是一个十分开放的目标。这意味着要使人们对您的内容感兴趣，您的主题行在这里起着关键作用，您的数据质量也如此。当您希望通过电子邮件鼓励个人购买产品或查看某些内容时，如果他们没有点击，那可能就意味着电子邮件本身质量很差，内容与主题不符，或者提供的内容不够有趣。如前所述，可以通过 A/B 测试来确定这些情况。

在电子邮件营销中，您的关键度量指标是：

- ❑ 可交付性（deliverability）：占百分比多少的邮件成功投递了？
- ❑ 打开率（open rate）：打开邮件的百分比是多少？
- ❑ 点击率（click-through rate）：点击邮件内链接的百分比是多少？
- ❑ 打开点击率（open-to-click rate）：打开邮件的人中接着点击的百分比是多少？

- 动作或目的完成率（action or goal completion）：实际完成邮件动作的百分比是多少？
- 退订率（unsubscribe rate）：此电子邮件退订的百分比是多少？
- 列表增长（list growth）：列表规模随时间变化的情况。
- CPX：每 X 成本。

当邮件的目的是诸如购买、视频观看、注册时，退订是一个低相关因素。出现这种情况的原因可能是品牌参与度低、针对性差、沟通频率不正确（过高或过低）或仅仅是电子邮件质量差。列表增长不是电子邮件本身的一个因素，而是您为增加列表所采取的策略。这可能包括会员推介奖赏计划、分享功能、时事通信注册表格或使用其他营销渠道来扩充您的名单。每 X 成本显示了渠道的有效性，其中 X 可能是参与、销售、线索等。对于发送大量电子邮件的策略，您可能还希望跟踪品牌知名度或社交话题，以了解电子邮件可能产生的影响。

## 本章小结

电子邮件营销仍然是一个非常有效的渠道，即时通信的增长为数字直接营销带来了巨大的机会。直销可能不是最迷人的数字渠道，但它仍然并且将永远是一种强大和有效的方法。

**本章检查清单**

- 当今电子邮件营销；
- 电子邮件营销的"5T"；
- 企业如何使用电子邮件营销；

## 营销自动化、即时通信和电子邮件营销——无名英雄

- 账户管理与集中通信；
- 跟进；
- 法规；
- 平台；
- 即时通信与短信；
- 度量。

- 关于电子邮件营销：

Brodie, I (2013) *Email Persuasion: Captivate and engage your audience, build authority and generate more sales with email marketing*, Rainmaker Publishing

Littleton, N (2014) *Delivered: The no-nonsense guide to successful email marketing*, Future Visions Creative Ltd

Paulson, M (2015) *Email Marketing Demystified: Build a massive mailing list, write copy that converts and generate more sales*, American Consumer News

1. Econsultancy (2017) [accessed 20 November 2018] Email Marketing Industry Census 2017 [Online] https://econsultancy.com/reports/2017-email-census/

**数字营销战略**——在线营销的整合方法（第2版）

2．emailmonday (2018) [accessed 20 November 2018] The Ultimate Mobile Email Statistics Overview [Online] https://www.emailmonday.com/mobile-email-usage-statistics/

3．National Cyber Security Alliance (2017) [accessed 20 November 2018] Keeping Up with Generation App: NCSA parent/teen online safety survey [Online] https://staysafeonline.org/wp-content/uploads/2017/10/Generation-App-Survey-Report-2017.pdf

4．Statista (2018) [accessed 20 November 2018] Number of Active E-mail Accounts Worldwide from 2014 to 2019 (in millions) [Online] https://www.statista.com/statistics/456519/forecast-number-of-active-email-accounts-worldwide/

# 带来成果的销售线索 13

## 本章内容概要

并非每个企业都专注于电子商务,销售线索的产生仍然是许多企业(尤其是 B2B 类企业)的重点。因此,了解如何通过数字渠道有效管理销售线索是现代营销人员的一项重要技能。在本章中,我们将研究:

- ❑ 变化中的场景;
- ❑ 销售线索评分;
- ❑ 跨数字渠道销售线索;
- ❑ 保持销售线索活跃;
- ❑ 度量。

---

**本章目标**

在本章结束时,您应该了解构建销售线索开发过程的核心原理,以及如何在数字渠道中发挥作用和衡量成功。

---

销售线索开发是一个迷人的领域,并且在数字时代已经发生了巨大变化。在我们了解这些变化以及考虑如何实施成功的销售线索开发战略之前,让我们先来定义一下销售线索,因为有许多解释。当我们在本章中讨论销售线索时,我们将其定义为合格的潜在顾客,即对与您的企业讨论商业机会表示特别兴趣的个人。销售线索开发过程很简单,就是找到这些人或鼓励他们找到您,并从

# 13 带来成果的销售线索

他们那里获得询价,以便将他们转化为顾客。

最广为人知的销售线索开发技术可能是陌生电话拜访。这是一种很令人恼火且常常使人处于漫无目的状态的方法,它依赖大量的数据来确保成功,而不考虑那些被体验所困扰的消费者的感受。在数据丰富的新世界中,线索的产生是一种更为复杂的过程。

## 推与拉——变化中的场景

如前所述,电话拜访是销售线索开发的常见方法。这依赖于购买或以其他方式获取数据,并将您的信息传递给受众。现在我们可以通过自己的平台和第三方平台获得数据,能够更有效地针对符合特定标准的个人,并与他们直接沟通,以便在适当的时间与合适的人建立关系。实际上,这已经成为一种期望。陌生电话拜访不仅令人懊恼,而且现在经常被认为是懒惰的标志,因为它很少是必要的。潜在的顾客现在更愿使用他们自己的信息源进行研究,这意味着两件事:首先,如果他们的研究对您有利,那么消费者更有可能来找您;其次,消费者留下了他们的踪迹,这可以帮助您进行营销定向。

因此,理解这一点并实施有效的销售线索开发战略,可以产生更有效的营销指标、更高效的销售人员、更强的转化率、更高的顾客黏性和更强大的品牌声誉等。这将影响您对整个数字营销战略的规划,包括规划内容,以引导顾客找到您并帮助其进行相关研究,还包括规划搜索引擎优化的方式。但现在让我们关注这对销售线索开发的意义。

## 销售线索评分

理解销售线索质量的重要部分是一种称为销售线索评分的技术。这意味着我们要根据关键因素给销售线索打分,以确定这些销售线索的价值和可能的转化。由于销售线索开发通常是一个比大多数其他渠道在市场营销和销售之间共享信息的更紧密的渠道,因此该系统对于确保顺利交接和内部积极关系的维系至关重要。可用于为销售线索评分的一些因素包括:

- 顾客处在购物生命周期中的什么阶段(浏览、研究、购买)。
- 顾客与您公司的关系(现有顾客、已知潜在顾客、未知嫌疑人)。
- 顾客的操作(打开电子邮件、访问活动、填写表格)。
- 顾客与您的顾客定向标准的相关程度(完全相符、接近相符、不相符)。

这种方法可以清楚地了解销售线索的质量,但也有一些缺点必须加以认识。

首先,销售线索评分通常会产生误导。想象一下,某人收到了一封电子邮件,他打开该电子邮件并单击进入您的站点。此人已加入有关您产品的两个邮件列表,并定期参与您的社交活动。他符合您定向条件的标准受众特征模型。这似乎是一个处于成为顾客边缘的消费者,因此应积极追求。但是如果我们告诉您这是一个想要在您这里找工作的人所做的一些研究呢?销售线索评分就是根据这些而得出的。

销售线索评分是一种有助于更详细地了解个人的技术。我们从销售线索评分中看到了顾客的意图,但是当我们对销售线索评分进行分层时,我们会考虑诸如位置、职位、公司行业等因素,并且我们会看到更加清晰的画面。

您还应该考虑到不同的产品线和子公司可能需要不同的模型,您的公司所提供的花园家具产品与栅栏产品的销售线索评分模型可能会非常不同。

## 跨数字渠道的销售线索开发

在包括线下渠道在内的所有销售线索开发渠道中,内容营销和电子邮件

# 带来成果的销售线索

营销仍然是佼佼者。下面将探讨在制定销售线索开发战略时,您应该考虑的每个渠道。

## 内容

内容是一个非常重要的渠道,我们将在第 14 章更详细地讨论内容策略和机会。这里的技巧包括:

- 研究论文或报告的重点内容需要用户提供联系方式,以阅读完整的报告或电子书。
- 提供深度内容策略,并可以选择注册时事通信以获取更多内容。
- 免费提供第一阶段的培训课程,但需要注册才能参加整个课程。
- 产品展示注册,让您有机会直接对话。
- 组织竞赛(目标顾客定向的质量可能因此而下降)。

## 网站

必须建立网站以有效地管理销售线索开发过程。网站要易于理解、路标清晰并专注于转化。我们将在第 16 章讨论用户体验和设计。

## 搜索引擎优化

您可以使用上面的内容策略来构建有效的 SEO 策略。正如我们在第 8 章中看到的那样,内容是 SEO 三角形的一个角,因此请确保在构建这些计划时包括 SEO 思维。

## 付费搜索

付费搜索可以用来补充您的 SEO 策略,也可以独立用于推动特定的销售线索开发活动。我们在第9章详细讨论了这一渠道，主要原则是要清晰地传播产品利益，并确保定向精准。

## 展示广告

您可以使用展示广告（如第10章所述）通过程序化的技术来针对正确的个人，并将他们纳入您的内容或更直接的销售线索开发策略中。

## 电子邮件营销

强烈建议您投资一个电子邮件平台，这可以使您有效地管理数据并提供有针对性的电子邮件广告。第12章详细讨论了如何有效地使用电子邮件。没有这一点，您将难以进一步建立您与销售线索的数字化关系。

## 社交媒体

最后，但绝不是不重要，我们必须看看社交媒体。该渠道已成为销售线索产生的极为重要的渠道，有无数成功案例在前，网络本身也正在继续利用其模式来获利。请记住，这里我们并不是在考虑最纯粹的社交媒体广告（有关此信息，请参阅第11章），而是具体考虑渠道中的销售线索。

社交媒体的核心是人际关系，而其销售线索的开发策略与其他渠道是相同的。这就是协同作用的所在，也是为什么这个渠道必须成为您计划的一部分。我们在第11章特别讨论了社交销售，这有助于我们理解销售技巧如何与社交媒体渠道协同工作。对于销售线索开发，社交媒体也有其他考虑因素。

LinkedIn作为一款商业工具，一直在埋头苦干，特别是被微软收购以来，LinkedIn发布了许多目标定向、转化和分析绩效的工具，从而为企业创造销售线索。其中一个工具是其销售线索开发表单，用户可以看到一些内容的

带来成果的销售线索

简要概述，然后填写表单以阅读更多内容。这就省去了去公司网站的漫长旅程，直接把线索引导到企业，从而既为用户简化了流程，又增加了公司的转化率。

您也可以使用谷歌提醒（Google Alert）和社交媒体提醒，以知道趋势话题和品牌提及。您可以利用"群"把志同道合的人聚在一起，把您的内容放在那里培养关系。

您只需积极参与关键话题的讨论。这可以使您成为思想领袖和寻求建议的理想去处，进而提高销售量。与有影响力的人建立关系，建立您自己的档案，以实现交叉分享和交叉销售机会。您还可以使用 LinkedIn 的 Sales Navigator 工具，该工具已被证明对社交销售领域的许多组织非常有效。所有这些技术以及更多的技术都可以让您使用社交媒体来开发销售线索。

 案例研究

### IR and LinkedIn

**背景**

LinkedIn 提供了一种称为销售线索开发（lead generation）的特定广告解决方案。这项服务可以让您在平台上向其定向发布广告的目标顾客在不离开 LinkedIn 的情况下完成表格，从而为企业创造商机。事实证明，这对许多企业来说是非常成功的。IR 是全球领先的绩效管理软件提供商，并已将其模式从事件营销转向内容营销。它的目标市场主要是 B2B 企业，是大型企业组织——一个往往很难接触到的细分市场。

**战略**

IR 必须确保能够紧紧锁定目标受众并获得可观的投资回报。因此，IR 使用了 LinkedIn，因为对它来说，LinkedIn 是一个天然的有专业受众并且可以精确定向的机会平台。它利用技能、兴趣、群成员和地理定向来找到合适的人。通过这个平台，它能够持续优化绩效并消除绩效不佳区域，从而确保投资回报率保持强劲。在赞助内容取得了一些好成绩之后，该公司转向了 LinkedIn 的销售线索开发表格（lead gen forms），结果非常好，因为用户不必离开这个平台就可以完成他们的旅程。

### 结果

IR 发现，前几个月来自 LinkedIn 表单的转化率与其耗费一年多来优化的落地页一样强大。很明显，这个简单的渠道是交付高质量销售线索的有力手段。

### 主要经验

LinkedIn 让用户能够在已经使用并信任的平台上完成简单的表单，这将带来很高的完成率。加上精准定向功能，您可以快速获得大量高质量的销售线索。

## 线下渠道

本书着重于数字渠道，因此我们不会详细介绍线下渠道，但是，正如书的副标题所暗示的那样，我们总是考虑大局。事件营销可以是一种产生销售线索的高效方法，而数字技术可以通过诸如事件营销专用应用程序、展台数字体验、预注册和后注册数字通信等技术来发挥作用。您应该考虑数字化战略如何在销售线索开发方面在线下渠道中发挥作用。如果线上和线下渠道独立运作，那么任何营销部门都无法发挥真正的功效。

## 推荐

最后，考虑推荐也是至关重要的。推荐在市场营销中一直起着重要作用，自从评分引擎和推荐增加以来更是如此。现在人们从陌生人那里接受推荐，而

# 带来成果的销售线索

不仅仅是从朋友和家人那里。您可以通过介绍和推荐他人来鼓励这样做(某些社交渠道非常容易做到这一点)。这会对您起到很好的作用,虽然它可能是肤浅的,但通常会产生结果。

建立推荐程序也是一项有价值的技术。通过"会员推介奖励计划"的方法来奖励您的顾客,可以花费最少的精力产生销售线索。如果您有很好的关系,那么人们不会介意推荐您或介绍您到他们的关系网。不要害怕,但这一定要限制在您最亲密的关系中。

## 保持销售线索活跃

销售线索开发渠道的一个重要考虑因素是:这不是一次性的。我们已经讨论过顾客终身价值(CLV),我们将在第 14 章继续讨论 CRM 和忠诚度,但对于销售线索开发,持续关注这一点至关重要。

这是因为像 SEO 或社交媒体这样的渠道,您可以执行您的策略并生成参与度、流量、查询或销售等数据,但是如果销售线索没有得到培养并转化,那么仅仅涉足其中是毫无意义的。因此,尽管上面提到的过程很重要,但我们上面讨论的过程的早期阶段只是故事的开始。

在要求了解公司信息的消费者中,63% 的人至少三个月内不会购买(Clay,2018),这在一定程度上强化了这一点。因此,重要的是要有一个销售线索培养计划,这也是 CRM 的另一种说法。您发展了一段关系,并继续保持对这种关系的热情和投入,直到时机成熟为止。这可以包括产品更新、演示、报价、简单的问候以及其他非干扰性的沟通,以维持关系而不是简单地进行销售。这些可以通过电子邮件、即时通信或线下渠道(如电话、直邮甚至面对面)完成。有关关系营销的更多细节参见第 17 章。

## 度量

我们将在第 19 章讨论度量和报告。特别是对于销售线索开发,在审查数据时需要考虑一些关键指标和一些注意事项。关键指标包括:

### 销售线索质量

在这里,销售线索的质量是指其是否与目标市场一致。销售线索是否能够发展成为顾客并不完全取决于这个指标,因为还有其他因素会影响这一点,如销售技巧和产品质量。

### 销售线索合时性

例如,当您生成销售线索时,它是否在购买周期的正确点上?在此方面,某些渠道将比其他渠道更有效,应对此进行审查。转化销售线索的平均时间也是另一种需要考虑的指标。

### 销售线索成本

每条线索成本和每条转化成本也是确保成功的关键因素。

其他还应注意的因素包括:

❑ 是哪些内容在产生销售线索?
❑ 是否有特定的时间或天数转化销售线索?
❑ 销售线索是否展示了行为趋势(如手机的使用)?

还有很多度量指标,它们取决于您所采用的策略。学习度量方法对于所有数字营销人员的持续进步至关重要。

# 13 带来成果的销售线索

 **本章小结**

销售线索开发可以发挥重要作用,尤其是在 B2B 领域。在数字时代,这一渠道的形态发生了重大变化,了解内容战略、社交媒体和电子邮件营销如何发挥作用,并学习如何度量,对成功至关重要。为了使这个渠道高效运作,您需要充分了解上面提到的那些领域,所以您还应该参考本书中的相关章节。

**本章检查清单**

- ❑ 变化中的场景;
- ❑ 销售线索评分;
- ❑ 跨数字渠道销售线索;
- ❑ 保持销售线索活跃;
- ❑ 度量。

 **延伸阅读**

❑ 关于销售线索开发:

Andreeva, K (2016) *Lead Generation: Theory and practice*, CreateSpace Independent Publishing Platform

Halligan, B and Shah, D (2014) *Inbound Marketing: Attract, engage, and delight*, John Wiley & Sons

Perry, RL, Sturges, J, Singleton, P, Jordan, K and Fortune, MZ (2015) *Small

*Business Owner's Guide to Local Lead Generation*, CreateSpace Independent Publishing Platform

Rothman, D (2014) *Lead Generation For Dummies*, For Dummies

# 参考文献

Clay, R (2018) [accessed 20 November 2018] Why You Must Follow Up Leads, *Marketing Donut* [Online] https://www.marketingdonut.co.uk/sales/sales-techniques-and-negotiations/why-you-must-follow-up-leads

# 内容策略——成功的关键 14

## 本章内容概要

本章将介绍内容策略以及如何开发适合您数字策略的有吸引力的内容。如今,随着消费者越来越追求价值,内容对于大多数数字营销策略的成功至关重要。一定要理解如何有效地利用内容策略。本章涉及的关键内容包括:

- ❑ 什么是内容营销;
- ❑ 什么是内容;
- ❑ 您应该使用哪些内容类型;
- ❑ 为何做内容营销;
- ❑ 创建内容的人员和过程;
- ❑ 分发;
- ❑ 衡量内容的价值;
- ❑ 国际内容。

---

**本章目标**

在本章结束时,您应该了解如何构建有效的内容战略并为顾客创建吸引人的内容;了解如何衡量内容的价值以及如何有效地分发内容;了解如何使用不同类型的内容以及内容在国际业务中的工作方式。

# 14 内容策略——成功的关键

多年来，内容营销一直是数字营销领域最热门的话题之一。这对于一门并不新鲜的学科来说是相当了不起的，我认为它至少有100年的历史。从1900年开始，《米其林指南》勾勒了众多内容营销领域的雏形（由企业生产有用的、可分享的内容）并运营至今。所以，内容营销实际上并不是数字营销领域最热门的新事物，而是营销中最热门的旧事物。所以第一课，也许是本章所有课程中最重要的，就是要记住，内容营销并不是什么新鲜事物。没有必要重新发明轮子：100年前取得良好成就的东西今天仍然具有良好的表现，区别在于执行和交付。

## 什么是内容营销

首先，内容营销（content marketing）是非常广泛的：正如我们稍后将看到的，"内容"可以有多种形式。它的定义已经有上百种了，事实上，在Google上搜索"内容营销的定义"，会显示有6.92亿条搜索结果。读过本书第1版的人会发现，这个数字与3年前的5300万条搜索结果相比，是一个巨大飞跃。因此，我们可以放下百科全书中的定义，去看一个成熟的内容营销人员是如何评估内容好坏的。出色的内容必须满足以下所有条件：

- ❑ 可信的；
- ❑ 可分享的；
- ❑ 有用或有趣的；
- ❑ 吸引人的；
- ❑ 相关的；
- ❑ 及时的；
- ❑ 有差异；
- ❑ 与品牌相符。

不幸的事实是，大量内容未能达到上述要求；除非达到要求，否则不可能成功。鉴于此，这些使内容丰富的支柱值得进一步思考：

**可信的**　观众是善变的，他们一直如此（甚至莎士比亚也抱怨过），而且永远都会如此善变。向受众们展示缺乏可信度的内容极可能使其反感，所以，简而言之，务必要使您的受众相信您传达的内容。这并不意味着需要提供一个可靠的数据集来支持每一个言论，但确实意味着您所做的声明需要有足够的证据来证明这些声明是可信的。以出现在Facebook上的众多测验之一为例，该测验旨在确定您是哪种类型的人。最近的一个例子通过回答10个问题来"估测"您的智商。当然，这10个问题不足以让任何人真正相信结果是准确的，但足以使结果对所针对的受众（即处于"取乐"而非"工作"模式的人）具有足够的可信度。作为您策略的一部分，您可以通过为作者树立专家的形象（包括提供作者的传记），通过引入来自知名来源的事实和参考，或者通过只谈论与您的专业知识相关的主题来确保您的内容是真实的，从而为您的品牌建立信誉。

**可分享的**　精彩的内容只有在有很多人或者相当一部分目标受众阅读了的情况下才有意义，为此，它必须是可分享的。如果所有其他的内容支柱都满足了，那么默认情况下，内容应该是可分享的，但是对您或您的团队制作的任何内容都应提出这样一个问题："我的受众是否愿意分享这个内容？"虽然有些消费者会努力分享好的内容（请注意，复制、粘贴、插入＝数字时代的巨大努力），但通过快速链接到最相关的分享平台（如Facebook、LinkedIn、Google），也可以让消费者更容易地分享您的内容。撰写相关行业的提示与建议可以很好地让内容得到分享。如果您可以制作"如何"类型的视频或有用的指南，帮助消费者学习如何实现某些目标，那么您会发现这些内容会被很好地分享。

**有用或有趣的**　如果内容通过了"又怎样"测试，那么内容将是有用或有趣的。以《米其林指南》为例，在当时这是一本非常独特的出版物，并且

内容策略——成功的关键

非常有用。有趣是不言而喻的;然而,什么是乐趣、什么不是乐趣很大程度上取决于您的目标受众。我有一些朋友喜欢哈哈猫①;我讨厌哈哈猫;我妈妈不知道什么是哈哈猫。上文提到的"如何"类视频是实用类内容的一个很好的例子。那么有趣的内容呢?您可以制作一个吸引人的游戏或有趣的工具来帮助用户实现某些目标。这种做法可以帮助用户找到他们想要的结果,同时也享受这个过程,使之既有用又有趣。

**吸引人的** "有用或有趣的"和"吸引人的"二者之间确实存在一些交叉点。然而,"吸引人的"本身就可作为一个重要的支柱。例如,今年您每次购物时都会买面包,这可能是有用的,但并不十分吸引人。那么我们如何定义某件事是否吸引人呢?当然这是非常主观的。一个很好的衡量标准是内容是否足够有趣以至于让读者觉得值得向他人提起。这是一个类似于良好公关规则的原则。您发现了一些有趣的东西并不意味着您的受众也会感兴趣。所以,就像营销中的任何事情一样,要从消费者的角度来考虑。

**相关的** 相关性可能是最关键的内容支柱。正如本章稍后介绍的那样,除非您了解您的受众,否则您无法开始制作内容。您需要知道什么会使他们认可,并确保您产生的所有内容都与它们相关。例如,如果您是椅子制造商,那么围绕篮球创作内容可能就超出了您业务相关的范围。如果您能在椅子和篮球之间创建联系,那么您就可以创作相关的内容,并将两者结合起来,但是如果没有联系,那么您的内容将是不相关的、不吸引人的。

**及时的** 并不是所有的内容都依赖于在特定的时间发布这一点,但是当内容(就像生活中的任何东西一样)在正确的时间出现在正确的位置时,它的工作效率要高得多。我们将在本章后面了解如何最大化这一点。

**有差异** 精彩的内容需要与众不同。它不一定非得是独一无二的;把一

---

① 哈哈猫:一种流行的网络表情。——译者注

个好主意变成您自己的想法绝对没有错。巴塞罗那有数百本关于最佳酒吧的指南，但这不应妨碍您创建自己的指南；只需确保创建一个与众不同的指南即可。当然，在一个拥挤的市场上，要想有所突破非常难，所以您越接近独一无二就越好。对"有差异"支柱的最佳检查是问两个问题：以前有人做过吗？如果有，我的想法是否与众不同，可以吸引我的受众吗？

**与品牌相符** 我们总是很容易被内容所迷惑。在广告机构和顾客一方召开的头脑风暴会议上，我目睹了一些惊人的内容创意，但最终结果是零进展。为什么呢？因为这群人忘记了品牌。公司花了数百万美元打造自己的品牌，不管有没有写下来，一般都有很多要做的和很多不该做的事情。此外，再想想您的受众。内容的消费者希望看到内容和品牌之间的联系。真实性现在非常重要，消费者会很快看穿品牌想进入它们根本没有权利进入的空间的企图。因此，如果法拉利创造了一级方程式的交互式指南，消费者会看到这种联系；但是，如果法拉利列出了世界上最好的冰激凌清单，那么真实性将降为零。

## 一些内容强大的例子

通过强大的内容，有很多机会可以最大化上述原理。以下是您应考虑将其纳入内容策略的一些机会。

**直播内容（live content）**

直播现在已经非常普遍，并且十分吸引人，也特别适用于上述原理，但必须执行得很好。实际上，某天我看到了一家主要发行商的直播，它的参与度很高，但是它违反了上述许多原则。目前还不清楚他们为什么要在直播中播出一个著名的国际地点的景色，这个地方往往容易产生争议，然而主办方并没有安排人员控制评论或回答问题。因此，它的评论区中只有两个话题：① 关于有争议的主题的争论；② 有关这是什么以及为什么要直播的问题。直播也许是

## 内容策略——成功的关键

一种很棒的营销方法,但是您必须有效地计划它们。

### 沉浸式体验(immersive experiences)

有了VR和AR,我们有绝佳的机会为顾客带来体验。您应该考虑与此相关的任何示例,否则您将被抛在后面。但是,请不要为了沉浸式体验而勉强创造VR或AR,否则在受众看来它是不真实的,并且难以接受。

### 口语(spoken words)

随着物联网、播客和有声读物越来越受欢迎,您应该考虑一下音频。您能否将一些书面内容变成音频内容,并且可以通过IoT设备或智能手机实现?随着5G技术的到来,下载速度将大大提高,并且很有可能发生设备合并,因此请现在开始考虑您的音频策略。

### 工具(tools)

这些仍然是吸引相关受众到您的平台的好方法。许多金融组织使用抵押计算器、养老金规划师、投资回报模型和税收计算器来吸引新顾客,您应该从多个角度考虑使用何种工具。

### 图像(imagery)

信息图表在社交媒体上一直表现出色,图像也一直优于纯文本。如果想在内容策略上取得成功,您必须有一种快速而漂亮地制作品牌设计作品的方法。

### 书面文案(written copy)

虽然我们说视频、音频和图像是未来趋势,但书面文字并未消失,而且看起来不会很快消失。我们仍然喜欢阅读,它仍然是一种更容易接触的媒介,例如,不需要耳机、良好的带宽或隐私。不要陷入这样的陷阱:为了丰富的体验而忽略了您的书面内容。

## 什么是内容

这似乎是一个愚蠢的问题,但实际上许多类型的内容往往被忽视。

那么内容是什么?简而言之,内容就是可以帮助您吸引产品或服务的最终用户的任何事物。它可以在您的网站上和网站外使用,也可以借助任何能够传递消息的介质来使用(因此,它的覆盖范围不仅限于书面文字)。内容可以包括视频、信息图表、图像,以及计算器、电子书、博客、虚拟现实体验、直播、播客之类的工具等。内容创建和传递的机会越来越多。图 14.1 展示了营销人员现在可用的渠道示例,以及其自早期数字时代以来是如何发展的。

日益增长的发行机会

| 1980年 | 1990年 | 2000年 | 2010年 |

1980年:
电视
广播
信件
电话
传真
事件
媒体
公关
户外
拜访

1990年:
网站
电子邮件
展示
联盟营销
搜索
即时通信
短信

2000年:
付费搜索
社交媒体
视频
彩信
App应用
播客
博客

2010年:
地理定位
付费社交
VR
AR
物联网

图 14.1 内容发行渠道的增长

内容策略——成功的关键

## 您应该使用什么内容类型

对于应使用哪种类型的内容，没有严格的规定。但是，在选择要使用的一种或多种内容类型时，有一些通用的参与规则：

- ❑ 目标受众：您到底想让谁来阅读这些内容？不用说，这取决于您的品牌和产品，但您还应该考虑更多细节。例如，此特定内容的目标受众可能是总体受众的一个子集。如果您出售 10 种产品，并且其中一种最适合年长的消费者，那么证明书和白皮书可能会很有意义，因为年长的受众会更多地寻求信任和证明。本章后面将详细介绍如何定义目标受众。

- ❑ 购买周期：您想建立联系的受众处于购买周期的哪个阶段？这里没有硬性规定，但要考虑一下。如果您主要是针对处于"决策阶段"的消费者，那么详细的现场产品信息和分析师报告或者白皮书可能会有意义。在"考虑阶段"（仍在四处逛街），案例研究和证明可能是最佳选择。

- ❑ 多元思维：如果您有一个很好的内容创意，可以满足所有的内容营销支柱，那么就不必将自己局限于一种内容类型。信息图表可以很好地进行演示，举一反三。如果您要在幻灯片中发表要在线分享的观点，那么这些观点可以制成图表吗？图表可以助力白皮书，又可以将白皮书缩短成文章，然后可以将该文章进一步缩短为博客文章，等等。

- ❑ 不要只走轻松的路：在您的网站上发布内容很容易，当然也很有意义。确实，您的网站应该是内容的家（请参阅第 8 章中的搜索引擎优化部分），但是，除非您有家喻户晓的名字，否则许多企业的不幸事实是，只有很少一部分目标受众会访问您的网站。但是，SEO、社交媒体和电子邮件营销策略可以使网站的功能发挥出来，因为它们都依赖于您的内容策略并向您的网站提供流量。

## 为什么进行内容营销

至此，我们知道了什么是内容营销，并且知道它现在是一门非常流行的学科。但是为什么要进行内容营销呢？又为何如此重视它呢？

虽然内容营销的迅速普及可能有许多因素，但我认为推动这一热潮的两个主要因素是：① 消费者行为的改变；② Google。

### 消费者行为的改变

从高层的角度来看，选择购买哪种商品或服务的流程并没有太大变化。消费者购买过程仍然从知晓开始，以评估/决策结束，关键要素保持不变。简而言之，我们倾向于做一些研究，并了解其他人的想法。

改变的是我们如何去做这件事。互联网出现的时间比大多数人想象得要长（1989年走进公众视野），但可以说，它是在21世纪之交才开始真正发挥商业潜力的。如果考虑购买周期的一些基本要素（见表14.1），我们可以看到互联网对消费者行为的巨大影响。

表14.1 购买周期的步骤

| 购买周期的步骤 | 2000年之前 | 2000年之后 |
| --- | --- | --- |
| 知晓 | 进店、电视/广播广告 | 各种各样的在线广告形式，从贴片广告到广告片 |
| 了解产品/服务 | 杂志、中介 | 制造商网站、零售商网站博客、YouTube视频、比较网站 |
| 同行评论 | 口碑传播（小关系网） | 众多在线评论站点和系统（大关系网） |
| 最终决策 | 独立完成或与一两个受信任的同级/家庭成员一起完成 | |

# 内容策略——成功的关键

真正的转折点是大品牌意识到越来越多的消费者转向互联网来研究（和购买）产品/服务。千禧一代和 Z 一代受社交媒体的影响尤其大。事实上，根据 Retail Dive 的调查，Instagram 是千禧一代的主要影响因素，74% 的人表示，他们在购买时曾受到 Instagram 的影响。对 Z 一代来说，更可能受到的是 Snapchat 的影响，21% 的 Z 一代在购物时受到了 Snapchat 的影响。

## Google

内容在搜索引擎优化中所扮演的角色从 Google 诞生之初就被详细讨论过。尽管内容始终是排名的重要因素，但 Google 早期对内容的看法也是有问题的。在 Google 看来，重要的不是内容的质量，而是拥有它。事实上，就在不久前，用关键词填充内容还是 Google 眼中的"最佳"内容。换句话说，就是让搜索引擎优化技术人员编写内容，而对专业的内容编写者置之不理。

随着时间的推移，我们看到 Google 在决定网站的排名时更加依赖内容因素。我们所看重的因素已经从简单的只强调关键词以及电子化的段落转变成质量、上下文、相关性、格式、社交分享、跳出率和页面停留时间等因素的组合。例如，英国数字代理商 Stickyeyes 使用其专有软件 Roadmap 监控了大约 150 个已知的"排名因素"。这样可以有效地尝试通过识别排名因子和排名位置之间的相关性来"解码"Google 算法。Roadmap 证实的是良好内容与高排名之间的明确关联。通过该平台，Stickyeyes 公司得出了"网站停留时间与 Google 排名位置之间的相关性高达 97%"的结论。总体来看，排名第一的网站，其平均站内停留时间超过 263 秒（见图 14.2）。

我们看到与跳出率相似的相关性。在这种情况下，跳出率最低的网站排名最高（见图 14.3）。平均网站停留时间和跳出率都是表明网站内容具有吸引力的有力指标，可以鼓励用户寻找更多内容或更深入地浏览网站。

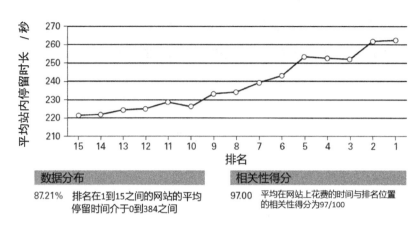

图 14.2 站内停留时间

资料来源：Stickyeyes。

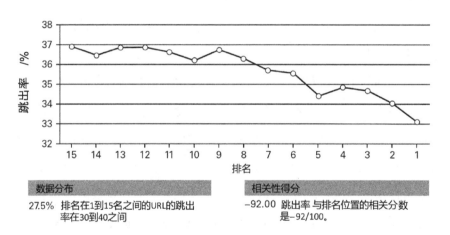

图 14.3 跳出率

这些相关性正处于一个不断增长的趋势，表明谷歌非常注重内容，而不是其他已知的排名因素，这对内容专家来说是个好消息。就在几年前，记者和文案撰稿人似乎前途黯淡，印刷业持续衰落，新的数字世界似乎对他们的需求减少了。但是现在转了一圈之后，在大多数像样的数字营销机构，特别是那些专注于搜索引擎优化的公司，您会发现与开发者一样多的内容专家。

# 内容策略——成功的关键

## 创建内容的人员和过程

内容很重要，消费者对它的需求与日俱增。在大多数市场中，占据主导地位的搜索引擎也更青睐高质量的内容。本节我们将介绍创建内容所需的人员和流程。

## 人员

从概念上讲，虽然内容营销涉及很多常识，但并不是很难掌握。不幸的是，许多品牌仍在挣扎，并继续进行错误的内容营销，因为它们错误地决定了由谁负责企业内的内容营销。

从办公楼顶层开始，许多品牌和组织仍在各自为政，它们的公关坐在上面的楼层，搜索引擎优化团队在办公楼的中间层，而IT部门，和以往一样，在地下室。当一个组织有不同的团队单独工作时，不同团队通常采用不同的绩效指标，那么开发一种允许内容营销繁荣发展的文化就会变得异常困难。

内容营销不仅仅涉及少数创意人员和文案撰稿人，它是一种涉及每个部门的营销形式。策划师和分析师要了解市场，品牌团队要了解顾客心理，营销人员要提供创意，文案人员要制作内容，搜索营销人员要了解对搜索引擎优化的影响，公关部门要赢得媒体曝光机会，IT部门要确保所有这些都能协同工作，而这只是一个简单而纯粹的数字广告活动。内容营销只有在团队之间的隔墙被打破、筒仓被拆除的情况下才起作用，允许团队自由协作，朝着以顾客为中心的单一目标努力。这种文化必须来自首席营销官（CMO），甚至CEO。正是这个人最终负责品牌的内容营销。如果没有明确的内容营销，市场营销就会变得更加困难。

案例研究

## 阿迪达斯

**背景**

阿迪达斯（Adidas）是一个很好的例子，它拥有正确的内容营销方式。

**战略**

2014年3月，包括阿迪达斯和锐步两大品牌的阿迪达斯集团（Adidas Group）宣布，计划为旗下品牌创建"数字新闻编辑室"（digital newsrooms）。此举是一项长期战略的一部分，以利用热门趋势并以"庆祝和认可的时刻"为基础。阿迪达斯在其网站上表示，阿迪达斯希望拥有全球超级明星创造的故事，并实时利用这些故事；希望阿迪达斯被视为球员成功的关键，并继续成为全球各地体育迷的焦点。

**主要经验**

那么，是什么使它们的方法有所不同？作为营销人员，您可以从数字新闻编辑室概念中学到的关键因素有：

- 人员：有很多。阿迪达斯投入巨资组建了一支具有线上和线下背景的技能娴熟的团队。

- 丰富的内容：阿迪达斯尽可能多地吸收体育和相关内容。大多数内容并不能吸引人们的眼球，关键是"在大海中找到缝衣针"。由于耐克和彪马也有类似的机制，因此它们还要在寻找这些"缝衣针"时与其他公司竞争。

- 速度：在新闻编辑室中"速度"一词并不意味着快，它意味着"立刻"。为了真正发挥作用，内容团队需要针对其观众关注的事件时刻做好"启动"准备，并在重大事件发生时有资源迅速采取行动。

内容策略——成功的关键

- 信任：营销人员经常遇到阻碍他们快速制作突破性内容的障碍。从缓慢的签核程序和法律合规性，到过分的品牌保护和匮乏的资源，所有这些都令创意内容团队感到窒息，内容迟迟无法发布，直到为时已晚。要想立竿见影，就必须松开缰绳，甚至可能切断缰绳。这并不意味着您可以让您的创意团队疯狂地发布他们想要的东西，而意味着您需要非常清楚地定义边界。

尽管新闻编辑室的概念对于许多组织而言遥不可及，但是任何认真对待内容营销的公司都可以并且应该采用这些关键原则。来自美国的最新统计数据表明，大多数公司仍然需要从组织结构的角度来研究他们在内容营销方面到底在做什么。

## 流程

一旦有了组织结构和人员，就可以创建一个计划和一组明确界定的流程，但大多数公司都没有这样做。根据内容营销协会的数据，只有37%的内容营销商制定了书面战略（而最成功的内容营销组织中有62%采取了这种策略），这比3年前增长了10%，但显然还有很长的路要走。（Content Marketing Institute，2018）

美国B2C内容营销组织中有45%拥有专门的内容营销团队，如图14.4所示。

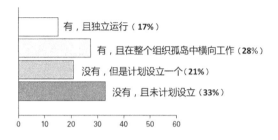

**图 14.4　拥有专门内容营销团队的B2C营销组织的百分比**

来源：内容营销学院（Content Marketing Institute），2014年10月。

美国 B2C 内容营销商中有 27% 制订了书面方案，如图 14.5 所示。

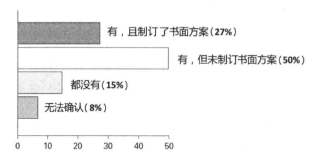

**图 14.5　具有内容营销策略的 B2C 营销组织的百分比**

来源：内容营销学院（Content Marketing Institute），2014 年 10 月。

创建内容的关键阶段是：

❑ 目标和策略；

❑ 数据分析和目标群体；

❑ 创意；

❑ 创建和计划。

## 目标与策略

组织在开始内容营销的过程中犯的最大错误之一是直接跳到创建内容上。原因如下：

❑ 一个身居要职的人喊道："我想要内容，而且现在就要。"

❑ 内容创建者自认为他们对自己的品牌/受众非常了解，所以为什么不直接开始呢？

❑ 直接进入内容创造阶段更容易（也可能会带来更多乐趣）。

尽管这样做可能很诱人，但以设定目标和策略为起点却是非常重要的。杰伊·贝尔（Jay Baer）很好地总结了这一点："内容营销有助于实现企业目

# 内容策略——成功的关键

标,而不是内容营销的目标。"(Baer,2012)

因此,目标和策略必须从您所要实现的企业目标出发。例如,如果重点是保留和发展现有顾客,那么其内容要求将与吸引新顾客的内容要求有很大不同。广义来讲,内容营销战略可以与销售生命周期相联系,因此典型的目标是:

- ❑ 增强知名度:提高产品服务的可见性。
- ❑ 改变品牌感知:改变对产品服务的看法(例如在产品召回之后)。
- ❑ 建立参与度:增加与品牌和网站的互动。
- ❑ 推动交易:增加销售线索和转化。
- ❑ 增加保留率:提高忠诚度和顾客满意度。

另一种可能更简单的方法是将目标划分为品牌参与或创造需求:

- ❑ 品牌参与度:
  - 思想领袖;
  - 提升品牌认知;
  - 提高忠诚度;
  - 创造品牌拥护者。
- ❑ 创造需求:
  - 增加流量;
  - 增加销售线索;
  - 培养销售线索。

当然,品牌参与度和需求创造并不是相互排斥的,创造诸多品牌拥护者是创造需求的必经之路。

最后,重要的是要事先商定所需的内容是功能性的、趣味性的还是两者兼而有之:

❑ 功能性内容：这是位于您的网站上、通常帮助您产生销售的重要组成部分。一个很好的例子是产品说明或用户评论。这些内容经常被忽视，因为它们不是数字营销颁奖典礼上所呈现的"性感"内容。然而，这却是最关键的，因为好的功能性内容有助于您将一个普通浏览者转化为顾客，同时也会对自然搜索排名产生重大影响。

❑ 趣味性内容：这通常是以有趣和引人入胜的方式向目标受众传达信息的内容。这些内容的目的是鼓励人们使用数字方式（通过网络和社交媒体）谈论它，并自然地链接到它。除了提升您的品牌，这些内容还可以帮助您提高自然搜索绩效，因为它会从权威网站获取链接。通常情况下，这些内容位于站点外，尽管它很可能在站点上也有自己的存储位置。

在确定了您的高层战略和目标之后，下一步是进行一些详细的分析，以为"摘要"部分提供依据。

## 数据分析和目标群体

### 数据分析

在确定了高级策略之后，您需要对已有数据进行分析，从而确定内容营销的具体方法。到目前为止，最重要的考虑因素是您的目标受众。但是，还有许多其他数据点/工具值得首先考虑：

❑ 品牌准则：大多数大公司都有品牌准则，优秀的内容营销人员对此了如指掌。品牌准则除了提供创意线索和语气指导外，还应该明确说明品牌可接受的界限。

❑ 竞争对手分析：您的竞争对手在做什么？由于许多原因，这种市场情报至关重要，它会让您知道哪些内容正在被消费、在哪里消费，以及

# 内容策略——成功的关键

最重要的是,哪些内容已经存在,这样您就不会简单地复制它了。

- 顾客访谈/焦点小组/调查:询问顾客他们消费的内容、地点和原因,还要问他们想要什么,但是要谨慎询问。我见过的一位最聪明的营销人员给了我一些明智的建议,他说:"人们说他们做的和他们实际做的事情可能会大不相同。"所以,尽管问吧,但不要百分之百地依赖这一点,一定要通过看实实在在的数据来检验您面对面的研究所告诉您的假设。
- 分析:利用您自己的分析来确定您已经拥有的最有价值的内容。
- 关键词分析:利用Google关键词优化工具或其他第三方工具(例如Moz,即Moz.com),您可以很好地了解顾客要搜索的内容。有关关键词分析的更多详细信息请参见第8章。

**目标群体**

不幸的是,许多品牌营销人员仍然处于顾客喜欢其品牌的幻想之下,然而事实是您的顾客并不关心您,他们不在乎您的产品、您的历史、您的服务甚至您的存在,他们只关心自己。

那么为什么那些人会关心您的内容呢?事实上,没有人渴望品牌内容,因此,唯一获得认可的品牌内容就是满足需求或解决问题的内容。作为一个品牌,您需要让自己和自己的内容有价值。

克服这一挑战需要深入了解您的目标受众、他们面临的挑战以及如何与他们在线互动。这可以归结为三个关键问题:

(1)您的受众面临的问题是什么?

如果您的产品或服务不能解决问题,那就很难创造出吸引他们注意力的内容。您的受众是否有需要解决的问题?他们是想做些不同的事情,还是仅仅想得到娱乐？无论这些挑战是什么，都要了解受众的痛点，并清楚地说明您的产品或服务是如何解决这些问题的。

（2）您的受众在哪里活跃？

不同的受众群体在线活跃的位置不同。年轻的受众可能在社交媒体和移动设备上更加活跃，而老年受众则更喜欢使用台式机在专业博客或主流媒体网站上消费数字内容。考虑一下您的受众最可能活跃的地方、最可能受到谁的影响以及他们在哪里消费内容。消费者分析工具（例如 Hitwise 或 GlobalWebIndex）在确定目标受众线上活跃位置方面非常强大，可为您的品牌提供明确的指示，说明您应如何塑造和分发内容。

（3）他们喜欢如何交流？

知道您的听众在哪里是一回事，知道如何与他们交流是另一回事。不同的受众以不同的方式和格式消费内容。有些人更喜欢长格式的书面文本，其他的受众可能更喜欢信息图片或视频内容。同样，Hitwise 和 GlobalWebIndex 是非常有用的信息来源，它们可告知可能对您的内容最有效的格式。

## 把一切都整合起来

### 创意

在确定了策略和目标，进行了研究，并对目标群体有了详细的了解之后，现在是时候进行内容创意了。当然，这可以，而且通常是由一个人来完成的，但是如果您想快速地创造出很多好的创意内容，那么最好是使用一个团队，任何有观点的人都可以参与创意会议。唯一的先决条件是他们必须了解所有以前的研究。理想的会议始于对目标进行的研究和对目标受众的概述。虽然让一群人坐在一个房间里看看有什么好的想法是完全合理的，但还是建议使用一种更有条理的方法。头脑风暴是一种方法，但是，由于它被广泛使用和理解，因此

# 内容策略——成功的关键 14

这里建议另一种不太为人所知的方法——书面头脑风暴法（brainwriting）。

书面头脑风暴法是由伯恩德·罗巴赫（Bernd Rohrbach）在1968年开发的，它使得一个小组（6名参与者和一名主持人）在30分钟内创造出108个想法。方法如下：

- 确保所有参与者都充分了解会议的目标和研究背景。
- 创建一个"问题陈述"。例如，"我们希望提高对我们新产品的认识"。
- "问题陈述"写在分发给所有参与者的工作表（列标题为想法1、想法2和想法3的网格）顶部。
- 给每个参与者5分钟的时间写出解决问题的3个想法。
- 将工作表传递到右侧的参与者，并重复该过程，每个参与者都可以自由地从其他参与者提出的新想法中获得启发。
- 该过程在6轮之后结束，此时工作表共包含108个想法。

然后迅速浏览这些创意，除去所有重复的信息。最终，由小组选出最好的创意以进一步推进。

## 创建和计划

在决定了您想要创建的广泛的内容主题之后，现在是计划创建的时候了。无论内容是由内部创建还是由代理创建，都需要一份详细的摘要。前几步的所有努力使您获得了很棒的编写摘要所需的基本素材。我为内容规划开发了一种"内容气泡"模型（见图14.6）。这个模型可以帮助您创造出与您的观众产生共鸣的内容，同时可以确保您思考的角度很广。

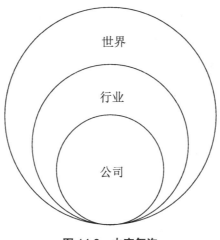

图 14.6　内容气泡

在最小的气泡中，您会看到与您的公司相关的内容；在中间的气泡中，您考虑的是适用于您所在行业的内容；而在最大的气泡中，您将从最广泛的意义上审视内容机会。气泡越小，获得内容的机会就越小，但与内容的相关性就越大；反之亦然。

最小的气泡将包含诸如公司新闻、产品信息、公司事件和报价之类的内容；中间的气泡可能包括行业事件或法规变化；而最大的气泡则可以包括从新的世界领袖到体育赛事的一切内容。

最小气泡的关键是确保您的内容（已经高度相关）能够引起读者的兴趣并吸引他们，而不是过于专注于内部。面对最大的气泡，您面临着相反的挑战，因为它很可能是一个有趣的主题，但是您需要找到一种从您公司的角度来探讨该主题的方法。银行无权对棒球比赛发表评论，除非能找到与之相关的财务角度。找到这些角度对于您的内容策略至关重要，并可以确保您在每件作品中都保持共鸣和真实性。

除"内容气泡"外，还必须了解内容规划的被动反应和主动反应。

# 14 内容策略——成功的关键

**被动反应类内容（reactive content）**

即使您有世界上最好的计划，您仍然会发现有时需要快速制作内容以对事件或新闻报道做出反应。您可能会发现，您的国家运动队的表现比预期的要好或差得多，如产生一个令人惊讶的政治结果，或者突然有一位与您的业务相关的知名人士去世。当然，您无法完全预测这些，但是可以设置一些流程来使自己快速行动。

这包括：

- 如果您正在根据结果创作内容，那么您应确保您拥有替代故事的框架。例如，如果您希望巴西在一场足球比赛中击败卢森堡，那么您可以提前写一篇文章，但是如果相反的情况发生，您应该有一个框架，让您能够在没有浪费太多精力的情况下快速完成，尽管前者更可能发生（抱歉，卢森堡）。

- 您应该确保您的团队能够按他们可能需要的时间工作。这可能涉及确保所有内容编写者都可以远程访问所有相关系统（例如，您的CMS），所有假期都由另一个编剧/制作人值班负责，并且有一个非工作时间的计划，无论是补偿还是调休。

- 您还应该有快速的审批流程。这可能只涉及管理层的签字，或者可能更复杂，需要来自各个团队（例如合规性、品牌或法律）的全球批准。这里的理想计划是创建一个自行签署过程，这需要与所有关键利益相关者达成一致，只要符合特定标准，作者就可以批准该作品。例如，这些标准可以包括不提及任何特定产品、任何价格或任何顾客的详细信息。

有了这些考虑因素，就可以使您的公司快速发展，这既是成功的与失败的被动反应类内容的区别，也是证明您的思想领导力的一个因素。

### 前瞻性计划（proactive planning）

对于前瞻性计划，我们使用内容气泡来提供我们可以覆盖的内容的概貌，并由此构建内容日历。该日历应包括正在创作的每一件作品及其分发方式的概况。它可以用来以长期观点审视我们的战略，也可以用来观察未来几周的目标。我们将在下面具体讨论。

前瞻性计划另一个至关重要的部分是相关世界事件的日程表。与内容气泡类似，这也应该分为公司、行业和世界三类。在此日历中，我们列出已知的在接下来的12个月中将要发生的所有事情，然后我们使用它在适当的时间计划相关的故事。如果我们知道艺术博览会即将到来，我们可以在自己的家居装饰博客上提供有关艺术如何改变家庭的文章，并在其中提及博览会，以确保内容相关性，这有助于搜索引擎优化、公关以及巩固我们在该领域内作为一个内容领导者的地位。

正如我们提到的，除这个事件日程表外，创建一个内容日历来跟踪所有的摘要是非常重要的。往往一张简单的Excel表格就可以了，核心元素是：

- 发布日期；
- 位置/媒体/渠道；
- 作者；
- 设计师；
- 受众/目标用户画像；
- 标题；
- 概要；
- 所需资料；
- 相关信息。

# 14 内容策略——成功的关键

同样重要的是,要考虑到您的内容日历不应仅覆盖您的数字渠道。它必须包含您整个企业中发生的所有事情,包括事件营销和印刷的小册子或新闻信息。还应注意有哪些线上营销活动正在进行,它们在说什么以及在什么渠道上进行宣传。在消费者眼里,品牌在各处的表现应该是统一的,因此这必须是您计划的方式。

对于更复杂的策略,您可能需要按国家、地区、公司、品牌或其他因素进行分组,具体取决于内容团队在组织中的集中程度。在这一点上值得一提的是,虽然集中化可以节省成本并带来一致性的好处,但您的内容必须保持个性化和有针对性,而不是过于同质化。

所有内容日历还应包括潜在的兴趣领域,这在前面的"前瞻性计划"中讨论过。

除内容日历外,内容所有者还应该具有内容编辑检查表,以确保最终交付的内容符合摘要要求。

在开发内容日历(有时称为编辑日历)时,您应该从三个角度利用内容机会。如图14.6所示,您应该首先从内部看,然后从行业角度看,最后从更广泛的角度看。

**公司**

考虑您的公司内容。这可能是研究报告、公司新闻、人员变动、事件营销、产品发布——与您的公司直接相关的项目。这是最容易理解和计划的。

**行业**

在这里,您将了解与您所运营的行业直接相关的内容。例如,在汽车行业,这可能是汽油价格、自动驾驶汽车趋势、新牌照和其他明显与您和您的顾客直接相关的外部因素。因为行业信息更加宽泛,所以您会有更多的内容机会。

### 世界

在最广泛的类别中,您需要忽略公司和行业,而将重点放在与顾客相关的内容上。它们可能是足球世界杯、圣诞节或类似事件,都会引起个人共鸣。找到一种能真正参与其中的方法很重要。除非是赞助商,否则汽车公司无法真正谈论足球世界杯。为此,您需要找到一个内容角度。例如,您可以考虑参加世界杯的每个国家的顶级汽车品牌,并展示如果它们都直接参加比赛,它们自己的品牌将如何获胜。您几乎总是可以找到一个角度,在这个最广泛的类别有很多机会可供选择。

## 分发

无论内容多么出色,在拥挤的市场中能够吸引人是成功的关键阶段。我们已经研究了如何通过上面的计划来最大限度地实现这一目标,现在我们将结合使用三种渠道类型(自有的、赢得的和付费的)来研究一些渠道考虑因素(见图 14.7)。

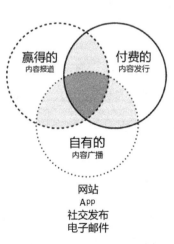

图 14.7 三个渠道类型

## 内容策略——成功的关键

### 自有的（owned）

自有渠道是您完全控制和拥有的渠道。它们可以推动早期舆情，并参与任何以内容为主导的广告系列。显然，您的网站属于自有渠道，但也要考虑到您的社交渠道，以及您所创建的内容如何在这些渠道上发挥作用（尽管我们注意到，社交渠道现在总是需要付费才能开始）。要记住需要针对现有顾客和潜在顾客对内容进行调整，同时，请务必将电子邮件数据库纳入其中。

### 赢得的（earned）

这些渠道是您无法购买曝光的渠道，但是您可以通过为用户提供价值来赚取这一类渠道。您需要协调一致地努力向记者、博客作者、社交媒体用户和网站所有者销售您的内容。如果您做过受众调查，并遵循结构化的内容策略和构思方法，就会发现您的内容会产生共鸣。虽然赢得的媒体曝光可以由企业内部人员实施，但品牌通常会求助于专业人士，他们手上有相关联系人和工具，使任务更容易完成。

### 付费的（paid）

这些渠道通常涉及某种形式的媒体或合作伙伴支出，以换取您的广告曝光。它们通常也是最容易被忽视的，因为数字营销人员倾向于错误地将付费渠道与纯获客渠道相关联。它们对于推动电子商务的流量非常有效，也可以帮助提高内容浏览量。付费媒体使用的例子包括：

- ❑ Google 上的付费搜索广告，以宣传新的白皮书；
- ❑ 使用 Outbrain 或 Taboola 等平台（这两个内容分发平台都倾向于在主要发布者网站上提供内容）推出有趣/新颖的内容；

- 面向早期用户群的 Facebook 广告；
- 推广网络研讨会的 LinkedIn 广告；
- 宣传新发布的 App 的展示广告。

在这一点上值得注意的是，社交属于自有、赢得和付费三者重合的部分。不幸的事实是，为了真正利用社交工具，您现在需要付费才能吸引包括您自己的粉丝在内的人群。这并不意味着您应该避免使用非付费发布，相反，如果您真的想通过社交工具与人们互动，就需要同时考虑付费与非付费方式。

## 度量内容的价值

考虑到内容可以有很多种形式，目标也可能大不相同，因此没有一种标准的度量方法或工具集。下面列出了常用的度量标准，您使用哪些度量标准取决于被度量的内容和该内容的目标。

在这一阶段，建议参考第19章，在分析的背景下理解社交指标，避免过于关注虚荣指标。

### 数量和覆盖率指标

这些指标着眼于受众接触点的数量以及广告系列／渠道驱动的目标的数量，如：

- 社交覆盖率和关注者（social reach and followers）：您的覆盖率／关注者是否在增加？
- 展现次数（impressions）：您的内容展现了多少次？
- 获得媒体报道（media coverage gained）：获得了哪些报道？发布内容的出版物的影响范围如何？
- 社交提及次数（social mentions）：您的内容在社交渠道上被提及了多

## 内容策略——成功的关键

少次?

- 通过内容中的链接访问网站的次数（links back to your site obtained）：如果内容中提供了链接，则时间宝贵的内容消费者当然会更倾向于访问您的网站。此外，来自优质站点的链接也对 SEO 有所增益。

> **触达率**
>
> 触达率（view-through rate，VTR）是度量内容被浏览的百分比的指标。许多平台提供此功能，这对于衡量视频的参与度至关重要。一段视频仅仅看了开头并不能说明它是否吸引人。您可能还要考虑到片头、致谢、声明等部分，从而了解这个指标真正的意义。

### 参与度和消费指标

这些指标着眼于顾客互动和讨论的质量，以及广告系列或渠道内容的消费方式。示例包括：

- 内容交互（content interaction）：该内容产生了多少个页面浏览/下载？内容的跳出率是多少？视频的观看次数和 VTR 是多少？（跳出率是访问页面后立即离开的用户所占的百分比。）
- 社交触发次数（social triggers）：转发、分享和发布。
- 社交参与（social engagement）：这是消费者积极推广内容的表现，不仅仅是点赞或分享，而是真正的参与。例如，在帖子中添加评论。与之相关联的是更复杂的度量指标。例如，在 Twitter 上拥有超过 6000 万关注者的凯蒂·佩里（Katy Perry）的一个分享，可能比本书作者的分享更有价值（根据具体情况而定）。

### 流量获取与价值指标

这些指标着眼于流量获取以及全部销售和收入指标:

- 产生了多少转化/销售线索?
- 提供了多少销量与收入?
- 每一个线索/互动/销售的成本是多少?

根据您的内容目标,以上指标的组合应提供您所需的分析,以确定哪些内容有效,哪些内容无效。

### 度量失败

这是内容营销的一个重要考虑因素。当涉及制作趣味性内容时,您应该期待甚至庆祝失败。这并不是说,如果创造了100个您认为很棒的内容,但它们都失败了,您应该感到高兴,重要的是要认识到,不是您创作的所有东西都能奏效。事实上,如果一切正常,您可能会问自己是否已经突破了界限。

成功的关键是进行适当的度量。了解每个内容的功能以及您如何分发内容将有助于您分析失败的原因。例如,内容的主题、作者、使用的社交渠道、在什么日期和时间以及图像、文案或视频都是成功或失败的因素,因此,分析这些因素对于逐步完善您的内容策略非常重要。

 案例研究

#### 赫兹汽车租赁公司(Hertz Europe)

**背景**

赫兹公司是全球知名的汽车租赁公司。然而,近年来,该品牌受到了来

## 14 内容策略——成功的关键

自低成本运营商的压力,尤其是在度假租赁市场。

**战略**

为了应对这种竞争压力,赫兹公司对欧洲汽车租赁市场进行了详细分析,以确定其在欧洲的 6 个地区领先于竞争对手的优势。这项分析显示,与竞争对手相比,赫兹公司的内容营销在功能性和趣味性方面都存在差距。在基于位置的非品牌关键词搜索引擎优化方面和转化率方面,内容的缺乏对品牌造成了损害。面临的挑战是在短时间内部署大量功能性内容,并开发创意内容概念以支持本地关键词和核心关键词的排名增长。

赫兹公司的解决方案是重点部署功能性和创造性内容。虽然赫兹公司的有机排名在通用关键词方面相对强劲,但凭借品牌的优势,还有许多可以推动本地化关键词搜索的改进。这些针对特定城市或地区的关键词的交易量明显较低,但由于搜索者的意图强烈,它们可以带来更高的转化率。例如,搜索"马拉加汽车租赁"的人肯定会显示很强的购买意图。

赫兹公司创建了超过 11 000 页的本地化内容,跨越 6 个国际域名,覆盖了赫兹公司服务的每个城市、城镇和地区。当然,这是一项艰巨的任务;然而,赫兹公司遵循了符合逻辑又以受众为中心的方法,这使得生产过程相对周密。最关键的是,赫兹公司将重点放在了有附加值的内容上,附带副产品是对搜索引擎优化的好处。

这一功能性内容得到了富有创意的、引人入胜的内容广告系列的支持,旨在激发人们探索赫兹。从鼓励知名记者尝试赫兹面包车的新体验,分享爱丁堡郊外的绝佳步行目的地,到圣潘克拉斯寻鬼和在伦敦北部伊斯灵顿寻找复古时尚,创意内容将触及新的受众,并增强赫兹公司的线上影响力。

**结果**

欧洲 6 个市场的收入增长出色。本地化内容策略为赫兹公司带来了可观的投资回报、预订和收入增长均超出了所有预期。创意内容帮助赫兹公司获得了欧洲领先出版物的出色报道和高质量推荐,其中包括英国的《电讯报》《TNT 杂志》《苏格兰日报》《先驱报》,以及整个欧洲的《巴黎人报》《格拉齐亚》《GQ》《赫芬顿邮报》。本地化的内容策略使针对特定城市和地区的搜索字词的排名明显提高。这些页面包含有关最终用户有关目的地的有用信息,助力了欧洲 6 个核心市场的收入增长,同比增长从英国的 11.06% 到意大利的 121.13% 不等。

**主要经验**

- 赫兹公司采用以内容为主导的策略,通过扎实的研究,分发广泛的相关内容,推动了所有市场的重大进步。
- 上面讨论的关键内容目标都实现了,这也是赫兹公司的战略如此成功的根本原因。

## 国际内容

尽管流程相同,但不管市场如何,都需要将国际内容营销的一些关键考虑因素纳入内容摘要中:

- 用户画像是否相同?您的细分市场和用户画像可能在另一种文化中差异很小,但也有可能在其他地区完全不同。
- 平台是否相同?例如,俄罗斯的主要搜索引擎是 Yandex,而中国则是百度;在中国占主导地位的微博客是新浪微博,而不是 Twitter。
- 是否有文化差异?尤其是在使用幽默的时候:在一个国家被认为有趣的事情在另一个国家可能是非常令人反感的。我们在第 3 章讨论了文化差异。
- 是否受法律影响?各国和各地区的隐私法各不相同,围绕言论自由和

# 内容策略——成功的关键

被遗忘权的法律也不尽相同。因此,您应了解相关的法律,并知道如何使您的战略适应这些法律。

- 是否有季节性活动?例如,感恩节、农历新年和篝火之夜在一些国家都会有非常重要的庆祝活动,而在另一些国家则很少。另一方面,像圣帕特里克节和圣诞节的活动,通常在那些与庆祝活动没有特别联系但仍然有人喜欢参加的国家举行。

- 本地化:虽然只将您的内容简单翻译很诱人,但如果这样做,您很可能会失去目标受众。由本地母语人士撰写和审核您的内容可以确保这些内容在文化和语言上都是准确的。

- 移动设备:移动设备渗透率和操作系统的普及程度也会因国家/地区而发生重大变化。某些国家/地区主要使用iPhone,另一些国家/地区则专注于Android,还有一些国家/地区的移动设备普及率很低。这种差异也会改变其他因素,例如上述平台。Yandex是俄罗斯最大的搜索引擎,但如果仅用Android,搜索引擎就是Google。

## 审核清单

可从以下位置下载三步法内容审核清单:www.koganpage.com/DigitalMarketingStrategy/2。

进行内容审核是内容营销最重要的方面之一,但也是最困难的方面之一。本指南将引导您完成内容审核的三个主要阶段,重点介绍要寻找的内容以及如何找到做出最佳决策所需的见解,该在线资源将帮助您制定内容策略。

## 本章小结

内容有多种形式，而不仅仅是文字。它既可以是功能性的（描述性内容），也可以是兴趣性的（旨在引起兴趣或反应），其飞速发展很大程度上取决于消费者行为的改变，以及 Google 对提供大量内容的网站排名的重视。为了与目标受众产生共鸣，重要的是要考虑内容支柱。内容应为：

- 可信的；
- 可分享的；
- 有用或有趣的；
- 吸引人的；
- 相关的；
- 及时的；
- 有差异；
- 与品牌相符。

创造出色的内容并不容易。首先，它需要合适的人和正确的组织结构。没有这些，所产生的内容就不可能是最好的，也不可能发挥其潜力。内容制作从设定高级目标和策略开始。定义好这一点后，重要的是分析您拥有的数据，回顾竞争对手的输出，并且要使用用户画像来定义目标受众。然后就可以开始构思了，书面头脑风暴法是在 30 分钟内创造出 100 多个想法的好方法。然而，内容创作只是挑战的一半。

内容经过精心计划和分发才能成功。您应该使用内容气泡，并创建主动式和被动式流程来有效地管理内容。为了最大限度地扩大覆盖范围，必须考虑所有渠道：

# 内容策略——成功的关键

- 自有：您所拥有的渠道。例如，您的网站、您的社交渠道（在一定程度上）、您的电子邮件数据库。
- 赢得：媒体报道是花钱买不来的，往往是通过社交媒体、传统 PR 等方式自然编辑出来的。
- 付费：购买的报道具有一定的作用，特别是刚开始时在出版商网站或社交网站上发布内容。

为了有效地度量内容，我们需要考虑三个关键要素：

- 数量和覆盖率；
- 参与度和消费量；
- 流量获取与价值。

最后，为国际市场创建内容需要一种非常本地化的方法，简单的翻译可能弊大于利。

**本章检查清单**

- 什么是内容营销；
- 什么是内容；
- 您应该使用哪些内容类型；
- 为何做内容营销；
- 创建内容的人员和过程；
- 分发；
- 衡量内容的价值；
- 国际内容。

## 延伸阅读

❑ 关于内容营销：

Norris, D (2016) *Content Machine: Use content marketing to build a 7-figure business with zero advertising*, Dan Norris

Scott, EJ (2018) *Content Marketing Book: 3 manuscripts in 1, easy and inexpensive content marketing strategies to make a huge impact on your business*, CreateSpace Independent Publishing Platform

❑ 关于内容策略：

Casey, M (2015) *The Content Strategy Toolkit*, New Riders．这本书包括研究阶段、制定策略、获得支持和交付策略。

❑ 关于如何讲故事：

Jutkowitz, A (2017) *The Strategic Storyteller: Content marketing in the age of the educated consumer*, John Wiley & Sons

## 参考文献

1. Baer, J (2012) [accessed 1 November 2015] A Field Guide to the Four Types of Content Marketing Metrics [Online] http://www.convinceandconvert.com/content-marketing/a-field-guide-to-the-4-types-of-content-marketing-metrics/

2. Content Marketing Institute (2018) [accessed 19 November 2018] Annual Research: Content Marketing Budgets, Benchmarks and Trends[Online]http://contentmarketinginstitute.com/research/

# 个性化顾客旅程和数字化体验 15

## 本章内容概要

本章将介绍个性化、数字营销人员可用的选项以及所涉及的一些挑战。技术进步使个性化变得相当成熟,并且人们越来越期望能被个性化地对待,因此我们将讨论如何将其中的利益最大化。本章涉及的关键领域包括:

- 什么是个性化;
- 定义真正的个性化;
- 用户定义的个性化;
- 行为个性化;
- 战术个性化;
- 单一顾客视图。

> **本章目标**
>
> 在本章结束时,您应该对个性化的类型和好处有所了解。您应该了解单一顾客视图的概念以及个性化和细分市场之间的区别。

## 什么是个性化

在第 17 章,我们将从数字角度研究忠诚度、保留率和 CRM 营销。成功的 CRM 或忠诚度计划始终依靠在正确的时间传递高度相关的信息,这越来越

## 15 个性化顾客旅程和数字化体验

成为消费者对整体营销的期望,尤其是在从用户体验到广告再到电子邮件等数字渠道上,因此个性化(personalization)的重要性每天都在增长。值得庆幸的是,技术已经发展出前所未有的可能性,随着人工智能(AI)的快速发展,个性化的选择每天在增加。

个性化方法一直是传达您的信息的最佳方法。无论您是和顾客交流,还是和朋友聊天,不管受众是谁,把您的信息用与他们相关的词语来表达,会使您提供的信息更有力、更清晰。长期以来,个性化一直是成功开展营销活动的关键因素,由于这种类型的交流机会变得越来越容易获得,直销在20世纪后期出现了显著增长。数字技术的发展使我们能够做更多的事情,而我们现在正处于一个令人兴奋的阶段,可能性领域广阔无比,问题在于如何或何时使用个性化方案,而不是为什么使用它。最近的数据表明,个性化(这是我撰写本书第1版时的首要任务)对于今天的成功至关重要。Evergage的"2018年个性化趋势"调查显示:营销人员绝大多数(98%)同意个性化有助于促进顾客关系这一观点,74%的受访者称其具有"很强"或"极大"影响,近9成(88%)的受访者表示,他们的顾客和潜在顾客希望获得个性化体验。(Evergage,2018)

 案例研究

### 亚 马 逊

**背景**

亚马逊以其个性化而闻名,多年来一直使用产品筛选和推荐算法。它被誉为是第一个在这一领域发挥重要作用的公司,我们可以持续从中学习,尽管随着发展,还需要更先进的技术。

**战略**

亚马逊一直努力通过数据来了解其消费者,并根据许多因素给出推荐。

很明显，个性化推荐和销售增长之间存在联系。表现方式可以是通过推荐本身直接购买，与朋友分享产品（因为朋友经常和您有相似的兴趣）；也可能是因为在这里找到您想要的东西的可能性较大，因此增加了应用程序的使用（甚至在购买前您自己都不知道想要它）。

亚马逊通过多种途径实现个性化，这是一个重要的经验。个性化不是简单地增加一个名字，在数字时代真正的个性化是理解您的用户并给他提供独特的服务。亚马逊给出的推荐包括：

- 像您这样的人也买了……
- 为您推荐；
- 您的Dash按钮（一键购物按钮）；
- 继续寻找……
- 您常搜索的类别；
- 查看您的购买；
- 与您最近的购物趋势相似；
- 与您的愿望单相似的产品；
- 查看此商品的顾客也购买了……
- 经常一起购买的产品；
- 还有更多依赖数据和趋势的信息。

**结果**

结果很清楚。如今，亚马逊已成为全球最大的企业之一，这在很大程度上归功于其对数字个性化的使用。如果像亚马逊一样全面有效地实施该策略，则数字个性化的功能是巨大的。

**主要经验**

如今，所有企业都应制定清晰的数据策略，并有效管理其数据。在所有数字策略中，必须使用这些数据来创建有效的个性化策略，这对于从内容到平台的所有操作都至关重要。

# 15 个性化顾客旅程和数字化体验

## 定义真正的个性化

那么,真正的个性化意味着什么?有很多方法可以确保您的信息是针对个人量身定做的,其中的许多方法我们已经使用了几十年。在称呼"亲爱的杜先生"或"您好约翰"中包括个人的名字可能是最常见的。还有一种做法是从数据库中提取有关顾客的信息,并将其插入诸如"因为我们知道您喜欢滑雪,所以向您介绍这个很棒的高山度假优惠活动"之类的信息中。这些都是很棒的方法,但是它们的深度不够,以至于无法真正称为量身定制。

如第1章所述,我们可以使用细分来确保您的信息相关性,同时降低物流和履行成本。然而,这不是个性化。因为一些共同的因素,把人和其他人以相同方式对待永远不会引起所有人的共鸣。以 21 世纪 10 年代中期英国 eHarmony 的电视广告为例。广告中提到的事实是,屏幕上的两个人有一些相似的兴趣爱好,例如同龄、同住一个城镇或热爱美食,这些信息对于一些网站来说,足以将他们匹配在一起。我们也看到过其中一个人是年轻人,另一个是骆驼、野猪或其他荒谬的匹配。如果您确实希望顾客获得真正个性化的服务,那么这个广告是一个很好(而且相当有趣)的方法,可以让人们认识到,细分并不是解决问题的办法。

有两种主要的个性化方法可以使我们达到目标。简单来说,您可以让用户告诉您他们想要什么(用户定义的个性化),也可以了解他们想要的东西(行为个性化)。下面我们来更详细地了解这些。

## 用户定义的个性化

用户定义的个性化(user-defined personalization)方法允许用户告诉我们

他们想要什么。许多细分甚至个性化模型的危险在于，关于某人想要什么的决定是基于趋势、假设和其他指标做出的，这些指标可能并不能代表这个人，而用户定义的模型可确保这种风险消失。此方法依赖于为您提供数据的个人，您可以针对他们进行个性化沟通。这可能包括他们的人口统计学数据、兴趣爱好、日常生活等。这可以通过任何渠道完成，如在线表格或偏好中心、电话甚至邮寄信件。这种方法在表面上看起来很直白，消费者告诉我们他们想要什么，我们就将其提供给他们。但是，您能不能获得更加个性化的东西呢？答案是可以的，但是这将面临更多挑战。

第一，您需要收集信息。如果有人不愿意为您提供这些内容，那么您的整个个性化模型就会崩溃。这会导致您的某些顾客能收到个性化的信息，而有些则只收到通用的信息。这可能会导致您需要运行两个单独的信息管理程序，一个用于个性化方法，另一个用于其他所有人。然后，您需要确保在所有营销决策中都融入了这种思想，这有点儿混乱并且可能导致错误。这包括复制和合并，诸如内容策略、联系策略和关键网站登录页面之类的复杂问题，并且要将数据和报告分开，可能会非常复杂。

第二，您依赖于数据的准确性。例如，如果您强迫所有顾客给您这些数据，那么很有可能就像网上的任何必填字段一样，一部分人会提供虚假数据，因为他们不想给您您想要的，甚至出生日期、职业都可能是虚假的。当您给一位78岁的男士寄一张女士美容优惠券，并写上"40岁生日快乐"时，顾客会非常尴尬，这甚至会损害您的品牌。

第三，您还假设人们了解他们自己。任何有孩子的人都会知道，您从别人嘴里得到的答案，无论他们认为多么真诚，都不一定代表真实情况。我们都有自己的愿望和信念——我们是谁，我们想成为谁。骄傲有时会超过现实，而记忆并不总是可靠的。有人可能会给您一个真实的答案，但不一定是正确的。

## 15 个性化顾客旅程和数字化体验

例如，亚当·梅多年前就热衷于骑自行车，并计划重新开始骑自行车，因此他仍然认为骑自行车是他的主要爱好之一。他上次骑自行车已经有10多年了，但时间飞逝，对他来说似乎并不长。亚当在当地超市填写了一份调查表，并将骑自行车列为一项爱好。超市随后开始向亚当发送当地自行车路线图和自行车产品代金券，但这些产品都没有被使用过。超市给的其他奖励之一是与食物有关的物品，然而，亚当确实会使用这些东西，但即使他每周至少去三次餐馆，他也不认为自己是美食家。

许多令人着迷的人类心理学研究说明了这一点。要注意邓宁—克鲁格效应，即个人认为的自己在某项技能上的水平要远好于真实水平（我想我们都认识这样的人）。

因此，用户定义的个性化模型确实具有一些强大的优势，但是您需要确保数据的完整性和准确性。行为个性化可以通过扩展用户定义的数据来提供帮助。

## 行为个性化

我们现在正处于这样一个阶段：我们可以从顾客的行为中学习，并在适当的时间为他们提供正确的信息。这是直接营销的最终目标，也是目前非常有可能实现的目标。

大数据是当今数字营销中的另一个流行语，也是许多组织面临的最大挑战之一。数据是一家公司能够拥有的最大资产之一，除员工外，从网络分析、购买渠道、研究、呼叫中心运营、财务和许多其他领域获得的巨大数据创造了一个复杂的可能性网络，我们将在第19章更详细地讨论大数据，但值得注意的是，组织和维护数据的质量对于个性化和更广泛的营销战略的成功至关重要。

## 数字营销战略——在线营销的整合方法（第2版）

通过各种数据收集点接收到的信号（如访问网站、打开电子邮件、与某些内容互动甚至访问店铺的特定区域）来指示个人的行为。然后，这些数据可以被输入一个可以实时做出决策的模型。这种可能性真的是无穷无尽的，如果一名顾客多次来到您的网站，在购物篮里添加了一些商品，但从未购买过，您会给他提供很多优惠吗？您是否对每封电子邮件进行个性化设置，使内容仅与个人相关，并且只在顾客希望打开电子邮件的时间发送？当您的顾客到达您店铺的某个区域时，您是否会直接给他们的手机发短信？因为您知道他们已经和您的网站上的那个区域进行了互动。

这个机会意味着消费者从此只会收到与他们相关的营销信息。垃圾邮件已成为过去，市场营销的有效性水平飙升。当然，这就是未来，从中也可以理解为什么这么多营销人员对此感到兴奋。但是，行为个性化（behavioural personalization）也带来了挑战。首先，正确使用数据对成功至关重要。数据很可能是正确的（除非有标记错误或类似的错误），但是如何使用这些数据是很重要的，因此制定一个策略是成功的关键。当我们看到新技术和大量的选择时，作为营销人员我们可能会感到过于兴奋，从而有时会滥用新技术。这说起来容易做起来难，虽然许多个人和公司声称要这么做，但事实往往并非如此。您所做的真的会让他们受益吗？如果是这样的话，那么您可能有一个明智的策略，只要您能让它为您的企业工作。

您不仅需要一个策略，还需要能够解释数据，并根据您所看到的做出正确的决定。为了做到这一点，您有时需要做出某些假设，但正是这些假设和解释可能使得高质量的数据变得毫无价值。用户定义的个性化模型的优势在于，我们知道从消费者的角度来看，数据是正确的，因为是他们自己提供的数据。例如，想象一下，我们看到一个用户——肯尼迪小姐，反复访问我们的网站，

## 个性化顾客旅程和数字化体验

在购物篮中添加自行车装备，但后来决定不购买。我们从中知道什么？肯尼迪小姐是一个对产品或我们的品牌犹豫不决的自行车爱好者吗？肯尼迪小姐是不是想开始骑自行车，但不确定？肯尼迪小姐是否考虑买自行车装备作为送给朋友或家人的礼物？肯尼迪小姐在购买时是否遇到技术问题或用户体验问题？答案可能是其中任何一个，也可能是上千个，甚至可能是肯尼迪小姐 14 岁的儿子在使用她的账号。如果没有一个具体的人向我们提供数据，我们就必须小心我们所做的假设。

最后，隐私是这个领域一直存在的挑战。现在收集的数据量实在是太大了，关于哪些信息我们可以收集，即使是匿名的，也不断受到道德的质疑。近年来，许多品牌因试图拥有过多的用户数据而受到损害，这导致了索尼（Sony）和 Facebook 等知名企业被大量公开曝光。迪士尼就是一个这样的例子，它早在 2011 年 5 月就允许其 Playdom 业务使孩子们能够在网上公布他们的全名和地址，这违反了《儿童在线隐私保护法》（COPPA），因此被罚款 300 万英镑（Marsan，2012）。消费者对于发送他们的数据越来越精明，法规则持续限制着组织获取和使用此数据的能力。欧洲 2018 年的 GDPR 就是一个很好的例子，所有营销人员都应该理解这一点，而不仅仅是欧洲的那些，因为它具有广泛的影响。Ofcom（英国通信管理局）的"2014 年成年人媒体使用和态度报告"发现，有 42% 的互联网用户"只要能得到他们想要的回报，就会很乐意向公司在线提供个人信息"。在其 2018 年的报告中，这一数字已降至 33% 左右，并取决于是否满足某些条件。但是，将来企业可能必须从消费者那里购买此数据，毕竟这是一项重要资产。

行为个性化的未来是非常强大的，它为组织和消费者都提供了最好的结果，但在这一点变得舒适之前，仍有一条艰难的道路要走。

## 不是非此即彼

对于上面的模型要记住的一件事是，您不必非此即彼地进行选择。两种模式都有其优点，两者都有适合的时间和地点。行为个性化是一种更现代的方法，但这并不意味着在任何情况下都适合。例如，您可以请您的顾客告诉您他们想加入哪些电子邮件活动，以及他们对哪些内容感兴趣，这样您就不需要在 3 个月内为他们提供一些不相关的内容。而如果您依靠他们独立解决这些问题，那么，他们可能已经感到沮丧并退订。但是，您可能希望他们在您的网站上获得的体验能够适应他们的行为。

### 糟糕的个性化：Facebook 的情绪实验

该实验于 2014 年进行，但它仍然是为何不使用个性化功能的绝妙示例。我将此作为一个个性化的不良示例，并不是因为这个机制失败了，而是因为这项实验被许多人认为是骗人的，因此 Facebook 失去了一定程度的信任，而这种信任可能永远无法从那些离开 Facebook 的用户那里重新获得。英国《卫报》网站上的一项民意调查显示，有 84% 的受访者对 Facebook 失去了信任，其中有 6% 的受访者考虑关闭他们的主页。（Fishwick，2014）

这个实验操纵了用户看到的内容，试图控制他们的情绪，然后检查他们的帖子，看看他们的情绪是否真的受到了影响。这一概念引起了人们的愤怒，因为人们普遍认为，一个公司没有权利为自己的利益而在没有参与者许可的情况下对其进行心理实验。这是一个有效的个性化策略的实施案例，但对用户来说，其是缺乏思考的。

# 个性化顾客旅程和数字化体验

## 战术个性化

并非所有的个性化都必须包括数据收集并成为复杂策略的一部分。有时,某种程度的个性化可以简单地为用户提供独特而诱人的功能。例如,如果您允许顾客更改产品的设计或更改他们正在使用的应用程序的背景图片,那么您是否真的会对他们有很多了解?没有,但是您却提供了顾客可能欣赏的价值水平。

## 单一顾客视图

单一顾客视图(single customer view)是通过将来自整个组织的所有数据组合到一个整体视图中而创建的完整的顾客视图。这具有挑战性,但可以带来令人难以置信的回报。

越来越多的人需要从分别对待顾客的不同方面开始,这一点在制定个性化战略时值得考虑。在孤岛中工作是导致许多企业失败的原因,而这在提升用户体验方面永远是错误的。如果您通过单一顾客视图(SCV)了解顾客,那么必须尽可能在每个接触点个性化您的体验,这包括您的网站、电子邮件程序、呼叫中心运营,甚至社交媒体顾客服务。近年来,许多企业都在开发SCV,并且从未比现在更加迫切,这样做的原因是社交媒体和评论网站清楚地表明了组织在此方面的劣势。如果您被认为提供了糟糕或不一致的顾客服务,那么您的业务将受到影响。除了可见的评级,您会发现您的顾客也会用脚投票。ThinkJar首席执行官埃斯特班·科尔斯基(Esteban Kolsky)称,26名不开心的顾客中只有1人抱怨,其余的人干脆离开。与此相反,那些正在接受更个性化服务的人可能会留在您的公司,甚至可能成为您的倡导者。

案例研究

## 可口可乐

**背景**

2011年,可口可乐(Coca-Cola)在澳大利亚发起了著名的"分享可口可乐"活动,其目标是覆盖千禧一代。每个瓶子上都印有该代人最流行的名字之一。自那时起,基于全球范围内的地域差异,可口可乐这一名称已扩展到1000多个名字和许多其他变体。

**战略**

这种个性化是在物理产品上而不是通过数字渠道提供的,但是,效果是广泛的。此案例与数字实施无关,而与营销整合有关。本书的标题包括"在线营销的整合方法"副标题,这是我们在此处重点关注的内容。可口可乐的命名策略显然具有传播潜力。

社交媒体、内容、图像等都是围绕这一点发展起来的。通过整合,可口可乐能够开展一个有吸引力的活动,并通过多种渠道进行传播。个性化的力量是成功的动力,但是将所有渠道的营销与数字化整合在一起发挥了关键作用,这才引起了轰动。

**结果**

根据www.coca-cola.co.uk的数据,仅2014年,可口可乐在Twitter上的展现就达9.98亿次,来自111 000名粉丝的235 000条推文带有#ShareaCoke标签。这导致超过1.5亿个个性化的瓶装可乐被出售,通过电子商务商店对超过730 000个玻璃瓶进行了个性化,并且在欧洲在线分享了17 000个虚拟名称瓶。

**主要经验**

个性化不一定非得通过数字化来实现。物理实施实际上可以产生更多的

## 个性化顾客旅程和数字化体验

影响,因为它的期望值较低。然而,使用数字作为一个综合战略的一部分,以支持您的实体营销,是至关重要的。您不能在这两者之间划线隔离——一个是市场营销部门,一个是战略,数字化应该贯穿整个领域。

 **本章小结**

在本章中,我们了解了什么是个性化,以及现代技术如何使企业超越细分和简化的个性化技术。我们研究了用户定义的个性化和行为个性化,以及这两种技术的区别和它们是如何不相互排斥的。最后,我们考虑了单一顾客视图及其在向顾客传递一致信息方面日益重要的问题。

**本章检查清单**

- 什么是个性化;
- 定义真正的个性化;
- 用户定义的个性化;
- 行为个性化;
- 战术个性化;
- 单一顾客视图。

 **延伸阅读**

- 关于邓宁—克鲁格效应:

McRaney, D (2012) *You Are Not So Smart: Why your memory is mostly fiction, why you have too many friends on Facebook and 46 other ways you're deluding yourself*, Oneworld Publications

❏ 关于个性化：

Berndt, J (2015) *Personalization Mechanics: Targeted content for web teams of all sizes*, TBG Books

Wirth, K and Sweet, K (2017) *One-to-One Personalization in the Age of Machine Learning: Harnessing data to power great customer experiences*, BookBaby

参考文献

1. Evergage (2018) [accessed 20 November 2018] 2018 Trends in Personalization[Online] https://www.evergage.com/wp-content/uploads/2018/04/Evergage-2018-Trends-in-Personalization-Survey.pdf

2. Fishwick, C (2014) [accessed 1 November 2015] Facebook's Secret Mood Experiment: Have You Lost Trust in the Social Network, 30/60 *The Guardian* [Online] http://www.theguardian.com/technology/poll/2014/jun/30/facebooksecret-mood-experiment-social-network

3. Marsan, C D (2012) [accessed 1 November 2015] 15 Worst Internet Privacy Scandals of All Time, 26/01 *Network World* [Online] http://www.networkworld.com/article/2185187/security/15-worst-internet-privacy-scandals-of-all-time.html

第4篇

# 转化、保留和度量

16 有效的设计、电子商务和用户体验
17 管理忠诚度、顾客关系管理和数据
18 提供流畅的在线服务和顾客体验
19 通过数据分析和报告度量绩效

# 16 有效的设计、电子商务和用户体验

## 本章内容概要

在本章中，我们将研究用户体验（user experience，UX）以及如何将其应用于数字化设计，以便为消费者提供出色的体验并实现您的战略目标。

本章涵盖的关键领域有：

- ❑ 用户体验；
- ❑ 用户体验研究；
- ❑ 设计思维。

> **本章目标**
>
> 到本章结束时，您应该了解用户体验设计在数字营销战略以及网站或其他数字平台中的重要作用。您将了解用户体验设计的研究要素，该要素可在您的数字营销战略的整个周期中提供帮助。您还将了解如何应用设计思想来最大化平台的影响力。

## 用户体验

如果您的数字营销方法按计划实施，那么您将获得更多的流量。因此，数字化资产的用户体验，对于鼓励访问者采取您的战略所要促成的行动至关重要。用户体验和用户体验设计不应与您的数字营销战略脱节。

# 有效的设计、电子商务和用户体验

顾名思义，用户体验就是人们如何体验您的数字化资产（应用程序、网站和亚马逊智能音箱 Alexa 等新兴设备），因此需要与您的营销战略以及品牌价值观紧密结合。如果您的品牌是高端品牌，并且承诺提供优质服务，那么您就不可能在不损害声誉的情况下提供笨拙的数字化体验。

在 Google 搜索结果的丰富摘要（rich snippet）中，维基百科（Wikipedia）为用户体验提供了一个很好的定义："一个人使用诸如网站或计算机应用程序之类的产品的整体体验，尤其是使用的容易程度或令人愉悦的程度。"这是一个非常好的定义。

用户体验设计师通常专注于数字化资产（digital property）的结构、导航和交互。根据项目的规模或项目团队的规模，可以有许多支持数字化体验所创建的不同设计学科。

用户体验（UX）通常是数字化项目的领导学科，拥有定义用户旅程的权力。换句话说，用户体验规定好了一个理想化的顾客（通常称为角色）完成下列活动需要的步骤：知晓您的产品或服务—与您的企业互动—满怀希望地完成购买或类似活动。

没有两个顾客的旅程是相同的，并且它们通常会被高度理想化。但是，当可以获得定量和定性数据时，可以得出精确的近似值，从而使 UX 设计人员可以创建有效的体验。

尽管我们的目标可能是向潜在顾客和现有顾客销售某些产品或服务，但潜在顾客或现有顾客本身有他们自己希望通过数字化互动来实现的目标。这些目标可能是潜意识的。例如在工作中忙里偷闲浏览 Facebook 时，潜意识中可能想达到更高的目标；例如根据竞争对手的产品来评估给定的产品。

用户体验设计师的工作是创造一个优秀的体验，而不管用户的目标是什么。

您的研究和数据对于展现这些目标并将其输入到用户体验流程中很重要。当您了解了流量来自何处、构成流量的人可能是什么样子、他们想要实现什么时，设计网站的结构和导航（无论是否基于电子商务）就会变得容易得多。

> **Google 在用户体验上的丰富摘要**
>
> 丰富摘要（rich snippet）是 Google 可以读取并插入到您的搜索结果中的一段结构化数据。这可能是产品信息、评论、价格、可得性、配方、事件时间和位置，或应用程序信息。这些为用户做出决策提供了大量信息，并使用户的搜索结果更加突出。

## 岗位和职责

既然已经宣称用户体验是当代网络和数字化项目中的主导学科，因此有必要快速研究一下根据项目的规模参与其中的其他学科。

每个项目或团队都会略有不同，但下面的列表展现了数字化领域角色的专业化日渐增强，与此同时，在某些学科之间进行严格的划分变得越来越困难。

这意味着数字化越来越成为一项"团队活动"，而实施数字化营销战略需要一批人，这些人可能在其他部门（如 IT 部门）工作，或者是一些拥有 5 年或 10 年前不存在的头衔（如内容设计师）的职员。

营销岗位总是涉及一定程度的调整和协调，数字技术的兴起及其新的专业知识正在继续这一趋势。

一个网站或数字营销团队可能包含表 16.1 中详述的部分或全部岗位。

# 16 有效的设计、电子商务和用户体验

表 16.1 网站/数字营销团队岗位和工作说明

| 岗 位 名 称 | 工 作 说 明 |
|---|---|
| 用户体验设计师或用户体验架构师<br>（user experience designer or architect） | 确定用户旅程，设计数字化体验的结构、导航和交互形成 |
| 创意或视觉设计师<br>（creative or visual designer） | 与用户体验设计师一起定义一项体验的外观和感觉——创意师可能确定网站的外观，而用户体验设计师确定其如何工作 |
| 交互设计师<br>（interaction designer） | 一些大型企业或项目团队可能包括考虑数字化产品或服务行为的用户界面设计师或交互设计师，其工作可能与用户体验设计师及视觉设计师的工作重复 |
| 服务设计师<br>（service designer） | 与顾客合作，设计战略核心的部分或全部服务或主张。与用户体验不同，它考虑多个接触点（数字化、呼叫中心和物理接触）以及如何让多渠道体验无缝连接 |
| 内容策略师/内容设计师<br>（content strategist/designer） | 内容策略和设计是不同但相关的学科，涉及在正确的时间以正确的方式为访问者提供正确的内容。想一想（除文字外）哪种内容最能满足用户的需求 |
| 文案撰稿人<br>（copywriter） | 与其他学科一样，文案写作也包括概念性/创意性、长篇形式和用户体验这些内容，但最终都与优雅的句子构造有关 |
| 前端开发师与后端开发师<br>（developers-front-end and back-end） | 前端开发人员编写在用户的浏览器或应用程序中运行的代码（经常也可以设计前端）；后端开发人员编写代码，为网站或应用程序所在的系统提供支持 |
| 业务分析师<br>（business analyst） | 深入了解需求收集的细节，即业务或技术的需求，以提供某种体验 |
| 项目经理和/或流程经理<br>（project manager and/or scrum master） | 项目经理（以及敏捷世界中的流程经理）确保各项工作的推进，并确保在正确的时间有适当的人员参与。有关敏捷方法的更多详细信息参见第6章 |

续表

| 岗 位 名 称 | 工 作 说 明 |
| --- | --- |
| 数据分析师<br>（data analyst） | 数字化提供了大量的数据，大多数团队可以从确保有人跟踪正确的指标并解释生成的数据中受益 |
| 用户研究员<br>（user researchers） | 用户研究员应将定性数据带到表格中以平衡定量数据 |
| 搜索引擎优化/点击付费专家<br>（search engine optimization/pay per click specialist） | 不仅要获得流量，而且要获得正确的流量，熟练的SEO和/或PPC专业人员可以提供帮助。SEO关于技术保健因素的输入（例如重定向的处理方式）对于避免Google的处罚至关重要 |
| 优化专家<br>（optimization specialist） | 会痴迷于思考网站的转化率，以及可以改进的方法。当测试网站时，他们更会占据关键岗位 |
| 个性化专家或短信息专家<br>（personalization or messaging specialist） | 随着诸如Adobe的营销云（Marketing Cloud）和Sitecore的体验云（Experience Cloud）之类的工具的兴起，有针对性的信息和个性化内容的传播正在增长。大型团队将受益于拥有一名个性化专家来定义传播中所使用的动态消息 |
| 产品负责人/产品经理<br>（product owner/manager） | 这通常是顾客端的角色，产品负责人/产品经理定义企业为实现其目标打算提供的体验 |
| 策略师（风格各异）<br>（strategists of varying flavours） | 策略师往往是广告代理方的角色，通常所扮演的角色与产品负责人/经理的角色基本相似 |

## 背景的重要性

由于人们用来访问互联网的设备激增，以及数字化正成为生活中我们处理许多事情的主要渠道的事实，因此一定要了解用户的背景，了解用户如何、何时、何地与您进行互动，这对于为他们提供最佳体验至关重要。

我们不能假设因为建立了一个不错的网站，就能满足所有用户的需求。与台式机用户相比，移动用户具有不同的画面。他们通过触屏而不是键盘或鼠

## 16 有效的设计、电子商务和用户体验

标进行交互，可能会被通话或新消息打断，并且可能更希望查找内容而不是购买商品。理解这些场景差异对于创造出色的体验很重要。

我们在互联网上工作，在互联网上购买，在互联网上交流，在互联网上娱乐，在互联网上找到爱，我们预定假期并在互联网上管理我们的财务，我们在互联网上把事情办好。

美国研究机构Forrester于2014年3月发布了题为"商业的未来是数字化"的报告（2014）。标题本身并不具备开创性，但是报告中的信息很明确："您必须利用数字化技术，既要提供卓越的顾客体验，又要提高保持竞争力所需的敏捷性和运营效率。"

安永（Ernst&Young）在2011年一份名为"万物的数字化"的报告中更进一步阐述："在一个'万物'都数字化的世界里，真正的当务之急是，企业需要追求创新，以在被竞争破坏其商业模式之前，自己突破自己的商业模式。没有创新战略，企业将失去在日益商品化的世界中竞争的优势。"

因此很明显，公司想有效赢得顾客并有效地为顾客提供服务，就必须了解在数字时代消费者的背景。

在被《紫牛》（Godin, 2005）的作者塞斯·戈丁（Seth Godin）称为电视工业综合体的时代，营销相对来说比较简单。Godin的观点是，营销就是您支付一些广告费用，并且向他人宣传您的信息。由于没有反馈路径，受众只能被动地消费您的消息，同时由于营销人员可以使用的渠道数量有限，您的信息可能会一次触达数百万人。

想想自己的习惯：您上一次看电视是什么时候？您什么时候最后一次在客厅电视上观看了地面预定电视，而同时手里又没有手提电脑、平板电脑或移动设备？您是在观看先前录制的节目，还是观看Netflix流播的某些内容，抑

或是已下载的电影？您为此付费还是购买了演出？在演出之前或演出期间您是否看过广告？您是在电视、平板电脑、电话还是其他设备上观看？

老实说，您上一次全神贯注于一项任务是什么时候？作为营销人员，我们都希望相信，我们有足够的说服力，使我们的顾客在与我们互动时能够集中精力。但是，既然我们对与之互动的品牌不集中精力，为什么有人要对我们的品牌集中精力互动呢？

我们可以突破这种复杂性，可以说用户体验在企业与顾客之间起到了调节作用，这里企业希望顾客按照企业的愿望采取特定的行动，而顾客只想解决自己的问题。因此，您的营销战略的一个核心目标就是让您的顾客行动更容易，这要借由用户体验来实现。

## 用户体验研究

传统上，市场和顾客是根据人口统计来细分的。但是，正如第4章所讨论的那样，这些方法不再是您的顾客是谁这个问题的最终答案，因为顾客需求和行为是更好的创新起点，这是构建数字化产品时最重要的考虑因素之一——确保您从不做任何假设。企业必须抓住一切机会，充分了解其目标用户，并找出他们真正想要的以及他们的行为方式。

今天，用户体验的最佳实践方法涉及使用诸如热图软件（heatmap software）、用户评论（user interviews）甚至人种学观察模型（ethnographic models of observation）之类的工具。的确，当设计师自己能够穿上别人的鞋子设身处地替别人着想时，就会创造出最佳的体验。

# 有效的设计、电子商务和用户体验

## 用户体验研究所使用的工具

**热图软件（heatmap software）**

该工具可以显示用户在您的网站上将鼠标移动和悬停在何处，从而可以指示页面要素的吸引力。

**可用性测试（usability testing）**

直接与用户合作进行的研究，让用户代表测试您的用户体验，这使您有机会了解存在挑战和需要改进的地方。

**眼球追踪（eyeball tracking）**

通常在可用性测试中使用，以准确监视用户在与被测试页面进行交互时，用户眼睛正在观看的位置。

**多变量或分离 A/B 测试（multivariant or split A/B testing）**

一种易于在网站上实现的测试方法，可使页面的多个版本同时运行并确定效果最佳者。

**网站分析**

通常用于所有网站，以提供关于访问者行为的详细数据。

## 用户体验的两面性

在用户体验的旗帜下有两个不同的活动领域，可以将它们按如下方式划分：

- ❑ **战术性或技术性用户体验**：这是应用良好交互设计核心原则的地方，也是转化率优化等因素发挥作用的地方。良好的交互设计可确保仔细思考每一处交互，以最简单和最有效的方式为用户提供服务。转化率优化的重点是确保用户找到自己的目标,而不会退出转化漏斗。

❏ **战略性或人性化的用户体验**:这是我们进入洞察力和品牌领域的地方。用户体验在这个高度上的作用是发现人们的需求,并以与品牌一致的方式设计满足这些需求的体验。

## 战术性或技术性用户体验——一次点击即可使互联网变得更好

转化是经营电子商务网站企业的主要指标。

转化率(conversion rate)——访问网站购买东西的人的比率——可能是可用的研究最多的营销指标之一。

对数据进行分析以评估页面上的每个要素。通常用户体验设计师将参与构建可测试页面的不同排列,这种多变量或分离 A/B 测试方法(A/B testing),在电子商务和高流量环境中是常规测试,以确定哪些页面要素真正影响转化。

分离 A/B 测试(A/B testing)只是将版本 1 与版本 2 进行测试,以确定获胜者。多变量测试使用相同的原理,但具有更多的变量和更深远的结果。

转化率可能会对公司产生重大影响,这是不言而喻的,但影响的规模有时会令人吃惊。

 案例研究

### 优 步

**背景**

优步(Uber)从 2009 年至 2015 年推出以来取得了惊人的增长,目前已成为一个非常知名的全球品牌。优步因为使用非常简单,它的应用程序经常受到人们的称赞,是有效的用户体验的一个很好的例子。我们的目标是把一些实际

# 有效的设计、电子商务和用户体验

上相当复杂的东西变得看起来简单,这就是好的用户体验目标,优步在这方面取得了成功。

**战略**

Uber 必须给用户提供大量的信息,但格式要直观漂亮。大多数应用程序设计者为之努力奋斗。仅仅创建图标和使数字更大或更丰富多彩是不够的,应用程序需要易于理解和使用。大多数火车和航班的旅行应用程序都是各种各样的表格,不仅难看,而且令人沮丧,使用起来也很慢。Uber 需要与众不同。

这里的关键是,不是要最小化,而是要把一件复杂的业务设计在一个令人愉悦的界面上。因此,Uber 提供了一个平台,可以直观地向用户显示驾驶员的位置,单击就可以查看其评分并直接与驾驶员进行交流。您可以看到预计到达的时间,可以在交互式地图上移动您的上车地点。您会知道汽车和车牌,甚至可以实时查看驾驶员行驶到您所在位置的路线。这一点儿都不简单——实际上是将很多复杂的信息,通过易于使用的界面,精美、快速地显示出来。这就是很棒的用户体验设计。

**结果**

结果不言而喻。Uber 实现增长的原因很多,包括定价和积极扩张,但 Uber 交付的用户体验创造了大量口碑,这是其增长故事的重要组成部分,这一点不应低估。

**主要经验**

用户体验是关于体验的,而不是关于界面的,但是后者导致了前者。在 Uber 的例子中,它让打出租车这样简单的事情变得既有趣又很酷。简化不是这里的目标,如果是向用户提供服务所必需的,则可以提供一个复杂的解决方案,但是复杂的解决方案不必导致难以使用的界面,因此良好的 UX 设计原则是成功的关键。

## 战略性或人性化用户体验——通过体验设计将品牌带入生活

我们已经探讨了研究对体验设计过程的重要性,另一个因素是品牌,因为它可以影响最终解决方案。

在思考您的数字营销战略时,重要的是要如实展示(基于良好的研究)您的产品或服务为您的目标受众解决了什么问题。光鲜的广告、庞大的营销预算或努力编辑的内容可以弥补糟糕的价值主张的日子肯定要结束了。

开放的心态和用户体验人员的研究成果既可以为您的企业带来各种新的机会,又可以阻止您犯下可怕的错误。

但这需要文化转变——将品牌看作是您为潜在顾客和现有顾客提供的一种体验,而不是一系列不断重复的信息。

为了促进数字化发展,品牌必须成为一个有意义的、有形的公司形象,并且可以通过各种渠道和形式与消费者互动。

## 设计思维

支撑以顾客为中心的体验或设计的变革力量是设计思维。带有便利贴、记号笔和白板的研讨会已经成为数字化圈和头脑风暴的惯例,它们仍然是一种能带来成果的技术。然而,这些工作坊可能很有挑战性,会让一些人感到不舒服甚至局促不安。确实,将一群人带出其舒适区本质上是解除其武装。IDEO的商业首席执行官蒂姆·布朗(Tim Brown)表示:"就开放性和迭代性而言,由设计思想引发的过程对于第一次体验它的人来说是混乱的。"但是他继续说,"在项目的整个生命周期中,设计思维是有意义的,其取得的结果与传统业务的线性、基于里程碑过程取得的结果明显不同"(Brown,2009)。设计思维比举办研讨会所包含的内容要多得多，尽管在思考该学科时经常浮现在脑海中的是有形的手工艺品。2005年，英国设计委员会（British Design Council）发布了"双钻石"方法（double-diamond approach），该方法巧妙地包含了设计思维所需的发散和收敛思维的不同阶段（见图16.1）。

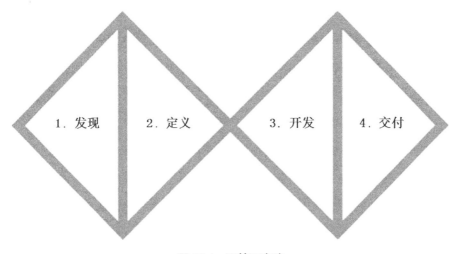

图16.1 双钻石方法

"双钻石"方法诞生的初衷是代表各种公司的战略设计流程，如乐高（Lego）、亚历西（Alessi）、微软（Microsoft）和维珍大西洋航空公司（Virgin Atlantic Airways），"双钻石"方法由四大阶段组成：发现、定义、开发、交付。就像其他成熟的模型一样，许多设计师已经根据自己的需要调整了流程，但是核心内容仍然遵循"双钻石"框架，这包括研究、商定目标或要解决的问题、对可能的解决方案进行构思和迭代，然后交付成品。

（1）发现：这对于理解您的用户、您面临的挑战以及因此需要使用的设计原则至关重要。

（2）定义：从发现阶段开始，我们需要确定要解决的问题以及对我们开放的机会。

（3）开发：通过使用创意构思（ideation）开发出解决这些问题的一组设计原则。

（4）交付：采用这些解决方案以完成设计过程。

贝恩公司（Bain & Company）在2005年进行的一项题为"缩小交付差距"的研究表明，有80%的公司认为其提供了优质的服务，而只有8%的顾客表示同意（Allen等，2005）。在随后几年中，这种差距可能（或可能没有）缩小了，但这表明许多大型企业难以全面了解其顾客——尽管其在代理机构上投入了大量资金进行研究。

设计思维——以及其"共同创造"的核心原则——可能会帮助缩小差距，因为企业和顾客共同努力创造适宜的产品和服务。更重要的是，设计思维倡导的研究、工作坊和原型设计应该与顾客携手并进——与将要购买或消费新服务或产品的人共同创造、共同设计新服务或产品的行为就其本质而言，对大多数公司来说都是变革性的。

## 本章小结

在本章中，我们研究了良好的用户体验设计对您的整体数字营销战略的重要性，以及在为您想要与之互动的人们创建数字化体验时背景的重要性。

我们检查了设计过程中的角色和职责，并考察了许多UX研究技术，包括民族志。我们还介绍了设计思想和双钻石方法。

我们还看到可以从两个方面了解用户体验，一个是战略性的，另一个是战术性的。

# 有效的设计、电子商务和用户体验

**本章检查清单**

- 用户体验；
- 用户体验研究；
- 设计思维。

 延伸阅读

- 关于民族志：

Hammersley, M and Atkinson, P (2007) *Ethnography: Principles in practice*, Routledge

Murchison, J (2010) *Ethnography Essentials*, John Wiley & Sons

- 关于用户体验：

Buley, L (2013) *The User Experience Team of One: A research and design survival guide*, Rosenfeld Media

Unger, R (2012) *A Project Guide to UX Design: For user experience designers in the field or in the making*, New Riders

 参考文献

1. Allen, J, Frederick, F, Reichheld, B H and Markey, R (2005) [accessed 8 February 2019] Closing the Delivery Gap: How to achieve true customer-led growth,

Bain & Company [Online] https://www.bain.com/insights/closing-the-deliverygap-newsletter/

2. Brown, T (2009) *Change...By Design*, Harper Business

3. Ernst & Young (2011) [accessed 1 November 2015] The Digitisation of Everything, [Online] www.ey.com/.../The_digitisation_of_everything.../EY_Digitisation_of_e..

4. Forrester (2014) [accessed 1 November 2015] The Future of Business is Digital, *Fenwick and Gill*, 03/10 [Online] https://www.forrester.com/The+Future+Of+Business+Is+Digital/fulltext/-/E-RES115520

5. Godin, S (2005) *The Purple Cow: Transform your business by being remarkable*, Penguin

# 17 管理忠诚度、顾客关系管理和数据

## 本章内容概要

本章介绍了通过有效的关系营销和忠诚度策略保留顾客的数字化方法，包括如何有效地使用数据和技术来实现这一目标。本章涵盖的关键领域包括：

- 定义顾客关系管理和顾客保留；
- 联系策略；
- 交叉销售和升级销售；
- 预测分析；
- 技术平台；
- 忠诚度。

---

**本章目标**

到本章结束时，您应该了解顾客关系管理计划的核心特征，以及联系策略如何在塑造顾客关系管理中发挥作用。您应该了解交叉销售和升级销售的技巧，并了解预测模型在顾客保留决策中的作用，您还应该了解顾客关系管理系统在流程中的作用。最后，您将了解忠诚度计划以及用于驱动上述所有活动的数据和技术。

---

## 定义顾客关系管理

这是一句众所周知的格言：留住一个顾客比获得一个顾客要便宜。因此

# 17 管理忠诚度、顾客关系管理和数据

对于许多企业来说，留住顾客是盈利和增长的关键。无论您的企业是会员制、以续约为基础、以关系为导向还是单次销售模式，您仍然会追求顾客对您品牌的忠诚并尽可能多地向您购买产品。这就是顾客关系管理（CRM）和保留策略的用武之地。顾客关系管理就是与顾客建立关系，使他们愿意留下来。留住顾客要求改变要离开的顾客的心理。因此，顾客关系管理是一种积极主动的策略（我们希望将现存的负面情况转变为积极的结果），而保留则是一种被动的策略（我们正在对已经出现的负面情况做出反应）。顾客保留和顾客关系管理都不是数字化营销的新事物或独有的，但是在制定数字化战略时，它们常常被忽略，因为数字化通常仅仅被视为顾客获取渠道和网站体验。事实并非如此，数字化顾客关系管理和顾客保留有很多工作要做。

顾客关系管理通常被误认为是用于管理顾客联系方式以及与之交互的时间安排系统。虽然这些系统是顾客关系管理系统，但它们并不是顾客关系管理本身的定义，从更广泛的本质上看，顾客关系管理是与顾客建立真正的增值关系。有几个因素对于顾客关系管理和顾客保留的成功至关重要，以下是本书给出的有关这些内容的指南，您应该使用以下内容来帮助自己理解和实施顾客关系管理。

（1）个性化：在与顾客发展关系时，个性化是至关重要的，因为您要证明您了解他们是谁，也了解他们想从您那里得到什么。我们在第 15 章更详细地研究了这个问题。

（2）市场细分和用户画像分析对于确保不发送大量大众信息很重要。随着战略的成熟，来自知名公司的垃圾邮件有所减少，但它们肯定不会完全消失，而且还会持续存在很多年。我们在第 1 章研究了市场细分和用户画像。

（3）内容：要创建引人注目的顾客关系管理战略，您需要一些吸引人的东西，以与您的顾客定期进行讨论。这些内容需要引起每个顾客的共鸣，并为

他们提供某种形式的增值。为了有效地做到这一点，您需要一种内容策略，我们已在第14章进行了介绍。

（4）洞察：如果我们不了解顾客，就不要指望理解如何建立一个有吸引力的顾客关系管理战略，或者理解如何保留顾客。洞察力和研究对于理解需求、愿望、信念和其他因素至关重要，而且这些因素不能单纯通过数据本身获得。我们在第3章对此进行过讨论。

（5）顾客服务：在过去的10年里，随着顾客通过社交媒体直接接触组织，顾客服务已经发生了重大变化。我们将在第18章单独讨论这个问题。

## 原则

一个有效的顾客关系管理策略的目标是确保您的顾客感到物有所值，并与您的品牌建立积极的关系，因此，他们在去其他地方之前必须仔细权衡。这不仅可以提高保留率，还可以使您在不影响现有保留率的情况下提高价格，因为顾客认识到了与您的品牌共存的价值。

顾客关系管理的核心原则都与跟顾客建立良好关系有关，它们可以按以下方式细分。

❑ 频繁性（frequency）：这是一项很难做到恰到好处的原则。您多久与顾客联系一次？每个顾客对此都有不同的看法，最终取决于您对他们说的话：如果您说的话没有任何价值，那么您就不应该与他们交流。如果您没有什么可说的话，切勿仅根据您制定的时间表与顾客联系。例如，如果您有新闻要提供，那么每个月的新闻通信就可以。对于大多数公司来说，每日交叉销售电子邮件不太可能受欢迎。

❑ 适时性（timeliness）：您是否在正确的时间与顾客交谈？您怎么知道这个合适的时间是什么时候？了解顾客及其行为将有助于您在他们想

## 管理忠诚度、顾客关系管理和数据

要的时候传递他们想要的消息，同时意味着销售的增长。通过数据了解您的分析和消费者心态对于实现此目标很重要。

- 准确性（accuracy）：您的数据准确吗？这意味着您需要保持数据的清洁，确保在通信中正确地使用它，还需要不时地追加检查数据。如果信息被发送到错误的个人，或者，如果您将约翰·史密斯（John Smith）称为S.约翰先生（Mr S.John），那么一个出色的顾客关系管理战略可能会被毁掉。

- 相关性（relevancy）：您的信息是否真正引起了顾客的共鸣？例如，如果您的顾客对钓鱼感兴趣，那么您的顾客关系管理计划是否与他们谈论钓鱼产品？或者他们只是收到与其他所有人相同的电子邮件，其中还包括喷气滑雪和舞蹈音乐？

- 个性化（personalization）：如果您的顾客对某些领域表现出兴趣或表现出某些行为，那么您是否对此做出回应？顾客是否仅在晚上打开电子邮件？他们只会点击第一项吗？他们只喜欢听特定销售人员讲话吗？

- 价值性（value）：您提供真正的价值吗？顾客从您的沟通中得到了哪些他们在其他地方无法得到的？您是否通过沟通传播公司的独特销售主张（unique selling proposition，USP）或品牌价值？

- 渠道（channel）：您如何联系顾客个人？他们喜欢电子邮件、短信、即时信息还是电话？

虽然对价值的需求是不变的，而且上述原则适用于所有顾客关系管理计划，但您的业务模式不同，顾客关系管理也存在一些差异。下面我们来看看B2B和B2C的顾客关系管理之间的一些区别。

- 规模：B2C公司更可能需要开发大型且往往复杂的顾客关系管理计划，并配备先进的系统，以确保其能够管理大量可能涉及多个项目的顾客。B2B 公司倾向于拥有较小的数据库和订单较少但价值较高的销售，但确实需要更多关于每个顾客的数据，因为他们的关系往往更加私人化。

- 频率：B2C 顾客接触点通常是简单的、短暂的接触，而 B2B 关系通常是在较长的时间内发展的。
- 互动：B2B 关系主要是一对一的关系，因此个性可以起主要作用；而 B2C 顾客是与您的品牌而非个人有关系，因此您的品牌就是您的个性。
- 目标：B2B 的顾客关系管理通常是关于增加销售额和实现销售自动化，而 B2C 则经常是关于减少顾客流失和增加升级销售（up-sell）。

现在，我们了解了顾客关系管理和顾客保留之间的区别以及所涉及的关键原则，我们可以继续研究联系策略，这是任何沟通计划的重要组成部分。

## 联系策略

我们上面讨论的原则之一是频率——您在任何给定时间段内与顾客联系的次数。这可能是一件很难做到恰到好处的事情，并且几乎肯定会随着时间的推移而变化。您可能同时运行了多个顾客关系管理和顾客保留计划，以及许多其他市场营销和顾客导向的传播，因此传播的频率非常重要，而实现各种传播活动的平衡也很重要。

我们在上面提到了垃圾邮件，尽管这种垃圾邮件比以前少见，但如果您不小心的话，仍然很容易被顾客感知为您发送的是垃圾邮件。以前，垃圾邮件通常被视为未经用户许可而获得用户电子邮件地址的公司发送给用户的电子邮件，但现在，它被更广泛地确定为任何不需要的电子邮件。从实际意义上讲，这意味着如果顾客注册了您的电子邮件时事通信，但随后发现这些邮件通信与其无关或过于频繁，则可能将其视为垃圾邮件。在这个词的最纯粹的定义中,这不是垃圾邮件,但重要的是感知,因为顾客是在感知基础上做出决定的。

随着保护消费者隐私和数据控制(如欧洲的《通用数据保护条例》)的法规变得越来越严格,您必须认真考虑数据的收集、保留和目标市场的选择。一直以来这是营销中的常识,但是现在如果常识不能发挥作用,那么法规将驱使您改变行为。有关 GDPR 的更多信息,请参见第 5 章。

大多数企业遵循 3 种形式的营销传播:单一广告(single campaigns)、重复广告(repeat campaigns)和联系策略(contact strategy)。

## 单一广告

单一广告由企业执行的一些完全独立的广告组成。在大多数行业,这已不再是一种明智的营销策略。每次传播都是从一个新的起点开始的,与之前的传播没有任何关系,因此,它提供的传播几乎没有一致性,无法讲述一个令人信服的故事。这一方法将在顾客响应和潜在销售方面提供一个峰值,但对进行的其他营销活动提供的服务非常少,并且不会产生光环效应(见图 17.1)。

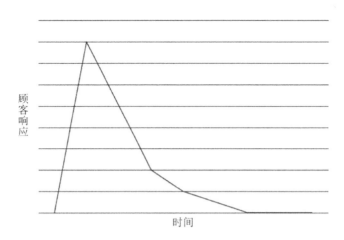

图 17.1 单一广告响应曲线

> **光环效应（halo effec）**
>
> 光环效应是爱德华·桑代克（Edward Thorndike）发明的一个术语，最初用来指代人，现在更广泛地表示基于来自其他方面的正面感受而形成的任何形式的偏见。这一点在审视在线广告时经常会看到，因为消费者更可能对他们之前通过广告认可的品牌的传播做出响应。如果消费者认可一个品牌、广告或销售主张，他们就更有可能对其传播做出响应，这对联系策略的成功起到了一定的作用。
>
> 从数字化角度看，如果您要在英国搜索银行，您会看到一系列公司的付费搜索广告和自然搜索结果。这些可能包括巴克莱、维珍、汇丰和其他许多领先的金融品牌。您之所以知道这些是因为您已经在电视、报刊和其他地方看到了它们的广告。您可能还会看到从未听说过的品牌的广告，它们在您所购买的服务上具有同等甚至更好的优惠。那么您点击谁呢？事实是，很大一部分用户会点击他们在其他广告中看到的品牌，这就是光环效应。数字营销人员可以通过诸如展示广告或社交媒体广告之类的在线广告来利用这一特点，或者将创意与线下营销相结合。

## 重复广告

在这里，公司会在一段时间内定期重复相同的广告系列，以鼓励进一步的销售（见图17.2）。这样可以确保最初可能忽略该广告的人看到该广告。随着时间的流逝，它变得更加可识别。但是，也会很快让人感到审美疲劳，因此可能会引起某些人的不适（"如果我第一次不与之互动，为什么还要继续向我展示？"）。广告也不会转化任何已经被转化的顾客，因此广告效果会逐渐削弱。

## 管理忠诚度、顾客关系管理和数据

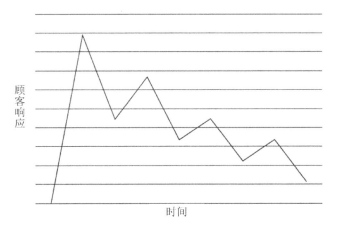

图 17.2 重复广告的响应曲线

## 联系策略

通过制定联系策略，您的企业可以制订一个有意义的沟通计划，带领顾客踏上旅程并提供真正的价值（见图 17.3）。这意味着消费者将从每一次交流中获得新的、真正的价值，甚至可能期待下一次的交流。这不仅是关于销售或留住顾客，还是一次旅程。

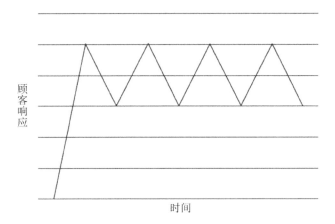

图 17.3 联系策略响应曲线

## 信息类型

联系策略中的信息可以采用多种形式,这些形式应适合您的销售主张、企业、行业和消费者。下面给出了一些可以构成联系策略信息类型的示例。

### 热身(warm-up)

热身电子邮件可以是任何内容,从介绍一系列引人注目的内容(如操作指南)到预览即将推出的产品或系列。这些电子邮件类似于悬念性的广告活动,可以让顾客产生一种期待感,反过来又会提高他们下一次与您沟通的兴趣,从而加强您的整体联系策略。一个被期待的邮件比一个意想不到的邮件更容易被打开、阅读和互动。

示例:"您的系列指南将在下周开始,可以帮助您从新的成套鼓乐器中获得最大收益。点击此处,可以偷偷地看一下第一堂课。"

### 跟进(follow-up)

跟进沟通实际上是前述热身活动的另一面,这些在B2B联系策略中可能很常见。如果顾客已收到有关特定主题的电话或电子邮件,则在短时间内跟进对于完成销售或抓住购买时机至关重要。这里的关键细节是时机。例如,如果您的最初联系引起了顾客的兴趣,但是他们需要自己进行独立研究或审查其财务状况,那么过早联系可能会给他们带来极大的困扰。但是,与他们联系太晚可能会导致错过机会,因为竞争对手可以看到他们的在线活动并采取行动。

示例:"谢谢您,Jane。上周您来找我们,说您需要一台新的笔记本电脑。如果您需要更多信息来帮助您做出决定,我们有这些出色的指南和帮助中心来回答您的问题。如果您需要与任何人聊一聊,则可以随时通过电话××××××××××与我们联系。"

# 17 管理忠诚度、顾客关系管理和数据

### 吃惊与高兴

这种沟通形式带给顾客的是最纯粹的价值。吃惊而高兴的信息的宗旨是说到做到。这里没有销售信息，没有数据收集，也没有直接的商业元素。令人吃惊和高兴的信息可以为您的顾客带来一定的价值，他们会非常感激您。例如，您可以在生日那天给顾客打折，以表示感谢。当看起来好得难以置信的事情成为现实时，人们会将其看作最为难得的机会之一。当然，这一定会给您的顾客服务和品牌带来良好的感觉，从而提高顾客保留率。它还可能会增加口碑广告，并在公共论坛甚至公共关系中引发正向的讨论，因此这种沟通形式的优势显而易见。

示例："李伟，生日快乐。我们只是想说很高兴您成为我们的顾客，因此在这个特殊的日子说声谢谢您，我们将在您下一份订单中添加一瓶葡萄酒，以配合您的生日晚餐。祝您有美好的一天！"

### 奖励

这类似于吃惊和高兴，因为您在奖励您的顾客，但这一次很明显，您是在奖励他们的特定行为。这可能是一份礼物或一些很难找到的有价值的信息，它可以作为顾客购买产品或达到某个里程碑时的奖励。

示例："嗨，Juan Carlos，我们只想说谢谢您抽出宝贵时间完成上个月的调查。这些调查结果确实有助于我们改善服务质量，因此下次您来我们这里时，可以使用此代金券从100英镑以下的商品中获得50%的折扣。我们期待着您的再次光临。"

### 挽回（win-back）

这实际上是一个获取顾客的信息，而不是顾客关系管理，因为顾客已经

离开，而您正试图挽回他们。然而，它与顾客关系管理的界限确实有些模糊，因为您和他们有着现存的关系，尽管已经结束了。您了解他们的行为，因此在一个参与策略中与他们沟通，以将他们挽回。

示例："亲爱的 Celeste，很抱歉看到您离开。不怪您，怪我们。我们办公室全体人员都很难过，但我们希望您知道，如果您愿意有一天再给我们一次机会，我们希望这张 25% 的优惠券能为您提供帮助。"

还有更多的交流形式，思考可以满足您的联系策略的不同形式的交流，是一项有价值的练习。

## 交叉销售与升级销售

交叉销售和升级销售（cross-selling and up-selling）是从顾客那里获得最大收益的两种常见形式，它们在许多商业战略中扮演着重要角色。

交叉销售是鼓励您的顾客购买您的另一种产品。例如，如果您是一个零售商，一个顾客最近买了一件冬衣，也许您可以鼓励他买一些外观相配的手套或围巾。这表明了对顾客潜在需求的理解，并提供了一个获得收入的机会。

升级销售是一种鼓励顾客将其产品升级到更高水平的方法。例如，一位顾客最近从您的汽车故障公司购买了一个"青铜级别"的保险服务，您注意到他家的汽车历来都有许多问题，而这些问题只在"银色级别"保险服务中有所涉及。向顾客解释这一点并尝试升级销售该产品，这对顾客和公司都有价值，因此是一个相关的升级销售机会。

交叉销售和升级销售最终取决于所谓的协同过滤（collaborative filtering），这是一种预测分析方法。借助顾客关系管理和顾客保留策略，预测分析将非常强大，下面我们就来阐述预测分析技术。

# 17 管理忠诚度、顾客关系管理和数据

## 预测分析

预测分析是顾客关系管理和顾客保留策略的重要信息领域之一。顾客保留虽然是一个被动的过程,但是其预测行为并因此预测顾客离开的能力非常强大。同样,能够理解顾客的行为并因此做出预先决定也是有效的。本节,我们将研究与顾客保留策略相关的两个预测分析模型:倾向模型(propensity models)和协同过滤(collaborative filtering)。

### 倾向模型

倾向模型可能是最常用的预测分析形式,它们通常用于企业中基于已知信息预测未来的顾客行为。倾向建模可用于多种目的,包括预测参与度和转化率,我们最感兴趣的是将其用于顾客保留。

通过了解哪些顾客离开,并了解他们在离开之前通常表现出的行为,我们可以在潜在问题发生之前就发现这些问题。然后,我们可以引入特定的联系策略,以感化将要离开的顾客,使其回到我们的产品或品牌上,从而减少顾客流失并提高顾客保留率。

出于顾客保留目的的一种特定形式是"下一个最佳行动"。在这里,倾向模型用于评估与消费者的下一次对话。它可用于多种场景,例如升级销售、转化和挽留顾客。如果顾客正在打算离开,则您的网站(或顾客服务代表)可能会做出一系列选择以挽留他们。他们可以享受折扣甚至免费的产品或服务。倾向模型旨在尝试采取下一步必要的行动来挽留顾客,而不致直接跳到不必要的昂贵的挽留措施上。

## 协同过滤

如上所述,许多企业现在使用推荐来鼓励顾客从他们那里购买其他产品,这是亚马逊开创的,此方法被称为协同过滤,命名原因很简单——通过使用来自许多用户或用户联盟的过滤数据来提出建议。

通过使用许多人的行为数据,我们可以有效地将行为划分为多个类别,并能制定出许多个性化建议。除了亚马逊继续使用外,许多行业的许多其他企业也在使用,例如基于社交连接的 Netflix 电影推荐和苹果公司的天才推荐。

## 技术平台

现在市场上有很多顾客关系管理系统,它们在不断改进,变得越来越复杂。然而,许多人并没有充分利用它们的潜力。2003 年,全球 IT 研究和咨询公司 Gartner 的一份报告估计,41.9% 的顾客关系管理软件并未部署实施(2003),而其 2013 年的报告显示,全球顾客关系管理软件的支出超过 200 亿美元(2014)。软件本身仍然是整个战略的重要组成部分,但实施和正确使用它同样重要。虽然每个功能的重要性取决于您的战略优先级,但您应该从顾客关系管理软件中获得以下功能。

- ❏ 顾客支持自动化(customer support automation):允许顾客关系管理软件使用者实现顾客支持集中管理和自动化。这可能包括捕获电子邮件和网络交互、共享知识库和自助服务门户。

- ❏ 营销自动化(marketing automation):这包括以自动化的方式创建和管理营销活动,从而保持一致性并减少资源需求。独立的营销自动化平台现在已司空见惯,并与顾客关系管理系统集成。我们在第 12 章中已经看到了这些。

# 17 管理忠诚度、顾客关系管理和数据

- 报告（reporting）：通过顾客关系管理系统管理的所有活动的报告，包括市场营销、销售和服务。

- 销售人员管理自动化（sales force automation）：主要但不仅仅针对 B2B 用户，此功能可管理销售渠道、合同管理、销售线索评分、销售预测等。

- 呼叫中心支持（contact centre support）：有些系统还将顾客关系管理功能与特定的呼叫中心功能相结合，如交互式语音应答（interactive voice response，IVR）菜单、未接来电管理（missed call management）和基于技能的路由（skill-based routing），使顾客关系管理系统能够与呼叫中心环境完全集成。

其他功能，如工作流管理、电子邮件集成、数据管理和库存管理也可能对您的特定需求有用，应予以考虑。

目前市场上有许多可用的顾客关系管理系统，如 Salesforce、Microsoft Dynamics、Oracle、Adobe、SAP、Zoho、SugarCRM、Sage 等，这些不是推荐建议，您应自行决定采购活动，以充分了解您的需求以及潜在供应商的建议。

正如我们在本书中所讨论的那样，人工智能现在在顾客关系管理中扮演着一个角色，就像在数字营销的许多其他领域一样。具体到顾客关系管理，许多领先的顾客关系管理平台都在使用机器学习和人工智能。

其中一些发展包括：可以在活动前向您报告相关信息的预测日历、搜索趋势的人工智能、顾客洞察、聊天机器人、社交媒体对话分析、图像分类、销售机会分析、产品推荐、内容个性化和其他应用。新的发展正在不断进行。

人工智能的使用使数字营销人员能够拥有大量的相关数据和自动化流程，从而以最少的管理来提供量身定制的营销。这种趋势只会持续下去。人工智能现在应该被视为数字营销生态系统和技术组合的重要组成部分。没有人工智能

植入数字营销特别是植入顾客关系管理渠道，数字营销战略是不完整的。

物联网（IoT）是近年来发展迅猛的另一项技术。顾客关系管理的机会在于与您的体验相结合，在可能的情况下，您的体验应与物联网设备集成，从而实现洞察力、预测性服务和个性化服务。能够实时与居于家中的顾客直接沟通，为顾客关系管理提供了大量机会，但这必须以明确的顾客至上的方法来开发，以避免不速之客和侵入性的沟通。

## 忠诚度

在本章的最后，我们来看看忠诚度。我们在本章中讨论的大部分内容都是关于鼓励忠诚度的，但是忠诚度本身是顾客关系管理的一个特定领域，需要单独加以研究。

### 忠诚度阶梯

忠诚度阶梯（ladder of loyalty）是市场营销中经常提到的一个模型，因为它显示了消费者走向品牌忠诚的五个阶段（见图17.4）。

图 17.4　忠诚度阶梯

# 17 管理忠诚度、顾客关系管理和数据

怀疑者（suspect）：与品牌没有关系，没有迹象表明他们会或不会从您那里购买。

潜在顾客（prospect）：显示出一些兴趣，如访问、免费订阅或查询。

顾客（customer）：已从您的企业购买，因此与您的企业有基本关系。

主顾（client）：通过重复购买与您建立了更深入的关系，但不一定是您企业的粉丝。

倡导者（advocate）：有推荐您的迹象，除非发生大的变化，否则不太可能停止在您的企业购物。

其他步骤也可以添加到阶梯中，如会员、福音传道者、购物者。针对您的具体企业，忠诚度阶梯可以有多种解释，但上面的列表涵盖了核心阶段。

为了引导消费者变为忠诚的消费者，您需要在策略的所有领域取得成功，从有针对性地获取顾客、个性化内容推送到社交顾客关系管理和分析。

## 忠诚计划（会员计划）

忠诚计划（loyalty programmes）仍然是实现顾客忠诚的有力手段。如果品牌宣传和品牌忠诚度会影响消费者从搜索引擎结果中选择访问一个网站而不是另一个网站，那么忠诚度计划可以确保消费者根本不进行搜索，而是直接访问该网站。忠诚是一件很有力量的事情：我自己小时候花了很多时间被迫在英国的公路上来回奔波，消耗了不少燃油，因此我父亲就找了品牌合适的加油站来获得会员积分。在过去的20年里，有许多非常成功的忠诚计划，如特易购、Nectar、Walgreen's、Canadian Tire、Flybuys、Boots、Payback等。这些可以被称为忠诚、奖励、俱乐部、折扣或积分卡，它们都有着相同的目的——为定期在同一个品牌购物的消费者提供高感知价值，进而获得更高的平均销售额并从每位顾客身上获得收入。这里的关键是"感知"价值这个词，这可能是忠诚计

划成功与否的最终决定因素。

### 高价值忠诚计划（high-value loyalty）

这类计划向高价值顾客提供各类项目、服务或折扣，其可以显著提高每位顾客的平均销售额和保留率，但提供这些奖励可能代价高昂，特别是因为您的许多顾客可能无论如何都会到您的商店购物这一因素，再加上推广和运行该计划的成本，在过去曾导致对这一类会员计划的批评。

### 高感知价值忠诚计划（high perceived-value loyalty）

这种类型的计划更侧重于让顾客认为这些物品是有价值的，而实际上它们可能会给公司形成很少的成本。这意味着该计划的运行成本可以保持在较低水平，而且顾客仍将表现出更多的购物行为。然而，它可能会因为没有为顾客提供足够的价值而招致批评。

这方面的一个例子是，当批量购买一个产品时，免费或少量收取一点费用便可以获得代金券或保险之类的服务。

成功的关键是既确保为顾客提供一些真正的价值，又不以牺牲经济回报为代价。随着时间的推移，可能需要对计划进行一些重大调整，因此，明智的做法是在推出忠诚度计划时尽可能灵活，并慢慢建立该计划。

## 本章小结

在本章中，我们了解了什么是顾客关系管理和顾客保留策略，以及如何将它们作为数字营销战略的一部分来提高收入和提高顾客满意度。我们研究了联系策略的好处和其中的原则，以及交叉销售和升级销售的方法，以最大限度地利用销售渠道的商业机会。倾向建模和协同建模方面的预测分析向我们展示

# 管理忠诚度、顾客关系管理和数据

了如何利用数据做出明智的决策,并使我们能够减少顾客流失和增加销售额。我们简要介绍了一个有效的顾客关系管理的一些功能,最后,我们研究了忠诚度计划及其鼓励顾客更频繁地光顾并花费更多钱的威力。

**本章检查清单**

- ❏ 定义顾客关系管理和顾客保留;
- ❏ 联系策略;
- ❏ 交叉销售和升级销售;
- ❏ 预测分析;
- ❏ 技术平台;
- ❏ 忠诚度。

延伸阅读

❏ 关于订阅式营销:

Janzer, A (2015) *Subscription Marketing*, Cuesta Park Consulting. 这本书详细介绍了如何提供和培育价值,以及如何将战略付诸行动。

## 参考文献

1. Gartner (2003), [accessed 1 November 2015] 42 Percent of CRM Software Goes Unused', 28/02 [Online] https://www.gartner.com/doc/387369/gartner-survey-

percent-CRM

2．Gartner (2009), [accessed 1 November 2015] Gartner Says Companies Need to Pursue Four Steps to Harness Social Computing in CRM, 19/02 [Online] http://www.gartner.com/newsroom/id/889712

3．Gartner (2014), [accessed 1 November 2015] Gartner Says Customer Relationship Management Software Market Grew 13.7 Percent in 2013, 06/05 [Online] http://www.gartner.com/newsroom/id/2730317

# 提供流畅的在线服务和顾客体验 18

## 本章内容概要

本章从数字化的角度审视顾客服务。近年来，这是一个越来越大的挑战和机遇。本章涉及的关键领域包括：

- ❑ 顾客服务原则；
- ❑ 服务渠道；
- ❑ 社交顾客服务；
- ❑ 度量。

> **本章目标**
>
> 到本章结束时，您应该了解最佳实践顾客服务原则和渠道；对社交顾客服务以及如何度量顾客服务的有效性有所了解。作为战略的一部分，您应该了解在为顾客提供服务方面遇到的具体数字化挑战和机遇。

很多年前，营销仅仅是为了发展您的公司，而顾客服务则是为了解决顾客问题。在21世纪，对顾客满意度的日益重视和消费者力量的日益增强，使得市场营销中有关服务的内容占比增加。此外，社交媒体的发展也导致了在推出营销内容的同时，需要通过双向对话直接与消费者互动。

所有这些都意味着，您拥有的内容战略必须与您的服务目标相适应，而且您的顾客服务原则必须支持来自您的内容的信息。您的网站也必须符合您的服务目标。例如，您的网站是加入在线聊天功能，还是只推广您的呼叫中心电

# 18 提供流畅的在线服务和顾客体验

话号码？您是否需要在您的顾客登录体验中使用安全消息功能？所有这些问题都会改变您的用户体验。

我们将看到，顾客服务和市场营销现在有很大的重叠，因此了解如何将其纳入您的数字营销战略非常重要。

## 顾客服务原则

这本书的一个关键信息是，数字化是您企业战略的一个组成部分，在您的企业中数字化不能成为一个独立的孤岛，这一原则尤其适用于顾客服务。无论您的顾客是向您提出问题还是提出投诉，他们都希望得到专家的良好对待和快速服务，在这一阶段顾客的问题比其他任何时候都要多。

在您的数字化战略中，您有机会通过社交媒体直接与顾客交谈，这是现在许多消费者的期望。您可以提供实时在线帮助和信息，而无须消费者通过电话沟通，这已不再是顾客服务战略的附加功能，而是其必备的重要组成部分。

为了了解如何在数字化舞台上实现这一点，我们首先需要了解如何实现尽可能好的顾客服务水平，为此，我们先回顾一下关键的顾客服务原则（见图18.1）。

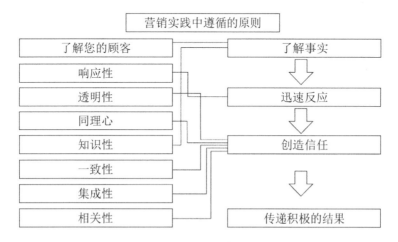

图18.1 顾客服务原则

## 了解您的顾客（understand your customer）

在整本书中，我们讨论了了解消费者和您的顾客的重要性。这主要涉及研究、洞察和分析，它们共同为您提供广泛的数据组合和直接反馈，以制定您的战略。这些数据的一部分必须是了解顾客的观点和意见，这可以分为两个核心领域：总体趋势和顾客个体。

### 总体趋势

总体趋势让我们对顾客遇到的常见问题有更广泛的了解，也可以向我们展示我们在哪些方面做得不错。分析您的数据以了解顾客在关键接触点的表现，并分析通过呼叫中心、服务电子邮件或其他通信方法收到的反馈，这对于了解总体趋势很重要。只有找到您的顾客正在努力的共同因素，您才能确定工作的优先级，并真正理解如何帮助他们。

趋势可能来自您的数据。例如，您可能发现来自德国的顾客对在线支付年费有抵触情绪，因为在支付屏幕上他们退出渠道的比率很高。这可能是由于您德语版网站的技术错误引起的，或者可能是因为德国消费者使用信用卡不如英国消费者使用信用卡那么广泛，因此您需要提供另一种付款方式。看到这种趋势可以使您及时应对以提高顾客满意水平。

趋势也可以直接从顾客的反馈中产生。这可以通过任何开放的沟通渠道，例如电子邮件或社交媒体产生。在这里寻找共同主题比通过数据分析要困难得多，但是通过了解投诉领域的趋势，您可以将精力集中于这些主题。

### 顾客个体

虽然趋势分析很重要，但展示对每个顾客的理解也是至关重要的，这正日益成为一种社会期望，而不仅仅是顾客的愿望。我们在第15章讨论了个性

## 提供流畅的在线服务和顾客体验

化,这个原则在这里仍然适用。

大型企业一直面临的一个挑战是确保您的系统能够让您了解您的顾客,因为大多数企业在规模经营时不可能亲自了解每个顾客。有许多软件解决方案可以将所有对话和交互存储在一个地方,其功能包括投诉监控、已知问题管理、知识库和社交媒体集成。当与顾客数据库结合使用时,这些功能可以变得非常强大。

总而言之,了解顾客是提供优质顾客服务的最重要阶段。

### 响应性(responsiveness)

在数字化时代,令顾客感到沮丧的一个方面是组织做出响应所花费的时间。在这个时代,消费者比以往任何时候都没有耐心,并且对响应有更高的期望。您需要构建好业务结构,以实现快速响应,从而满足顾客的需求。

我们可以通过多种方式直接确认信息,并主动回应顾客。在可能的情况下,用适当的、个性化的信息做出快速反应,快速处理简单投诉,以免升级为严重问题。

例如:"谢谢您的留言,琳达。以下是您寄给我们的记录副本,我们将在两小时内回复您。如果您在此期间有任何问题,请致电××××××××××。"

对于这个回应,即使琳达对这两个小时的时间范围不满意,至少她知道时间范围是什么,她的期望就设定了,这样可以减少投诉。

### 透明性(transparency)

另一个在21世纪继续面临越来越多审查的领域是透明性,或者换句话说,就是开放性。

透明度应始终是顾客服务的核心原则。消费者比以往任何时候都更加愤世嫉俗，在线上可以找到有关营业额和管理团队等企业的大量信息。当企业做出对消费者不利的决定时，监管机构也更加积极地惩罚企业并发布信息。当出现问题时，消息通常会被迅速宣传甚至像病毒一样传播。

透明性从未如此重要。

### 丰田

2010年，美国丰田公司花了太长时间应对有关车辆缺陷的危机。到美国销售负责人公开回应时，它已经召回了230万辆汽车，而总裁也发布了长达75秒的道歉视频。此次召回使丰田市值损失了210亿美元。反应迟钝可能会导致顾客对品牌失去信任，从而使公司付出更大的代价。

## 同理心（empathy）

营销传播中使用的语气是传达同理心原则的重要组成部分。这应该以您的品牌为驱动力，并且必须在整个组织中保持一致。为了解释这一点，下面给出了一个不同语气的例子。

公司客服语气（tone of voice）：

- 友好的、对话式的语气："我们很抱歉您经历了糟糕的体验，我们将立即为您退款。"
- 正式的语气："很抱歉，您的体验不合您的标准，您的账户将在接下来的24小时内收到退款。"

您的语气来自用词、幽默和讲故事等重要元素，它的威力比许多人想象

## 提供流畅的在线服务和顾客体验

得更强大。您的语气可以建立信任，有助于理解，这可能是创建拥护者的关键因素，因为一些消费者会觉得您像朋友一样和他们说话，而且您说话的方式会引起他们的共鸣。

确定您想要的语言的正确程度。例如，如果您使用英语写作，是否愿意拆分不定式？您是否愿意以"和（and）"或"然而（however）"作为句子开头？您是否愿意使用俚语、行话或亵渎语（对后者要非常小心）？这些技巧违反了英语规则，但在营销文案方面可能很有效。

同理心本身是至关重要的，因为如果一个顾客觉得您不理解他（即使您自己觉得理解他），就会感到沮丧。这里的关键是表明您理解顾客并能理解他们的立场，但要确保您不会同意任何可能表明您的企业疏忽大意或没有按照顾客最大利益运营的观点。在某些极端情况下，这是真的，但在顾客服务环境中承认这一点可能会导致问题升级。

### 知识性（knowledge）

这一领域与了解您的顾客有很大不同。从这个意义上说，知识与了解您的业务有关，因此要向内看而不是向外看。另一个让顾客感到沮丧的是，当和您的代理商交谈或使用您的网站寻求帮助时，从那里根本找不到所需要的知识。在产品或服务方面寻求帮助本身就可能会让人沮丧，而与公司的人通过电话或以数字化方式交谈，如果他们知道的并不比顾客本人多，则会加剧问题。因此，重要的是既要确保所有员工都是他们所响应领域的专家，也要确保您的在线信息是最新的和正确的。

### 一致性（consistency）

我们都经历过这样的事情：我们给公司打电话，一个部门给了我们答复，然后把我们支到另一个部门,这个部门却给了我们一个完全不同的答复;甚至可能同一部门的同一个人在不同的日子给我们不同的答复。我们看起来像被困在一个无休止的循环中,非常令人沮丧。重要的是,无论是哪种渠道,您的服务方法、语言、培训、文档、服务级别、系统和所有其他因素都要保持一致。要采取与渠道无关的服务方法,因为它确保您把顾客和流程放在渠道之前,而不是相反。为了实现这一点,您需要构建一组流程,以在服务接触点之间创建一致性。您需要设定您的语气、您处理某些类型电话的流程,以及您用来做决定和记录的系统。

## 集成性(integration)

要把顾客服务与更广泛的业务集成在一起,包括将您的数字服务与更广泛的服务集成在一起。购买一些新的顾客支持软件并将其集成到您业务的某一个领域,以向其他领域展示可能的功能,这是很诱人的。虽然这是一种很好的技巧,可以创造部门间的竞争,从而提高其他部门的业绩,但它可能会给顾客造成隔阂,因为他们在您业务的不同领域中所获得的服务水平非常不同,这又会给顾客造成挫败感。就节省成本和效率而言,集成到现有系统中当然是一个实用的方法。

## 相关性(relevance)

最后,相关性很重要。为了达到某些目标,强迫顾客使用他们不愿意遵循的流程,这可能会适得其反。确保您的顾客可以选择适用的渠道,并可以通过他们希望的方法与您联系,这将大大提高效率,并创建更好更快的解决方案。在这里补充一点,尽管上述原则是正确的,但在适合您的客户的情况下,取消或大幅减少呼叫中心服务,采用纯数字化的客户服务流程,可以显著节省

提供流畅的在线服务和顾客体验

成本。这种模式在今天相当普遍，虽然它可能会给一些顾客带来挫折感，但如果正确实施，可能是一个完全有效的策略。

## 服务渠道

有许多渠道可用于数字化顾客服务，但有些往往被忽视。并非所有渠道都适合所有组织，例如，一个电子商务网站可能提供一个实时聊天工具，使人们能够快速得到答案，但这不适合B2B制造业，因为顾客有专门的顾客关系经理，这又回到了上面提到的相关性原则。

### 在线内容（online content）

通过回答常见问题和提供公开信息，组织可以做很多事情来主动解决顾客服务需求。如上所述，通过了解顾客，我们可以提供我们所知道的他们想要的东西，而不需要这些顾客与我们联系。这些信息可以有多种形式，但必须始终保持新鲜。提供产品规格、指南、"如何操作"视频、常见问题解答等都会很有用，但如果这些内容没有定期更新，则它们将成为顾客的问题而不是解决方案。

如果顾客不知道有在线文档，那么在线文档的价值也将大大减少。您应该确保当潜在顾客成为顾客时，让他们知道您的"帮助区域"，并且可以考虑定期向顾客宣传"帮助区域"，或者将其包含在通信中。如果您的内容真正新鲜，每月提供有关如何使用您的产品或服务的指南，则顾客可能会主动查找您的内容。所有这些都减少了电子邮件、电话和聊天请求，从而使您的顾客满意并降低了对资源的需求。

请记住，在线内容并不仅指您的网站。许多顾客是从搜索他们想要的内容开始的，搜索工具可能是Google或任何其他引擎。因此，您的帮助内容在经过搜索引擎优化的同时，也应上传到 YouTube 和其他可能帮助顾客找到所需信息的位置。发布帮助内容时，请记住完整的数字化生态系统。

### 在线聊天（live chat）

在线聊天有时也称为网络聊天，允许顾客使用在线聊天窗口直接与您的顾客服务代表交谈。这是基于文本的，不应与视频聊天混淆。这种方法虽然是数字化的，但仍然有传统的离线服务特点，即您需要客服来进行对话，并且这些客服需要具有良好的产品知识、访问顾客服务系统的权限并遵循我们上面提到的所有原则。

与传统的呼叫中心方法相比，在线聊天有一些明显的优缺点，尽管它们并不互相排斥，但是在评估渠道时可以使用。

- ❑ 在线聊天的优点：
  - 并不总是打开状态：当您没有能力处理该问题时，可以将其关闭或更改为联系人形式。
  - 复制和粘贴：您可以将直接链接发送到站点的帮助区域，而不必与顾客讨论如何导航到某个地方。
  - 知识：除了访问知识库外，客服还可以在不让顾客等待的情况下询问同事。
  - 语言：通过基于文本的交流，地区口音的问题消失了，这可以消除某些顾客可能遇到的问题。
  - 多任务处理：客服有时能够在每一个顾客都不知道的情况下同时帮助多个顾客，这样效率会大大提高。
- ❑ 在线聊天的缺点：
  - 适用性：可能不适合您的受众。几乎所有人都习惯使用电话，但

## 18 提供流畅的在线服务和顾客体验

有些人仍然不习惯使用数字化技术。

- 耐心：如果您不快速响应，那么与不快速接听电话相比，顾客的耐心可能会更少。
- 移动设备：虽然通过移动电话呼叫某人非常简单，但从用户体验的角度来看，在线聊天并不总是能正常工作。这主要是因为尚未对许多软件进行优化，以使其适应所需的广泛设备，尽管情况有所改善，但仍然是一个问题。

根据上面列出的优点，可以看出为什么与适当的受众一起使用时，在线聊天可以成为非常强大的工具。

### 聊天机器人（chatbots）

随着人工智能的不断改进，越来越多的聊天机器人用于顾客服务。这些聊天机器人通常足够聪明，可以为顾客解决很大一部分问题，而无须人工参与。这种服务模式介于在线内容和在线聊天模式之间，因为它是机器提供的在线内容。

根据埃森哲（2016）的数据，80%的顾客服务都可以由机器人来处理。因此，这一趋势可能会继续下去，我们将看到更多的使用视觉IVR而不是音频IVR的情况。IVR是一种"交互式语音应答"，几十年来一直在顾客服务中使用，您可以从电话信道上认出它，如"按1键销售，按2键客服"等。可视IVR适用于您的聊天屏幕，可以将很大一部分电话重新转接给聊天机器人，从而减少资源需求。

### 语音（voice）

我们还将看到语音在顾客服务中的使用不断增加。这是一个有趣的趋势，得益于物联网革命和亚马逊 Echo 等智能家居助理。虽然我们已经在上面讨论过，我们正在远离与人类的电话交谈，但我们并没有完全远离声音。聊天机器人和在线聊天是旅程的一部分，但通过物联网设备提供的语音帮助也在增长，这应该在您的战略中加以考虑。

## 即时通信（messaging）

我们将在下面讨论社交媒体，但即时通信是数字化顾客服务的一个特定重点领域，这在最近几年有了巨大的增长，这些平台必须采取措施，以确保它们能够提供相关的安全性，从而为大型品牌提供这一机会。现在，您可以使用即时通信应用程序来订购咖啡，并在咖啡准备好时收到通知；或将咖啡订购与您的音乐流服务集成到一起，但顾客服务对于渠道来说是一个不同的命题。能够通过您喜欢的即时通信应用程序直接处理顾客服务问题是一种流畅的体验，对消费者和企业都是非常有益的，但这与和朋友聊天或点咖啡不同。

Forrester 的一份题为《即时通信应用的未来》的报告清楚地解释了这个渠道的重要性（Husson 等，2016）。第一，即时通信应用的使用频率非常高；第二，即时通信与任何直接的交流方式一样，都有很高的情感联系；第三，即时通信很方便。这三个因素是一个强大的组合，因此 WhatsApp、Facebook、Messenger 和微信 WeChat 等平台应该在您的计划中。我们已经在第 12 章中从促销的角度对它们进行了研究，但不要将它们排除在您的服务策略之外。

## 论坛（forums）

论坛已经存在多年了，并且仍然是互联网的重要组成部分。在我们继续致力于创建数字社区的过程中，论坛仍然是分享信息和帮助他人的强大工具。论坛有助于通过预先解决问题来减少与顾客的联系。有些消费者对您的产品或

## 提供流畅的在线服务和顾客体验

服务的了解可能同顾客服务代表一样多，甚至更多。至少他们可以提供不同的观点——其他同行实际使用的观点。您的客服代表，无论多么有才华，都无法提供存在于顾客头脑中的真正独立的意见。论坛有一个共同的特点，即优势与劣势并存，这就是您的组织几乎不需要投入，您可以引导类别和一些主题，但您无须原创贴出内容，这意味着无须生成或管理内容。这显然有助于提高效率，并确保您已经帮助您的顾客找到他们需要的答案，而不需要太多直接的努力。这听起来太好了，简直不像是真的。

就像大多数听起来太美好而不真实的事情一样，事实的确如此。这个功能的另一个方面是任何东西都可以发布到留言板上，这可能包括吐嘈、垃圾邮件、您希望限制在自己和顾客之间的严重问题的详细信息，甚至是非法内容，这就是需要公司适度发挥作用的地方。主持论坛可能需要使用大量资源，具体取决于内容的规模和类型，因此，需要对论坛内容进行有效的审核。以下是主持论坛的一些好的原则，以确保您的品牌以及更广泛的内容和体验不受这些问题的影响。

**透明性**

与上面提到的顾客服务原则一样，透明性很重要。您不能仅因为不喜欢或不同意而删除内容。保持论坛的开放性和诚实性对论坛的成功至关重要。但是，您应该与用户互动，并尝试使该问题在线下得到解决。

**规则**

您应该为您的论坛制定一套规则，并明确推广这些规则，以确保注册的每个人都阅读并接受它们。这不是保证论坛正确使用的一种方法，而是一种删除不遵守规则的内容而不引起任何投诉的方法。然而，在您采取进一步行动之前，让用户自己删除帖子是很重要的，这将有助于保持个人关系。

**保持参与**

参与讨论,并尽可能地提供帮助和指导。不要在论坛中介入分歧,而应尝试增加价值并引导对话从消极观点转向积极结果。

## 电子邮件(e-mail)

电子邮件顾客服务已经使用多年了,并且仍然是许多人常用的通信方式。它允许顾客花时间构建自己的论据并附上相关信息,它还减少了对话的需要,因为投诉可能具有对抗性,许多顾客会觉得很难进行对话。从组织的角度来看,它允许您评估所提供的信息,并在规定的时间内回复,这很有帮助。它还保留了对话的书面记录。可以说,许多数字化渠道都提供这些相同的功能,尽管如此,电子邮件仍是一个比大多数数字化服务渠道建立时间长得多的渠道,因此,如果顾客的需求不紧急的话,电子邮件几乎是会使所有顾客都感到舒服的渠道。然而,使用电子邮件重要的是管理回复时间,这可以通过自动通信有效地完成。

一旦电子邮件发出,发送者就无法知道接下来会发生什么。因此,当顾客直接或通过提交在线表单向您发送电子邮件时,确保他们收到一个符合他们期望的回复很重要。这些回复的电子邮件应说明回复的时间范围,并提及顾客提交的内容以及日期和时间等任何详细信息。这封电子邮件应该是个性化的,在可能的情况下,应该包括您提供的联系的人的详细信息,以便建立个人关系。在确保一致性和节省时间方面,为特定方面的问题准备一些固定的答复是非常有利的,这些答复有时被称为"罐装回复"。这些信息可以简单地复制并粘贴到电子邮件中,以回答相关的查询。然而,重要的是,在发送之前,要通读并检查这些文件,以确保它们看起来仍然是个性化的并和上下文相关。我们

# 18 提供流畅的在线服务和顾客体验

在上面讨论的语气在这里同样重要，确保您的电子邮件是友好的、积极的和简单的（不要摆派头儿显示优越感）。如果需要，您可以粘贴关键文档和网站相关位置的链接，以便顾客可以访问这些链接以解决问题。

最后，确保您通过展示和交流而朝着最终解决问题的方向前进，以使顾客感到在邮件链条中的每封电子邮件都在取得进展。我们在第12章中更详细地讨论了电子邮件作为渠道的情况，因此请参考此内容以获取更多详细信息。

## 回拨（callbacks）

对于那些不希望立即得到答复的顾客来说，回拨仍然是顾客服务的一种常见形式。因此，对于那些快速需要帮助但没有其他选择的顾客来说，它们可能会令人沮丧。回拨的优点是使顾客服务部门能够完全按照他们的意愿管理呼叫级别，但很明显，这是将控制权从顾客手中夺走。最佳做法是为回拨时间制定精确的时间范围。如果您的组织有可能将您的回拨时间控制在半小时之内，那么这对于那些希望快速获得响应的顾客来说是一个不错的目标。如果响应速度较慢（几天内），那么简单地建议上午、下午或晚上这样的时间段通常是可以接受的，这样可以简化服务中心的管理。然而，这个服务渠道不应该是您唯一的服务路线，因为这对大多数消费者来说都是一个糟糕的体验。

## 共同浏览（co-browsing）

简单地说，共同浏览是两个或两个以上的人同时访问同一个网页，这种复制的体验使顾客服务代表能够更好地了解顾客的需求。共同浏览与屏幕共享的区别在于，共同浏览是同时查看同一页面，而屏幕共享是一个用户查看另一个用户的屏幕。这对于帮助用户完成购买等操作尤其有用，它提供了比简单的电话或在线聊天更具个人体验的功能。当与顾客对话困难又不能看到顾客在何处挣扎时,经常使用共同浏览,它可以提供比其他渠道更强大的结果。

共同浏览还有另一个机会,即追加销售的能力,但这在大多数服务情况下都是不合适的。在引导顾客完成一个过程的同时,您有机会与他们谈论他们所做的决定,这可能有助于顾客意识到,他们应该购买一些在单独浏览时被自己忽视的东西。这不应该是共同浏览的主要目标,但它可以是一种优势。

 **案例研究**

## 汇丰银行

### 背景

汇丰银行(HSBC)是一家大型的全球性银行,它将顾客置于敏捷项目的核心,以改善顾客体验并为项目交付设定新的标准。银行使用 Vizolution 公司提供的技术,建立了数字化辅助电话对话,这种对话与支行体验一样简单,但效率更高。

### 战略

通过这个平台,顾客能够以电子方式快速完成和签署申请,并查看监管机构要求的所有信息。这些平台有时可能很难运行下去,在大型组织中,通常也很难获得对此类平台的内部信心。因此,汇丰银行首先实施了低风险的概念验证,即收集证据以建立信心。这项顾客服务改进现已推广到另外 15 个英国工作流程,并将支持一项新的全球银行业务提案。顾问们很兴奋,一个新的卓越中心(centre of excellence)正在为银行的未来提供能量。

### 结果

数字化平台的实施可以提供更好的顾客体验,使每个申请的处理成本降

提供流畅的在线服务和顾客体验

低8%以上，处理时间减少45%～93%（从最初申请到最终解决）。此外，95%的顾客认为该系统易于使用，机构满意度为93%。除了这些出色的顾客服务成果之外，新系统还使电话贷款申请的转化率提高了20%。

主要经验

使用数字化平台解决顾客体验问题可以从根本上改善顾客服务指标。使人们能够自助服务是一种简单而有效的方式，有时可能会取得超出您预期的结果。

## 社交顾客服务

社交顾客服务是数字化顾客服务持续进行重大变革的一个领域。社交顾客服务与其他渠道之间的主要区别之一是，它通常是在非常公开的渠道中发起并发展的。就像在其他渠道中一样，需要迅速做出响应，并且上述原则仍然适用。

其中一个关键的挑战是组织内的社交媒体流程。社交媒体通常由公关或营销团队（可能是同一个团队）管理，他们不太可能具备处理顾客服务问题的技能或能力。因此，应该在Twitter上设置专门的顾客服务吗？但同时又不能保证顾客会享受到这个服务，这在实际操作中很难管理。那么，营销部门是否应该将这些信息传递给顾客服务部门？但这看起来像是营销部的资源流失。随着社交媒体越来越成为组织的双向交流，而不是"推送"信息渠道，所有权正在从营销部门转移。公司一旦在社交媒体方面发展成熟，就将把这个渠道作为其顾客服务流程的一个组成部分，包括在呼叫中心内使用。

另一个挑战是放大。当顾客在社交媒体上投诉时，投诉内容有机会被其朋友和其他关注者发现，并可能会传播开来，甚至有新闻价值。这可能会损害品牌，但也可能是一个机会。

### 罗里·麦克罗伊（Rory McIlroy）的高尔夫球杆

2014年6月美国公开赛后，罗里·麦克罗伊（Rory McIlroy）从纽瓦克（Newark）飞往爱尔兰都柏林。当他到达时，发现自己的球杆没有和他一起到达。参加爱尔兰公开赛，球杆显然非常重要。于是，Rory在Twitter上发出了以下推文：

@McllroyRory："嘿@united，昨天上午从纽瓦克降落在都柏林，高尔夫球杆却没同机到达……这个星期有点需要它们……有人可以帮忙吗！？"

这条推文获得3700次转发和3200个收藏。对于联合航空（United Airlines）来说，这可能是一个非常糟糕的消息。大受欢迎的名人将联合航空的工作错误进行曝光，可能会损害其品牌。但是，美联航遵循了我们上面列出的良好顾客服务原则，并迅速做出了回应，交付了结果。不到两个小时，联合航空公司回应道：

@united："@McllroyRory，我们有个好消息，您的球杆将在明天送达，我们会为您送去参加比赛。"

随后，这篇文章得到了160条转发和116条收藏。很明显，这并没有达到Rory推特的热度，这也许是意料之中的，但它后来变得有新闻价值，并被许多网站强调为获得正确的社交化顾客服务的很好的例子。联合航空通过了解其顾客、有同理心和反应迅速而将一个负面事件扭转为正面新闻。

前文我们已经探讨了将响应性作为顾客服务原则的重要性，这在社交顾客服务中是非常正确的——人们期望甚至要求在几分钟之内而不是几小时或几

# 18 提供流畅的在线服务和顾客体验

天之内做出响应。现在，越来越多的企业在此方面做得很好，并且顾客退出障碍在许多市场中都在不断缩小，因此响应能力至关重要。

利用社交媒体客服可以比电话呼叫带来更多的解决方案，从而降低每次交互的成本，这是顾客服务环境中的一项重要的指标。

我们在第11章也谈到了社交倾听，其中一个对我们有用的方面就是顾客服务。例如，通过简单地在Twitter上跟踪您的品牌名称（有或没有@）并包括常见的拼写错误，就像您在确定一个搜索引擎优化关键词策略时所做的那样，您可以监控和回应整个社交环境中提及的评论，不管它们是负面的还是正面的。关注正面的评论也很重要，感谢正面评论和回应负面评论的作用一样强大。

## 新技术

除了上述思考，考虑如何将新技术应用于您的顾客服务当中也是很重要的。

正如我们在整本书中提到的那样，人工智能正在进步，现在它可以识别情绪信号。这有多种用途，其中最受益的就是顾客服务。使用人工智能来检测个人情绪可以极大地帮助您确定自己的反应，这不仅仅是在输入的信息中，甚至在电话中也会提示顾客服务代表。

我们将在第19章讨论数据可视化。这也与此相关，因为存在大量与服务通信相关的数据，很难将其整合成一致的内容。使用可视化技术，您可以获取这些数据并简化图形表示，从而使客服代表能够快速找到问题并解决问题。

## 度量

我们将在第19章探讨如何有效地度量您的数字营销，这里我们将讨论顾客服务的具体度量标准，因为它们具有独特性。

### 内容参与度（content engagement）

我们上面提到的渠道之一是在线内容，我们需要对其效果进行评估。这可能因内容的管理、组织和使用方式而异，但最重要的是参与度。这可能是您观看或完整观看帮助视频的次数（浏览率或 VTR），可能是访问页面、分享帮助的内容或下载指南的次数，在您的博客、论坛或评论的帖子中设置了"赞"（like）按钮，您可能还需要监视登录顾客和公开访问顾客的参与情况，以了解顾客需求的不同趋势。所有这些交互都可以让我们了解您为顾客提供的内容的参与程度，从而了解它在帮助顾客解决问题或顾虑方面的作用。您需要考虑与内容相关的度量指标——这些指标应该在顾客服务看板上有所体现，但却往往被忽视。应该通过您的网络和社交分析平台度量内容参与度。

### 持线时间和未接通（hold time and abandonment）

这不仅适用于呼叫中心，还适用于与客服的任何实时交互，此处的在线聊天就是一个很好的例子。如上所述，很大一部分顾客希望您立即做出响应，因此了解顾客需求以及您的业务如何满足需求对于度量成功至关重要。这应该通过您的电话系统进行度量。

### 响应时间（response time）

该项度量主要与社交媒体和电子邮件等渠道有关。使用社交媒体时，您应该在几分钟内响应市场需求。对于电子邮件，可以在数小时或数天内响应。应当定期审查响应时间。文档应以电子方式保存，以便将来改进。

### 首次联系解决率（first-contact resolution）

这是线下和数字化渠道中常见的另一种度量标准，它涉及您的响应质量。

# 18 提供流畅的在线服务和顾客体验

上面的"响应时间"度量您的响应速度,但是快速、糟糕的响应是没有帮助的,所以我们需要度量质量。质量度量标准相关在第一次联系时问题得到解决的百分比。例如,如果我因为丢失了密码而与有安全登录要求的企业联系,您会直接给我一个重置或提醒,还是需要把我转给其他人,甚至可能忘记给我发电子邮件?

## 净推荐值(net promoter score,NPS)

获得顾客反馈的方法有很多种,其中一种可以让您快速了解组织表现的度量是净推荐值(NPS)。NPS 是 Reichheld 在 2003 年《哈佛商业评论》(*Harvard Business Review*)上发表的文章《您需要成长的一个数字》(*The one number you need to grow*)中提出的一个概念。这篇文章的评论褒贬不一,但被许多组织广泛用作度量一般顾客情绪的指南。这项度量的工作原理是简单地要求顾客在回答"您推荐×的可能性有多大"时给您的组织打分,其中×是您希望度量的对象。得分 9 分或 10 分的人被认为是推荐者,7 分或 8 分的人是被动者,其他人(6 分及以下)都是批评者(见图 18.2)。通过平均得分,您可以了解您的业务是否为顾客提供了满意的结果。

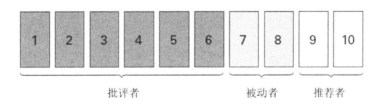

图 18.2 净推荐值

可以将净推荐值法应用于特定的业务领域,如顾客服务。顾客可以按照满分 10 分的标准为他们所接受的服务评分,并由此确定净推荐值。一些人认为,净推荐值可能低于其他满意度调查的结果,因此可能描绘出不准确的图景；同时，不同文化对评分的不同解释会影响全球结果。另外，分数背后也没有任何细节，所以要理解评分的动机还需要进一步研究。尽管存在这样的挑战，但应该说，净推荐值可以为许多企业的顾客满意度提供一个有价值的指导。还应考虑其他度量指标，如顾客终身价值（见第 1 章）和顾客保留率或流失率（见第 17 章）。

 本章小结

数字化顾客服务的关键是，要保留数十年来从更成熟的渠道中获得的最佳顾客服务的实践知识，并将数字化集成到您现有的流程中。在本章中，我们探讨了这些原则以及如何将其应用于数字化服务。这包括社交顾客服务、聊天机器人、即时通信和度量顾客服务成功程度的挑战。重要的是，在制定数字化战略时，必须考虑与上述渠道相关的技术实施和集成问题。同时，确保仅实施最适合顾客的渠道也非常重要——只有真正了解顾客和渠道才能实现这一目标。

**本章检查清单**

- ❏ 顾客服务原则；
- ❏ 服务渠道；
- ❏ 社交顾客服务；
- ❏ 度量。

## 提供流畅的在线服务和顾客体验

❏ 关于顾客服务战略：

Heppell, M (2015) *Five Star Service: How to deliver exceptional customer service*, FT Press

Stevens, D (2010) *Brilliant Customer Service*, Prentice Hall

Watkinson, M (2013) *The Ten Principles Behind Great Customer Experiences*, FT Press

1．Accenture (2016) [accessed 20 November 2018] Chatbots in Customer Service, [Online] https://www.accenture.com/t00010101T000000__w__/br-pt/_acnmedia/PDF-45/Accenture-Chatbots-Customer-Service.pdf

2．Husson, T, Wang, X and McQuivey, J L *et al* (2016) [accessed 12 February 2019] The Future of Messaging Apps: With Bots and Intelligent Agents, New Conversation Interfaces Will Change Your Relationship with Customers, Forrester [Online] https://www.forrester.com/report/The+Future+Of+Messaging+Apps/-/E-RES133304?docid=133304

3．Reichheld, F F (2003) The One Number You Need to Grow, *Harvard Business Review* (December)

# 通过数据分析和报告度量绩效 19

## 本章内容概要

本章介绍如何设立度量数字营销成功程度的标准、跟踪数字营销绩效所需的工具,以及如何将其作为数字化战略故事的一部分进行持续沟通。本章涉及的关键领域包括:

- ❑ 数据图景;
- ❑ 基于数据决策的可靠性;
- ❑ 什么是分析;
- ❑ 工具和技术;
- ❑ 归因建模;
- ❑ 报告。

> **本章目标**
>
> 到本章结束时,您应该了解分析和关键技术在报告中的重要性。您应该了解归因建模,并对基于数据决策的可靠性有所了解。您将了解基于标签和服务器的分析以及社交和网站分析。

## 数据图景

战略的最后一部分很可能是最重要的。实施一项没有得到有效度量的战略可能会造成难以挽回的混乱或缺乏透明度。换言之，如果您的数字化战略已经启动，但您不能证明其正在带来任何好的效果，那么您很快就会收到来自内部利益相关者的负面反馈，甚至这个战略会被您的决策者取消。如果无法证明您的目标可以实现，您自己，或者更重要的是，您的利益相关者如何知道您的战略是否会成功，或者您打算如何在未来调整战略？如果不能确保正确地进行分析，并且尽可能地经得起未来的考验，那么在此之前的一切都将变得毫无意义。

数字营销人员很幸运（有些人可能会说很不幸），他们可以使用无数工具和数据来实现完全透明。因此，这里的挑战不是技术或可见性的制约，而是如何实施战略和输出数据报告。如何最好地使用这些数据，以及如何将不同的信息整合在一起形成可靠的见解，既是一门科学，也是一门艺术。

"大数据"是近年来数字营销中大量使用的一个词，这是表达我们所看到的数据的一个很好的术语。大数据是指数据集如此庞大和复杂，以至于很难使用标准工具和技术进行处理。因此，大数据也指通过解释完整的数据集而不是单独的部分数据来做出明智决策。"大数据"这个词是美国宇航局（NASA）在1997年提出的，当时是为了描述它在可视化方面遇到的一个问题。从2008年开始，计算机科学家开始在更广泛的意义上使用这个术语，并从2010年左右开始用于数字营销。

### 大数据

数据集的大小超出了通常的数据库软件工具所能捕获、存储、管理和分析的范围。（麦肯锡，2011）

我们已经在第 3 章介绍了对数据的研究和洞察，这些数据将为您的战略提供信息，并将随着时间的推移持续影响战略。这些仍然是度量数字化成功与否的关键指标,但不太可能出现在您的报告看板上,因此我们现在不再讨论这些指标。

## 基于数据决策的可靠性

我们可以获取大量数据,如上所述,这对于我们的决策而言非常有用。但是,如果使用不正确可能会很危险。我们需要意识到两个主要挑战:人为因素(human factor)和数据对齐(data alignment)。

**人为因素**

数据本身毫无价值,若仅有一组信息而不能据其采取行动,那么我们将一事无成。无论是通过直接人工交互,还是通过人工创建的算法或公式,都需要人工将数据转化为可操作的东西,这就造成了犯错的机会。当我们考虑到建立数据收集首先需要人工交互时,人工交互的影响就更加深入了。不但我们对数据的解释可能是错误的,而且数据本身也可能是错误的。例如,如果我们查看一个相当标准且易于使用的分析工具(如 Google Analytics)的实际使用过程,那么我们会看到人类在其中扮演关键角色的四个主要阶段:

- ❑ 在谷歌工作的人设计产品。
- ❑ 有人在其网站上安装 Google Analytics。
- ❑ 有人在 Google Analytics 中设置偏好和报告。
- ❑ 有人利用这些报告做出决策。

因此,该产品可能很完美,但设置可能有误;设置可能功能齐全,但对报告的解释可能是错误的;或者设置和解释可能是正确的,但程序中可能存在故障。

# 19 通过数据分析和报告度量绩效

## 数据对齐

很少有企业依靠一个数据集来制定决策。一个组织几乎不可能在一个系统中同时查看其财务数据、销售、员工人数、营销支出、固定成本、投资和大量其他数据集。这不是技术问题,而是保密性和便利性问题。在向创意机构付款和管理员工薪资的系统中管理付费搜索活动没有多大意义。因此,您的系统数据很有可能不会始终保持一致。即使使用两个非常相似的系统(有时是同一家企业生产的系统),您也会发现数字上的差异,这可能是由于术语的定义不同而产生的。

例如,我们以"点击"(hit)为例,您会如何定义?有两个常用的选项:① 页面的元素被下载(如图像);② 有人到达您的页面。

从技术上说,选项①是正确的答案——点击是指文件被下载——但许多人仍然使用"点击"一词来表示访问(visit)。如果人在访问时没有下载除网页本身以外的文件,那么此时"访问"或"页面浏览"(page view)与"点击"相同。数据集之间存在许多差异,这些差异会导致数据不匹配,了解这一点很重要。

## 什么是分析

简单地说,分析是一种报告工具,用户可以从报告中查看所分析的项目绩效的统计数据。自2005年以来,这些统计数据有了很大扩展,现在包括一些高级数据集,如实时数据、人口统计数据、社交媒体数据、归因数据、多渠道数据和跨设备数据。有两种形式的分析:基于服务器分析,读取网络服务器日志文件;基于标签分析,将标签代码添加到网站的页面中,以便收集数据。

### 基于服务器分析

这是分析的开端,因此出现在基于标签分析之前。基于服务器分析(server-based analytics)是从服务器上保留的日志文件中收集数据,因此可以显示站点上活动的图景。自 20 世纪 90 年代初问世以来,这种方法就面临着挑战。首先,它仅度量点击量(hits),正如我们上面提到的那样,它没有显示出访客的真实情况。添加页面浏览量(page views)和访问量(visits)后,此问题得到解决。搜索引擎蜘蛛(search engine spiders)或机器人(搜索引擎用来爬网和索引网站的方法)以及其他诸如缓存之类的挑战,使得基于服务器的分析难以检测到人类活动。这意味着您可能看不到从缓存进入的访问(cached visits),但可能会看到一些搜索引擎蜘蛛的访问(spider visits)。

### 基于标签分析

基于标签分析(tag-based analytics)是 20 世纪 90 年代中期推出的,我们这些年龄足够大的人会记得在许多页面底部看到过亮绿色的访问计数。您仍然可以在互联网的各个角落找到它们,但其中大部分似乎在 2000 年前就消失了。图形完全消失的同时,取而代之的是一个不可见的小像素,当发送到分析软件时,它能够记录页面上的活动和用户行为信息。这种方法在继续发展,现在是更常用的网站分析形式,因为它能够克服基于服务器分析所面临的一些挑战。然而,它同样也未能提供基于服务器分析所能提供的一些解决方案。

### 基于服务器分析与基于标签分析的比较

基于服务器分析的优势主要在于其整合性和 SEO 解决方案。该方法使用企业已经创建的服务器日志,因此不需要构建任何新内容。这也意味着企业始

## 通过数据分析和报告度量绩效

终拥有并保留数据,这是从供应商处购买数据服务时的关键考虑因素。另外,由于基于服务器的方法包括搜索引擎蜘蛛数据,因此与基于标签的解决方案相比,它可以提供更好的 SEO 信息。这是因为您可以访问真正的蜘蛛数据本身,而不是将有限的数据提取到基于标签的软件中。例如,众所周知,Google Analytics 在其基于标签的解决方案中减少了 SEO 分析。

在寻找丰富的用户交互数据时,基于标签的分析是迄今为止更可取的方法。通过此方法,可以记录针对页面元素上的特定操作并收集用户高级数据(如浏览器)。基于标签的分析还具有能够计算缓存页面的优势,缓存页面约占所有访问的三分之一。

历来最受欢迎的分析工具是 Google Analytics(基于标签的解决方案),由于其免费增值模式(freemium model)和出色的性能,Google Analytics 一直是当今的领导者。免费的 Google 产品可以提供的内容受到一些限制,但是标准产品提供的功能对于大多数组织来说已经足够强大。市场上还有其他几个关键参与者,我们将在下面提及——Google 并没有垄断这个市场。

一个有用的案例研究是 Hostelworld 对 Adobe Analytics 的使用。

 案例研究

---

### Hostelworld

**背景**

Hostelworld 是一个市场领先的预订平台,致力于通过其网站和应用程序提供 19 种语言的全球旅馆优惠。它主要关注使用世界各地旅馆的年轻人。其面临的挑战是吸引全球市场上的小众群体,并打造一个品牌,为下一代旅行者提供个性化的顾客旅程,同时为他们开发社交体验和社区。

为了实现上述目的，Hostelworld 使用了 Adobe 体验云（Adobe Experience Cloud），包括 Adobe 广告云搜索（Adobe Advertising Cloud Search）、Adobe 营销云（Adobe Marketing Cloud）中的 Adobe 广告（Adobe Campaign），以及 Adobe 分析云（Adobe Analytics Cloud）中的 Adobe 分析（Adobe Analytics）。

**战略**

为了通过个性化体验来优化每个顾客的数字化旅程，Hostelworld 需要做两件事：通过深入的数据分析洞察顾客行为、有效地利用该智能工具。

Hostelworld 的受众期望获得快速、简单和个性化的数字化体验。通过使用 Adobe Analytics，该企业获得了有关顾客如何使用其网站和应用程序的详细信息。通过实时指标，Hostelworld 的营销团队了解了顾客来自何处和前往何处，他们正在浏览什么信息以及他们通过营销漏斗（marketing funnel）的过程。

除了这些细节外，他们还研究了流量来源（sources of traffic），以确定哪些广告活动是最有效的，并提出了新的广告可以触及喜欢旅馆的受众的领域。营销人员还测试了跨多个平台和渠道的各种文案、广告和预订漏斗，以了解如何优化每个渠道。

来自 Adobe Analytics 的分析数据还使营销人员可以提高其付费搜索的效率。广告云搜索（Advertising Cloud Search）会自动对搜索字设置出价，以实现更高的投资回报率（ROI），这使预订成本降低了 20%，并提高了团队的生产率。

使用一个一致的营销技术套件的另一个好处来自 Adobe 分析（Adobe Analytics）的数据，也与 Adobe 广告（Adobe Campaign）集成在一起，这已帮助 Hostelworld 通过各种数字化渠道触达年轻受众。使用 Adobe Analytics 中的顾客行为数据，营销人员能够建立细分受众群，然后根据这些细分来定制传播方案，以在适当的时间通过适当渠道将适当的信息传递给细分受众群。

# 通过数据分析和报告度量绩效

**结果**

使用这一强大的营销套件的结果很明显。Hostelworld 网站和社交媒体活动的参与度提高了 500%,每次预订成本降低了 20%,每年可以发送 10 亿封电子邮件,并且具有很高的点击率(click-through rates),而所有这些都是通过团队内部更高效的生产力实现的。

**主要经验**

认真思考您的技术堆栈并有效地使用分析数据来支持您的营销活动,可以显著改善您的所有活动。尽管还有其他企业,但 Adobe 是该领域的领导者之一。

## 工具和技术

有许多工具可用于跟踪您的数字化数据,这些工具可以分为几个领域,我们在这里探讨其中最常见的五个:

- 网站分析;
- 社交分析;
- SEO 分析;
- 用户体验;
- 标签管理。

## 网站分析

### 什么是网站分析

网站分析(Web analytics)是用于收集和报告有关网站性能的所有关键数据的工具。您可以从网站分析工具中获取的标准数据包括以下内容:

- 页面浏览量（page views）、访问次数（visits）、唯一身份访问者（unique visitors）、跳出率（bounce rate）、会话持续时间（session duration）。
- 新访客和回访者（returning visitors）：之前访问过或之前未访问过的用户。
- 语言和位置：对于与地理区域有关的问题很有帮助。
- 人口特征：有关用户的高级信息（如年龄）的数据。
- 设备类型、制造商和型号：设备硬件的技术数据。
- 浏览器、分辨率和操作系统：设备软件上的技术数据。
- 流量来源（traffic source）：人们来自哪个网页。
- 关键词分析（keyword analysis）：对到达您网站所使用的关键词的分析。
- 目标转化率（goal conversion）：达到业务目标次数所占的百分比。
- 电子商务跟踪（E-commerce tracking）：在线商店中用户行为的数据。
- 漏斗转化率（funnel conversion）：经历从开始到结束整个购买过程的购物者所占的百分比。

**网站分析如何适合您的战略**

网站分析对于任何数字化战略都是至关重要的。无论您的战略是什么，此工具都是您的战略的坚强后盾。如果您专注于大规模电子商务，那么使用实时分析（real-time analytics）、访问者人口统计（visitor demographics）和转化漏斗（conversion funnels），可以使您快速做出反应，通过个性化体验获得最佳转化率，并可以密切监视销售过程。如果您在数字化广告上花费了大量资金，那么了解您的转化路径（conversion paths）、归因和流量来源（attribution and traffic sources）对于改善用户体验、了解哪些数字化渠道有助于转化以及

# 通过数据分析和报告度量绩效

哪些直接提供的流量至关重要。如果您有一个基于内容的网站,那么了解哪些内容受欢迎,谁正在阅读、阅读了哪些内容以及在什么设备上阅读同样重要。所有这些都需要网站分析。没有网站分析,您就看不到站点上的活动——而没有这些数据,您就无法做出使战略成功所需的决策。

## 社交分析

### 什么是社交分析

社交分析是用于监视社交媒体有效性的工具。社交媒体有两个不同的领域可以度量,即内容和促销。您的业务可能涉及其中之一或都有涉及。使用社交媒体分享引人入胜的内容是许多企业的目标,可以并且应该受到密切监控,以学习如何改进未来的内容计划。使用社交媒体向具有高度针对性和参与度的受众群体宣传您的产品和服务,也是使用该渠道的一种越来越普遍的方式,但是这种方式涉及非常不同的指标。

为了了解您的内容如何引起受众的共鸣,您需要了解用户如何参与此内容,哪些主题最受欢迎,何时、与谁互动,使用什么设备。如果您想了解如何发布使您的顾客和潜在顾客感兴趣的内容,那么所有这些问题都是至关重要的。您的用户可能会喜欢冗长的文章或简短的视频,他们可能只会在晚上或几乎完全在移动设备上消费您的内容。您的用户可能选择只分享非常特定的内容类型,或者只有真正的品牌拥护者才分享您的内容,了解到这样的详细程度也很重要。了解这些之后,您就可以做出关键决定,例如制作哪些内容以及其发布的频率。这将影响您管理内部资源的方式以及发布内容的方式。如果您的用户在移动设备上阅读并在平板电脑上进行转化,那么就要优化您的网站内容以便在移动设备上阅读;如果您的用户将从视频中受益以做出决定,那么一定要确保您拥有良好的视频解决方案。

当使用社交媒体作为促销渠道时,指标可能会大不相同。如果您想改善自己的社交足迹(social footprint),那么您可能会关注更多的"虚荣"指标,即那些并不能真正表明组织在社交媒体上的成功但对休闲观众(如关注者)印象深刻的指标。如果您希望使用社交媒体作为实现销售的工具,那么您还应该包括点击、访问和转化(clicks, visits and conversions)。

最后,您可能想度量超出您控制范围的更广泛指标,我指的是没有您参加就进行的对话。这是分析产品组合中社交倾听工具(social listening tools)的用武之地——了解围绕您的品牌或产品进行的对话、您的声量(share of voice)情况、进行讨论的人员的影响力,以及用户对特定对话或整个品牌的看法。

您应考虑的一些关键指标如下:

- 到达率(reach):提及您的品牌的总用户数及其关注者。
- 参与度(engagement):对您的内容采取行动的人。
- 平均参与率(average engagement):采取行动的人与看到您内容的人的平均比率。
- 展现次数(impressions):您的内容被看到的次数。
- 访问次数(visits):人们访问您的网站/页面的总次数。
- 唯一访问者(unique visitors):访问过您的站点/页面的个人总数。
- 跳出率(bounce rate):到达然后离开而不访问另一个页面的次数比率。
- 点击率(click-through rate):看到您的内容并点击到最终位置的人的百分比。
- 转化率(conversion rate):购买的人与到达您网站或开始购买旅程的人的百分比。
- 销售(sales):总销售额(您也可以将其划分为不同的销售渠道,如社交、网站、电话等）。

- ❏ 响应率（response rate）：以某种方式响应您的内容的人的百分比。
- ❏ 提及次数（mentions）：您的品牌被提及的次数。
- ❏ 关注者数量（followers）：您在任何或所有网络上拥有的关注者数量。
- ❏ 流行程度（buzz）：一系列因素的组合，表明您现在有多受欢迎。
- ❏ 声量（share of voice）："关于您的对话次数"相对于"关于您的竞争者的对话次数"的情况。
- ❏ 情绪（sentiment）：关于您的正面情绪信息和负面情绪信息的情况。

**社交分析如何适合您的策略**

在这里要意识到的第一点是，无论您是否运行社交媒体广告或内容计划，社交分析都非常重要。即使您的业务不适合在渠道组合中加入社交媒体，但在社交媒体中您的品牌仍然很有可能被提及或讨论。当然，如果您是 B2C 品牌，则比 B2B 被提及的可能性更大。如果您正在执行内容策略，如我们在第 14 章中讨论的那样，则需要通过社交分析工具对其进行评估。如果您要在社交平台上投放广告，则同样需要定义成功并对其予以度量。

许多企业还度量上述"虚荣"指标。在将这些指标用于决策或作为成功指标时，您应保持谨慎。原因在于，这些指标并不表示您的内容引人入胜，不表示人们正在从您的内容中转化，也不表示您正在吸引合适的受众或者您拥有真正的关注者。有很多工具和方法可以快速培养您的关注者，但这是违反直觉的，除非有机地进行。购买对您的品牌或内容没有真正兴趣的关注者类似于为了 SEO 而购买链接，应避免这样做。对于休闲观看者来说，拥有 50 000 个关注者可能会令人印象深刻，但如果其中只有 200 个是真正的关注者，那么这将掩盖真实的指标，并且由于虚荣心而使决策变得困难。

## 搜索引擎优化分析

**什么是搜索引擎优化分析**

搜索引擎优化分析是一种跟踪有机搜索总体效果的方法。如果不使用特定的工具来实现这一目标，您将对您在该领域内的成就或风险视而不见。这是一个经常被忽视或误解的领域，因为这个渠道相当隐秘。长期以来，搜索引擎一直将其方法隐藏在公众视线之外，甚至从分析工具中删除了搜索引擎优化指标。例如，谷歌分析（Google Analytics）在其有机搜索指标中逐渐增加了关键词结果"不提供"（not provided）的百分比，以至于几乎看不到这些数据（第8章对此有更多的细节论述）。此外，在谷歌搜索您的网站可能会返回一个排名，但这只是某一个关键词在某一天的排名，会随着时间变化而有重大变化，而且这个排名结果也可能会受到您之前通过 cookie 上网的行为影响。

因此，需要特定的 SEO 工具，并且这些工具可以报告 SEO 信号。结合这些功能，您可以全面了解 SEO 的整体效果以及需要改进的领域。

可以监视的 SEO 指标包括：

❏ 导入链接（inbound links）(或反向链接（backlinks））和链接质量（link quality）；

❏ 搜索可见度（search visibility）；

❏ 抓取错误（crawl errors）；

❏ 站点速度（site speed）；

❏ 坏链（broken links）；

❏ 排名跟踪（rank tracking）；

❏ 竞争者反向链接（competitor backlinks）；

# 通过数据分析和报告度量绩效

❏ 品牌监控（brand monitoring）。

**SEO分析如何与您的战略相适应**

对于绝大多数企业而言，SEO是战略中的重要渠道。如果您有一个网站，那么您通常（但并非总是）希望您的网站在搜索结果中表现良好。如上所述，除了有经验的数字营销人员理解SEO的作用外，SEO可能会被所有人误解，因此SEO分析工具对帮助您讲述您的故事很重要。在报告中说明您制作的内容以及您所做的设计更改如何影响您的网站绩效，会有助于获得对该渠道的投资。与社交媒体分析（另一个经常被误解的渠道）类似，您需要警惕虚荣心指标。董事会的呼声常常是"让我们成为Google的第一名"，但这不一定是目标。什么关键词排名第一？多长时间？而且，如果企业内许多业务部门不愿意或不能够创建实现这一目标所需的内容或链接配置文件，这甚至是不可能实现的。使用上述指标和工具将有助于使人们集中精力在这个最经济高效的渠道（之一）上，以为网站创造流量。

## 用户体验（UX）工具

**什么是用户体验工具**

用户体验工具包括从确保用户体验愉快到优化转化率等所有内容。该领域的工具多种多样，可以提供有关行为的大量见解。与其他分析工具相比，某些输出内容的可量化性较低，因为它们仅显示行为，而不显示原因或意图。例如，如果您正在查看用户行为的热点图（heatmap），发现新的首页设计导致更多的用户关注于您的次要内容，而较少的用户关注您的主要内容，那么可以确定这次更改产生了负面影响，可以选择将设计还原为以前的版本。但是，您不会知道这是否是由新内容的颜色、布局甚至是宏观因素（如新闻内容）引起的，您也不会知道用户到达首页时的意图。也许新设计对不同的自然关键词效果更好，之所以出现关注次要内容现象，是您把一个不同的用户组吸引到了您的站点，他们对次要内容更感兴趣。

UX 工具使您有机会测试不同的理论并针对这些理论进行优化，从而为用户和您的目标创造最佳结果。

**用户体验工具如何适合您的策略**

用户体验分析对您的策略至关重要，因为它提供了其他分析工具无法提供的功能。传统分析可以提供大量数据来进行解释，但是 UX 分析可以显示真实的用户旅程、渠道和行为。这为您提供了有关相同数据的全新视角，使您能够深入了解用户对您的网站的真正看法以及他们如何互动。

## 标签管理

**什么是标签管理**

标签管理（tag management）是许多大型组织实施的解决方案，目的是使其他系统的实施更容易，并解决标签造成的一些问题。标签是为了完成某些任务（如监控网站流量或了解访问者数据）而放入网站代码中的代码段。因此，标签管理本身并不是一个纯粹的分析工具，应与上述工具一起研究考虑。

当浏览器调用标签代码（或"触发"标签代码）时，它们可能会导致一些问题。

其中包括：

❏ 对页面的更改可能会导致标签不再正常工作。

❏ 一些较旧的标签将一个接一个地触发，而不是异步触发（见图 19.1），这会降低站点的速度，尤其是如果这些标签中有错误的话。

# 19 通过数据分析和报告度量绩效

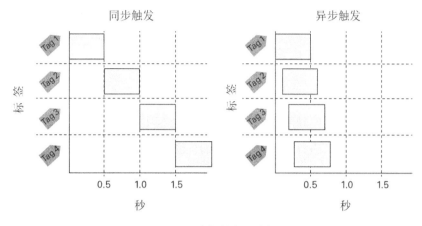

图19.1 同步标签与异步标签

- 向站点添加新标签通常会涉及IT资源，这通常很难获得，尤其是在短时间内。

同步标签和异步标签是两种不同的标签触发方法。同步标签（Synchronous tagging）是一个接一个地触发标签，这可能导致站点延迟；异步标签（Asynchronous tags）同时触发，因此能够加快站点性能。

标签管理通过一个简单的界面提供解决这些问题的方法，任何人（通常是市场营销专业人员而不是IT专业人员）都可以自己管理标签。标签管理是将所有标签托管在一起，并动态管理哪些标签需要触发以及何时触发，营销人员可以根据需要添加、编辑或删除标签。这是一个显著优势，随着对更大范围标签需求的增加，对标签管理的需求也越来越多。

**标签管理如何适合您的战略**

如上所述，标签管理是一种解决方案，它不仅解决了标签造成的一些问题，还使管理标签的权力掌握在营销人员手中，这释放了技术或IT部门急需的资源，使营销部门能够更密切地管理数字化战略，并以更加敏捷的方式响应改进的分析、程序化营销和其他基于标签的解决方案的需求。

## 选择合作伙伴时要注意哪些方面

集成是一个重要考虑因素。上面我们已经提到了数据差异,因此确保您选择的分析工具与您所建立的系统相适应是一个关键考虑因素,应与您的潜在供应商和现有供应商进行讨论。正如我们已经看到的那样,隐私和数据收集是一个敏感领域,也是受到严格监管的领域(请考虑 2018 年欧洲的《通用数据保护条例》)。您应该对供应商遵守相关法律法规的行为感到放心。

决策时前瞻性很重要。例如,如果您选择的工具可以免费使用,那么它对流量或其他指标是否有任何限制?如果有限制,那么您推测在未来 3~5 年内会超过这些流量限制吗?如果对这个问题的回答是肯定的,那么您必须考虑届时是否承受得起,以及这是否是最有效的解决方案,因为将来更改技术可能很困难,并可能导致数据丢失。

您选择的供应商是否可靠?一些企业提供服务已有多年历史,或者属于历史悠久的企业,因此不太可能倒闭。然而,正如数字世界的本质一样,一些最具创新性的解决方案往往是由年轻企业提供的,不抓住这些机会可能会失去竞争优势,但如果这些年轻企业在较长的一段时间内不能成功,它们确实会带来风险,因此要考虑保护自己免受因这些年轻企业失败而带来的风险。

不同供应商的产品性能可能会有很大差异,因此要确保与供应商签订适当的服务水平协议(service level agreements,SLA)。如果您希望供应商的客服代表届时能够迅速答复您的电话,则需要在协议中说明这一点。您还可能要求该服务的停机时间不超过 0.1%,以及其他考虑因素。

数据所有权是另一个重要考虑因素。上面我们提到,基于服务器分析的一个优点是您拥有数据。现在,大多数分析解决方案都是基于标签的,这意味

# 通过数据分析和报告度量绩效

着您可能不拥有您认为属于自己的数据（请参见上面的基于标签的分析）。您应该对此进行彻底调查，并仔细考虑自己的处境。

有许多供应商提供上述分析平台，您应该自己对此进行研究，但您可能需要考虑以下一些供应商。

**网站分析**

- Google；
- Adobe；
- Webtrends；
- IBM。

**社交分析**

- Facebook Insights；
- Twitter Analytics；
- Brandwatch；
- Salesforce Marketing Cloud；
- Sprout Social；
- Snaplytics；
- Iconosquare；
- Buzzsumo。

**SEO 分析**

- Searchmetrics Suite；
- Moz；
- Cognitive SEO；
- Majestic SEO；

- SEMRush；
- Google Search Console。

**用户体验工具**

- Optimizely；
- Usabilla；
- Verify；
- Appsee。

请记住，上述工具可能会改进、落伍或完全终止服务，并且新进入者将改变市场。这些不是推荐，只是本书出版时一些成功供应商的概览。

## 归因建模

归因建模（attribution modelling）使营销人员能够查看其广告系列的不同组成部分对顾客有什么影响，从而了解它们的价值。这可以在某一渠道内进行度量，比如展示广告，归因建模可以确保告知性广告发布的对象主要是新顾客。广告主通常会实施跨渠道归因，它着眼于人们与广告展现之间的互动和（或）与数字化组合每个元素的互动。这阐明了每个渠道是如何发挥作用的，因此可以比较每个渠道与其同级渠道的价值或效率。

广告主使用归因建模来对各个渠道或广告活动进行更准确的估价，有了这些信息广告主就可以更准确地安排预算（计划）了。归因有两个主要类型——数据驱动的归因（data-driven attribution）和基于规则的归因（rule-based attribution）。二者的不同之处在于确定每个渠道所做贡献的比例的方法。在确定每个渠道应得的功劳比例时，要考虑每个渠道相对于其他参与的渠道在销售（或其他活动目标）中所起的作用。基于规则的归因是一种较简单的方法，尽管它非常重要，但有时仍需要进行一定量的试错试验，才能确定描述广告活动所需的最佳规则和报告形式。基于规则的归因与"转化路径"报告非常相似。基于规则的归因会因服务提供商的不同而略有不同，但通常广告主会接受一些默认形式的报告，同时综合使用这些方法是很常见的。这些报告通过以下方式根据转化成绩展现各个渠道获得的相应功劳比例：

- 线性模型（linear model）：如果您的策略旨在与潜在顾客保持联系并保持产品在消费者心中的新鲜感，则可以使用线性模型。对于具有较长研发阶段的产品或竞争激烈的产品的广告顾客而言，这可能是度量成功与否的一种特别有用的方法。线性归因模型将为所有渠道分配相等的功劳比例。

- 首次互动模型（first interaction model）：帮助您了解哪些渠道可以为您的品牌或产品创造最初的知名度。所有的功劳都给予第一个被任何用户看到的渠道。因此，这对于以告知为主要目标的策略而言是有用的报告。

- 基于位置的模型（position-based model）：在深入了解顾客购物的渠道方面非常有用，例如早期的互动可以提高顾客的认知度，而后期的互动则有助于完成销售。当您试图提高产品知名度但又以有限的预算进行销售时，这有助于将功劳仅归功于那些确实做到这一点的渠道。

- 自定义归因模型（custom attribution model）：对于使用上述模型组合来了解其营销活动，并拥有其完全理解的分析框架的营销人员而言，可能会非常有用。他们的分析框架将说明活动中的任何一项要素相对于同类要素在大多数情况下的价值。该模型可用于对其正在进行的营销活动进行良好的检查。通过实施基于规则的自定义归因模型，可以更好地说明任何营销策略的细微差别。

从比较常见的基于规则的归因模型中可以明显看出，营销人员必须将这些模型相互结合起来使用，并且经常为运行中的活动的每个要素运行一组模型，无论是放置广告的不同网站，还是程序化执行，或是不同的策略和广告要素，如告知、行动和重新选择目标市场。这个过程可能会相当冗长，尽管基于规则的归因在允许广告主了解多渠道世界中的消费者行为方面迈出了至关重要的一步，但它仍然是一种假设，因此不能提供预算如何分配的完美度量标准。

另一方面，数据驱动的归因试图完全解决这个问题，提供这项服务的企业从广告主那里收集所有可能的广告和网站数据，并使用数学模型分析每个接触点的重要性。他们使用的算法是他们开发的专有知识产权，因此是严格保密的。但是，可以要求供应商对他们的方法进行足够的解释，以决定选择哪个供应商。

从根本上讲，对照所有其他顾客旅程评估每个用户旅程和付费（和非付费）媒体接触点，并使用一组算法确定不同广告系列和营销活动的贡献如何，可以使广告主和营销者评估各项活动的效果，并找出分配未来预算的最佳方法。

归根结底，归因模型使营销人员有一个尽可能可靠的方法来避免渠道冲突。聪明的营销人员总是从整体上看待市场活动，但现有的数据往往会迫使他们（往往是无意中）将自己的渠道置于冲突之中，他们只孤立地关注单个渠道的定价和价值，而不是看这些渠道如何相互作用以及它们对彼此的影响。

## 报告

所有这些分析工具都非常强大，可以为您提供报告数字化战略成功程度所需的数据，但是如果不将其汇总成一个强大的报告和流程，最终它们将毫无价值。为了彰显您自己和您的利益相关者所取得的进步，并了解面临的挑战，

通过数据分析和报告度量绩效

有必要建立一个强大的看板，该看板必须适合您的目标以及利益相关者的目标，这有必要选用有针对性的不同版本。建立报告时，要考虑两个主要方面：数据和演示。

## 数据

您使用的数据，无论来自哪里，都必须根据将要使用它的受众进行调整。这意味着要了解受众的需求以及他们的数字化知识。内容提供者关注的重点在于其内容的参与度，以及哪些主题最受关注。度量这一点的一个重要指标可能是跳出率，但如果您的内容提供者不懂数字化技术，那么他们可能不明白这个指标意味着什么。站在这样的视角对于确保您的报告能与最终用户产生共鸣，并使您能够将您的故事讲述给一个能接受的听众，是至关重要的。

除了为听众量身定制报告外，您还需要确保您的战略在报告中得到体现。如果您已经实施了一个重点是有机搜索的数字营销战略，那么这应该是所有报告呈现的焦点。您的内容在有机排名中的表现如何？您的新设计是如何改进网站审核结果的？您的社交策略创造了什么样的搜索引擎优化信号？要确保您的报告与您的目标以及听众的目标保持一致，否则您的故事将是不完整的。您多久制作和分发这些报告也需要考虑。生成报告可能需要时间，在可能的情况下应考虑自动生成报告，上面的许多工具都有处理这个问题的选项。此外，您的企业中也会有需要报告的会议，但在没有可靠数据可用的情况下，不应生成报告。您不应该仅仅为了满足会议时间而牺牲报告的质量，否则您会严重损害您报告的故事。

在您的报告中要加入的一个关键因素是如何度量成功。例如，您是在对比销售目标还是历史业绩？与历史数据进行比较时，有许多常见的比较方法，但每种方法都有其缺点，您必须注意：

**数字营销战略**——在线营销的整合方法（第2版）

- 同期相比（year on year，YoY）：与去年同期的结果进行比较有助于显示随时间推移的增长情况，并可以消除季节性差异。然而，这并不能真实地反映出12个月以来市场状况的变化，而在许多行业，这种变化可能是巨大的。

- 月环比（month on month，MoM）：这对于对比预算以及一年中的任何增长或下降进行报告都很有用。然而，这并不能解释季节变化。例如，在许多行业，1月份总是比12月份强，或者相反，所以这实际上告诉我们的信息很少。

- 周环比（week on week，WoW）：可以显示非常动态的和最近的数据波动，对于查看变化在何处产生影响很有用，但是这也意味着许多其他因素将在波动中起作用，因此将数据分解成可行的见解可能很困难。

最后，考虑预测分析是很重要的。使用数据来报告历史是有用的，但是使用数据来预测未来则更加强大。预测应该是报告过程中的一个关键部分，您应该能够就您的利益相关者如何利用您所看到的趋势向企业提出建议。事后诸葛亮本身没有什么价值。

## 演示

在生成报告时，文稿演示与数据本身一样重要。确保您的听众能够立即了解他们所看到的内容对他们的意义以及他们可以采取的行动，这对于使您的利益相关者与您同行是至关重要的。为此，您应该始终牢记以下原则（将其视为检查清单）：

- 讲一个故事。每个好的故事都有开篇、正文和结尾三个部分，您的报告应该没有什么不同。报告不应仅是数字的集合，还应是关于我为什么应该相信您的信息的论述。这三个部分可以通过以下三个简单的问

# 通过数据分析和报告度量绩效

题定义：我们试图实现什么？我们实现了吗？接下来我们要做什么？如果您的看板可以做到这一点，那么您将有一个良好的开端。

- 那又怎么样？这是一个您应该一直追问自己的问题。今年1月，我们实现了10%的转化率。那又怎么样？去年我们只实现了9%。那又怎么样？所以我们增加了1%，相对增长了10%以上。那又怎么样？市场情况很困难，所以这一增长实际上是一个巨大的收获。您可以继续追问这个具有挑战性的问题，但是最终意味着您总是能从数据中获得强大的输出。评论在看板中很重要，它可以表明您了解并根据所拥有的数据行事，因此请确保始终询问"那又怎么样？"

- 保持简单。这在市场营销中总是一个很好的原则。永远不要想当然地认为对您显而易见的东西对其他人也是显而易见的。挑战自己，创造出每个人都能理解的东西。这并不意味着您需要减少专业内容，而是需要清楚地传达信息。请记住，您具有丰富的知识，而您的听众可能并不了解上下文。保持图表简洁、数据清晰、评论尖锐、切中要害。

- 图形化。使用图形使数据栩栩如生是传达信息的一种非常有效的方式，尤其是在处理时间趋势问题时。与使用数字或单词相比，使用图形可以使人脑更快、更轻松地抓住事情的趋势。

- 贴上标签。确保您的标签清楚。我们很容易忘记将坐标轴添加到图表中，或忘记标记您是使用英镑还是美元。不正确的标签会导致错误的假设，如果在做出决定之前未发现错误的假设，则可能需要付出高昂的代价。

- 检查，检查，再检查。最后，这是显而易见的，但一定要检查您的数据。用错误的数据、错误的标签或不切实际的假设生成的报告数量之多令人震惊。这是很容易做到的,因为报告往往在传播之前经过一段时间的调整,所以总是要检查,检查,再检查。另外,让一个独立的人来检查也是值得的,因为"新鲜的眼睛"通常可以发现您可能遗漏的错误。

现在有许多工具可以帮助实现数据可视化。诸如 Qlik Sense、Tableau 和 Google Charts 之类的平台,都提供了以互动且美观的格式显示数据的简单方法,任何人都易于理解。当然,输出好坏与输入好坏紧密相关,因此请确保您的数据准确无误,但这可能比 Excel 或 PowerPoint 格式有效得多。对于数字营销人员来说,展示他们正在使用的最新的数字化平台也很有用。

本章小结

在本章中,我们研究了数据图景如何演变。大数据已成为企业更普遍的挑战,由于人为因素和数据对齐带来的问题,我们研究了如何谨慎地管理和解释数据。我们审查了分析的类型和这些工具涵盖的关键领域,以及您期望从中评价的指标。我们还研究了一些潜在的供应商,但是还有更多可用的供应商,因此您应该在做任何决定之前进行自己的研究。最后,我们研究了报告,以及如何将您的数据和分析转变为有意义的看板,如果您要让利益相关者陪伴您一起旅行,那么这至关重要。在第 20 章也是最后一章中,我们将探讨如何向决策者介绍您的战略,以确保您获得批准和支持,从而为组织提供世界一流的数字营销战略。

# 通过数据分析和报告度量绩效

19

**本章检查清单**

- 数据图景；
- 基于数据决策的可靠性；
- 什么是分析；
- 工具和技术；
- 归因建模；
- 报告。

 延伸阅读

- 关于大数据：

Marr, B (2015) *Big Data: Using smart big data, analytics and metrics to make better decisions and improve performance*, John Wiley & Sons

- 关于网站分析：

Kaushik, A (2009) *Web Analytics 2.0*, Sybex. 本书广泛、深入地介绍了网站分析，这对于将分析用于战略的大多数人来说都是非常有用的。

Sharma, H (2018) *Maths and Stats for Web Analytics and Conversion Optimization*, Blurb

- 关于营销指标的广泛观点：

Davis, J A (2013) *Measuring Marketing: 110+ key metrics every marketer needs*, John Wiley & Sons．如果您想全面了解整个营销的关键指标，而不是特

定的数字营销,则建议读一读此书。

❑ 关于社交媒体分析:

Bali, R and Sarkar, D (2017) *Learning Social Media Analytics with R: Transform data from social media platforms into actionable business insights*, Packt Publishing

McKinsey (2011) [accessed 1 November 2015] Big Data: The Next Frontier for Innovation, Competition and Productivity[Online] http://www.mckinsey.com/insights/business_technology/big_data_the_next_frontier_for_innovation

第 5 篇

# 量身定制最终的数字营销战略

20 整合数字营销战略

# 整合数字营销战略 20

**数字营销战略**——在线营销的整合方法（第2版）

## 本章内容概要

本章探讨如何将我们在本书中讨论的所有要素组合在一起，形成一个可靠的、面向未来的、文档化的战略。我们将按照既能够有效地讲述您的故事，又合乎逻辑的方式来组织此项工作，以帮助您尽可能顺利地交付战略方案。

> **本章目标**
>
> 在本章结束时，您应该对如何应用理论将数字营销领域的丰富信息转化为一个您可以与企业内部员工、投资者或其他外部利益相关者进行有效沟通的故事有一个清晰的认识。

## 从哪里开始

在本书中，我们探讨了数字营销的各个领域，从计划、法规到渠道优化和技术。无论您是在构建第一个数字化战略、开发一个转型项目，还是寻求完善您现有的战略，以下步骤将引导您了解如何最好地构建文档化战略方案。

本书读到此处，您应该了解您的受众群体、竞争格局、品牌、销售主张和目标；应该了解那些有助于您创建数字营销战略框架的相关商业模型和计划模型；了解消费者趋势和技术图景；理解每个领域数字化的可能性以及每个领域如何影响生态系统的其余部分；您应该知道需要度量的内容，并了解如何实现该目标；您还应该对如何发挥或改善内容策略有一些想法。现在，您需要将其组合成一个强大的战略，但您从哪儿开始呢？

如果上述环节您已经齐备，那么您就已经了解您要开始进行数字营销的原因；如果您不知道为何开始，那么您在继续读下去之前，应该回头读一读前面的内容。您现在需要解决的是"（数字营销战略）是什么"和"怎么做（数字营销战略）"之类的问题，这又决定了"何时（开展数字营销战略）"之类的问题。制定出详细的战略将对您计划的实施有很大帮助。因此，我们将研究如何将本书中讨论过的战略要素整合起来，以创建一个智能的、内部一致的、稳健的综合战略。

本章的重点是如何构建您的战略，而不是如何将其付诸实施。当然，实施也同样重要，但本书并不打算成为一本"怎样做"的实施指南，因为网上有大量的资源和机构可以帮助您做到这一点。

要建立一个有效的战略，将其分为几个阶段是有帮助的。每一个阶段都会有一系列的任务，这些任务会把您的战略带到下一个层次。与旅程的每一步一样，这有助于您和您的利益相关者了解您的战略将如何以有组织和有条理的方式向前推进。因此，我们将把您的战略构建分为六个阶段。如果您已有数字营销活动，则可以很容易地识别出您当前所处的阶段，并且可以从那里继续前进。

## 第一阶段：评估

这个阶段发生在您的战略开始形成之前。除了您应该已经了解的领域，您还需要确保您的背景工作已经完成，本书的前几章已经讨论过这些内容。

## 文化评估

要了解您的企业文化。是注重销售还是注重品牌？是创造型组织还是分析型组织？企业是冒险者还是专注于品牌安全？这些因素以及其他因素将决定您如何对待内部受众和制定战略。

## 领导层认可（和定期确认）

尽早让您的领导团队参与进来，以确保他们知道您在做什么，并能安排他们的下属支持您的这项工作。

## 技术评估

您需要了解您的技术堆栈。您是否已经有一些营销技术？例如，内容管理系统、营销自动化套件、文档管理系统、分析平台、社交管理工具、搜索引擎优化工具等。另外，您更广泛的技术环境是什么？您的服务器状态和速度、组织内的编码技能、应用程序性能和评论如何？

## 预算

您可能需要完成战略以证明预算合理，或者您可能在此阶段知道预算。如果您不知道自己的预算，那么您就需要与控制钱袋的人进行高层对话，以获得一个粗略的指导，使您能够制定一个明智的战略，否则您的最终战略将面临过于大胆或不够大胆的风险。

## 资源

评估您的团队和整个企业范围内实现这一目标所需的任何资源。您是否拥有实现战略所需的一定量的资源并且质量有保障？资源组合是否优化？如果没有，您需要考虑招聘、培训，甚至可能需要裁员或重组。

**利益相关者和工作组的设立**

在这一阶段，您还应该与关键的内部利益相关者建立工作小组，让他们有机会反馈自己的想法和经验。您不可能考虑每件事，您的商业伙伴将是实现最佳结果的关键。如果您解决了他们的问题，那么他们也会是您的战略的大力支持者。

## 第二阶段：基础

这是构建战略的第一步。在这里，我们着眼于大规模推广业务之前需要具备的条件。将消费者吸引到一个糟糕的网站，从短期看会损害您的结果，从长期看会损害您的品牌。在没有顾客服务支持的情况下发起广告将导致投诉迅速升级。

**顾客服务**

首先要评估的领域是顾客服务。为什么？因为您一旦开始推广自己的业务，便会打开大门，让顾客可以通过数字化方式与您联系并提出问题和投诉，届时您便无法花时间来制订服务计划。更多详细信息请参见第18章。

**即时通信**

正如我们已经讨论的那样，消费者越来越多地使用即时通信来进行各种类型的直接沟通。您应该在制定战略的早期阶段调查这项技术和流程。第12章包含您需要的详细信息。

**数字营销战略**——在线营销的整合方法（第 2 版）

## 历史业绩

如果您的企业不是一个全新的初创企业，那么您应该有一些历史数据。可能是一些社交媒体帖子、内容参与或精致的广告，也可能只是线下营销数据或销售转化数字。无论您拥有什么，都应该对绩效进行详细分析，找出任何与您的战略相关的趋势，并帮助您预测业绩。

## 目标市场选择和细分

您应该已经了解了您的受众，但在这里需要考虑他们到底是谁以及如何找到他们，您如何在您使用的各种渠道中锁定这些目标顾客，以及如何有效地对数据进行细分。您能在 LinkedIn 上按职位来锁定目标人群吗？还是可以通过程序化显示来找到他们？哪些搜索词是相关的？您会根据不同的细分市场定制您的网站吗？更多信息请参阅第 1 章。

## 规则

了解监管环境很重要。您的企业可能有法律和合规顾问，他们可以帮助您解决这一问题。这可以帮助了解所在行业的要求，但也需要了解营销法规。例如，隐私和数据保护、GDPR、可访问性和其他会影响您的信息、渠道、数据收集和控制的相关条款。这已经在第 5 章讨论过。

## 数据策略

构建数据策略时要想着相关法规。您将如何收集和保留数据？您将如何定期清理和维护数据？谁将拥有它，以及如何将数据集连接在一起？如果您的内部销售数字与会员提供的数字不匹配，您将如何解决数据冲突？您将如何获

# 整合数字营销战略

得单一顾客视图,以实现最佳的以顾客为中心的决策?我们在第19章研究了数据。

## 归因策略

您还需要在此阶段确定您首选的归因策略。您赞成单纯的最终点击归因吗?如果您的策略非常广泛和复杂,那么您可能需要在整个过程中更均衡地权衡它。无论哪种方式,您都需要立即定下来。这已在第19章中讨论过。

## 目标设定

您知道您的长期目标,但是您的具体目标是什么?您需要立即为活动设置特定的目标。您打算达到什么样的目标?考虑销售量、转化率、每次购买成本、内容参与度、保留率、问题解决速度以及我们在整本书中讨论的其他指标。

## 顾客保留策略

如果您在吸引顾客,您需要事先知道如何留住他们。您绝不能像许多企业那样陷入这样的陷阱:等到出现问题再制定保留策略,那就太晚了。这已在第17章中详细讨论过。

## 内容策略

在使社交媒体或 SEO 策略有效、拥有丰富的网站并通过多种渠道使顾客了解您的企业之前,您需要一种内容策略,因此必须尽早制定。请参考第14章的内容。

## 合作伙伴

如果有合作的机会,讨论合作将需要时间,因此应该在您制定战略的早期开始与合作伙伴的沟通。

## 网站

除非您有一个供消费者参观的目的地,否则市场营销就不会发生。您的网站需要以响应的眼光、适当的分析、清晰的经过思考的历程以及理想的个性化进行开发,应该具有灵活性,并配有可以快速交付内容的平台(如内容管理系统CMS),以及我们在整本书中讨论的许多其他领域,以最大限度地提高搜索引擎优化、体验和转化。对此,请确保您已了解第16章的内容。

## 分析

除了为站点添加适当的标签外,您还需要确保您的分析平台具有适当的目标,并且在此阶段构建和标准化报告,以确保您的数据收集从第一天起就是正确的,因为这可能很难或不可能返回并修复。详细信息请参见第19章。

## SEO 基础

确保在此阶段考虑SEO三角形。您的网站规划是否包含强大的SEO原则,如层次结构、内容、速度等?详细信息请参见第8章。

## 社交基础

您现在应该规划自己的社交圈。您可以链接到自己的网站,并启动相关渠道。您不需要无所不在,只在您的受众所在的地方出现即可。考虑开放品牌渠道,如果员工具有外部配置,则考虑为员工提供个人渠道。考虑一下您的内容如何呈现,以及在不同渠道之间的区别。详细信息请参见第11章。

## 报告看板

现在您有了自己的网站、分析、社交媒体计划、搜索引擎优化、顾客保留和内容计划,您需要建立一个看板,这样您的利益相关者就可以清楚地跟踪最新结果和时间进度(考虑 13 个月滚动时间表),以便能够在战略启动后报告进展情况。

# 第三阶段:提升

我们现在已经规划了基础,规划了目的地,知道如何规划和管理内容,知道我们的目标顾客以及如何吸引和留住顾客。但是,战略仍然处于初级阶段,我们的一些竞争对手可能更加老练。为了真正赢得胜利,我们需要变得更加聪明,现在进入第三阶段——提升。

## 数据收集、追加、清理

确保您拥有的数据处于合适状态。如果没有高质量和完整的数据以及整个组织中正确的流程,您的提升阶段将很快分崩离析。您应该花时间清理数据以确保准确性,将丢失的数据添加到数据集中,培训员工,并构建或重建您的系统。这还包括确保您拥有相关的营销许可,并在理想的情况下,有一个偏好中心(preference centre)以实现沟通策略的最佳个性化。可以考虑使用第三方来帮助解决这个问题。

## 文化因素

正如我们在整本书中所讨论的那样,"一刀切"的策略不够好。如果您的组织在多个地区开展工作,您必须考虑这一点,因为这涉及语言、文化、定价、付款方式、分销渠道等问题。这可能是一项繁杂的工作，使用当地专家是至关重要的。通过这项工作可以避免尴尬和破坏性的问题，在绩效上带来巨大变化，使您能够击败竞争对手。请记住，文化不仅因国家而异，还因国家内部的地区、宗教信仰、性别等因素而有所不同。

## 本地化

考虑一下您的本地策略。如果您有网上店铺，您需要确保它们是经过搜索引擎优化的。随着大多数搜索引擎、社交网络和其他数字化平台持续关注相关性，本地战略变得越来越重要。

## 个性化

这个星球上的每个人都是不同的。正如我们在第 15 章中讨论的那样，企业对个人的了解已经大大提高。使用您的数据并考虑使用人工智能，在您的平台上构建独特的体验，您会看到所有指标的改进。

## 渠道

现在，您知道您打算说什么、如何说以及目标是什么。您应该运用第 8～11 章中的渠道知识来决定如何最好地设置渠道策略，并知道所有这些渠道是否相关，以及它们如何相互融合。此外，您还应知道如何与离线渠道整合，如确保电视广告投放时付费搜索的效果强劲。这是计划阶段的重要部分，包含大量细节，不能操之过急。

## 沟通策略，顾客关系管理

规划您的沟通策略。您了解正在制作的内容以及可以使用的渠道，因此现在应该确定要发送的内容、发送给谁以及发送频率。偏好中心计划以及个性化和电子邮件营销也应内置此处。第 17 章可以为您提供帮助。

**电子邮件和自动化**

检查电子邮件渠道。您的沟通策略已经到位，那么需要什么平台才能有效地实现这一目标？更多详细信息参见第 12 章。

## 第四阶段：定形

我们现在有了一个明确的战略，它以坚实的数据和知识为基础，有着可靠的根基，而且是成熟的、面向未来的。现在，如果要将其嵌入组织内部，就需要对其进行文档化和沟通，这对于实现其最大潜力至关重要。

**战略和转型文档**

文档化您的战略。您应该将前面所做的所有工作都合并成一个文档或一系列文档。您必须清楚地说明您正在努力实现什么、将在什么时间框架内以什么代价实现。您可能希望为参与实施的团队编写一份详细的书面文档，包括流程和图表。这也有助于向供应商介绍情况和选择平台。但是，对于您的高级利益相关者和决策者，您更可能希望制作一个高水平的视觉演示文档。在我看来，讲故事仍然是人类最强大的工具。不要低估将您的故事变得栩栩如生的力量，如果您不确定您讲演后会得到什么样的支持，那就找一个会讲故事的人来帮助您把故事变得栩栩如生。我创建了模板，可从以下网址下载：www.koganpage.com/DigitalMarketingStrategy/2。

**传播、教育、说服**

2015 年，我开发了 6S 框架供决策者参考，以下是对 6S 的简介。

## 6S 框架

- 内容提要（synopsis）：最后的结论是什么？
  - 执行摘要。
- 场景设置（scene setting）：我们为什么要这样做？
  - 目标和指标提示。
  - 背景。
  - 企业历史。
  - 竞争对手。
  - 市场。
  - 消费者/顾客。
  - 方法。
  - 假设。
  - 期望。
  - 内容以及接下来会发生什么。
- 故事（story）：我们在做什么，为什么？我应该同意吗？
  - 渠道。
  - 网站。
  - 品牌影响力。
  - 资源。
  - 供应商和合作伙伴。
- 总结（sums）：需要多少钱？
  - 财务计划。
- 步骤（steps）：如何以及何时发生？
  - 明确的行动计划。

# 20 整合数字营销战略

- 时间表。
- 责任。
- ❏ 惊喜（surprise）：……怎么样？
  - 准备提问。

在开始演讲之前，了解决策者的心理是很重要的。图20.1很有帮助，您可以把您的观众对号入座。

| | | |
|---|---|---|
| 个人 ↑ | 个人偏好 | 只是个人偏好，没有任何分析或咨询 |
| | 正方反方 | 方法简单，有助于做决策，但最终会导致一个人的决策 |
| | 抛掷硬币 | 个人无法做出决定，但也不寻求外界的意见，而是将其留给"命运" |
| | 参与式决策 | 一个决策者从团体中寻求意见以获得更多决策信息 |
| | 投票式决策 | 小组根据综合结果对各种选择和收益进行评分 |
| 共识 ↓ | 共识式决策 | 多数人必须赞成既定的行动方针，但少数人也必须接受决定 |

图20.1 决策制定的类型

如果您按照上述步骤建立了一个稳健的战略，并且使用了6S框架，根据决策者的心理有效地定位了您的故事，那么您就给了自己最大的机会让您的战略得到批准，您就可以着手实施了。

## 第五阶段：持续改进

现在您正斗志昂扬，您的战略正在奏效，得到每个人的认可，恭喜您！但是接下来，恐怕会有坏消息到来，您不能放松，您的战略计划永无止境。我可以向您保证，您的战略结果中有一项是肯定的，那就是其中一定有一些错误。无论您有多聪明，都会有一些假设或测试无法按照您希望的那样进行，您需要调整计划。新技术将到来，消费者趋势将改变，世界经济可能会发生变化，所有这些都意味着您需要保持敏捷。

每年要审查您的战略。当然，您的渠道管理和日常战术实施情况，将通过每天的跟踪、每周的报告、每月的看板和季度的审查处于持续评审状态，但是您的实际战略本身也需要保持灵活性。因此，您每年应该花些时间来进行一次评审，了解形势是如何变化的，并研究在战略的剩余时间里（不管是三年还是五年）继续沿着所选择的道路走下去是否合适，或者是否需要改变。别让自尊心挡道，您必须愿意改变——这对数字营销的成功至关重要。如果您不去理睬一个不再重要的战略，它也不会变得更加重要。

鉴于战略的复杂性，实施可能是最困难的阶段，但正如任何成功的企业家或天使投资者会告诉您的那样，一个没有行动的想法将止步于一个想法，有史以来最伟大的战略如果不付诸实施，就一文不值。

## 本章小结

上述步骤为您提供了构建战略的有效指南，而整本书的详细内容为您构建每个渠道和流程提供了足够的知识。渠道和数字化格局不断变化，因此请您使用第三方服务、分析与洞察平台市场，使自己跟得上发展速度。

我们在整本书中都谈到了数字化是一个生态系统，如果不考虑其余部分，就无法实现其中一部分的效力。作为数字化过程的一部分，您的组织也需要进行协调。尽管孤岛运作的组织永远无法提供最佳结果，但是仍然有太多这样的组织存在。如果您的组织也这样，那么我强烈建议您打破孤岛。

在这个领域工作令人兴奋，随着人工智能、物联网、虚拟现实和增强现实等技术的不断发展，提供令人兴奋的智能数字化战略的机会也在不断增加。不过，您不应该被兴奋冲昏头脑，坚持您的原则，把重点放在对您的企业和顾客来说重要的事情上，并在适当的时候实施这些技术。

最后，祝您好运。无论您是学习数字营销、实施第一个战略，还是评审现有战略，我都希望这本书是该过程的有用指南和工具。

我希望在不久的将来能够阅读您获奖的战略方案。

 延伸阅读

❏ 关于决策制定：

Hardman, D (2009) *Judgment and Decision Making: Psychological perspectives*, Blackwell．该书从心理学角度对这个有趣领域给出了一些奇妙见解。

❏ 关于项目管理：

Newton, R (2016) *Project Management Step by Step: How to plan and manage a highly successful project*, 2nd edn, Pearson

❏ 关于有效演示：

Ledden, E (2017) *The Presentation Book: How to create it, shape it and deliver it! Improve your presentation skills now*, 2nd edn, Pearson Business